사주팔자 四柱八字 인생 12진법

지은이 / 김영진 구성

초판 1쇄 발행 / 2010년 1월 5일
초판 5쇄 발행 / 2023년 12월 22일

펴낸 곳 / 로하스
출판등록 / 396-2010-000113

주소 / 서울시 영등포구 당산동 3가 257-8 휘성빌딩 302호
전화 / 02-2636-4116

- 본 저작물은 보호를 받는 저작물이므로 무단 전재 및 복제를 금합니다.
- 잘못 만들어진 책은 구입하신 서점에서 교환해 드립니다.

인생 12진법 사주팔자

박삼중 글
김영진 구성

인간에게 있어서 운(運)이라는 것은 분명히 존재한다. 좋은 운과 나쁜 운이 있다. 근면한 사람은 나쁜 운을 만난 경우에 그 운이 미치는 시간을 짧게 만든다. 그리고 좋은 운이 왔을 때는 기회 포착을 정확히 잘 한다. 하지만 게으른 사람은 좋은 운이 와도 그냥 흘려버리고 만다.

- 정주영

시작하면서

 인간의 운명이라는 것은 원래 너무나 오묘하고 변화가 무쌍한 것이어서 미래에 전개될 길흉화복을 미리 알 수가 없다. 때문에 우리는 수수께끼 같은 많은 일들을 겪으면서 한평생을 살아가게 된다. 믿는 도끼에 발등 찍히는 것 같은 일을 당해 절망하기도 하고, 예기치 않았던 행운을 만나 희망을 갖기도 하면서….
 하지만 세상에는 사주명리학이라는 것이 있다. 사주명리학은 인간이 생명을 부여받은 시각과 우주 전체와의 관계를 여러 가지로 분석하여 미래에 맞게 될 운명을 체계적으로 그린다.
 사주명리학은 지나간 수천 년에 걸쳐 많은 성현들이 집대성시킨 통계적인 학문의 산물로서 신비스럽고 오묘함이 정대하여 우리는 그것을 통해 앞날에 전개될 많은 일들을 예측할 수 있다.
 물론 그렇다고는 해도 사계절의 변화는 우주의 정연한 법칙이기 때문에 인간이 감히 거부할 수 없는 것처럼 인간은 한번 받은 사주를 바꿀 수 없다.
 하지만 우리들 인간에게는 그 같은 운명을 개척하고 전환시킬 수 있는 능력이 부여되어 있다. 따라서 우리들 인간은 사주명리학을 통해 앞으로 닥칠 길흉화복을 예견하여 불운이 닥치면 피해가고, 행운이 오면 맞이할 수 있는데 그러한 이치를 역(易)이라고 한다.

다시 설명하자면 사주명리학이라는 것은 선천적으로 받은 길운을 보강해서 발전시키고, 예측하기 힘든 길흉은 미리 방지하면서 일상생활을 더욱 윤택한 쪽으로 이끄는 데 목적을 두고 이루어진 자기 성찰의 학문이라고 말할 수 있다.

아무쪼록 이 책자의 내용을 깊이 연구하고 활용하여 당신의 미래를 보다 성공적인 나날들로 바꾸기 바란다.

사주명리학의 신비성을 설명하기 위해서 권두에 야담 한 편과 김봉수의 이야기를 실었다. 한 편은 조선시대에 살았던 홍 판수 이야기이고 다른 한 편은 5.16혁명 시기를 전후하여 장안의 화제가 되었던 작명가 김봉수와 어느 사람의 만남에 대한 이야기이다.

박 삼중

■ 차례

시작하면서
서장 : 운명은 존재하는가 /9
　° 홍 판수와 오성 이항복 /11
　° 작명가 김봉수 /31

제 1 장 : 12운성(運星) /45
　° 12운성의 의미 /47
　° 12운성 해설 /50
　° 12지지(地支)와 12천성(天星) /55

제 2 장 : 초년운(初年運) /57

제 3 장 : 중년운(中年運) /59

제 4 장 : 말년운(末年運) /89

제 5 장 : 총운(總運) /105

제 6 장 : 순환운(循環運) /129

제 7 장 : 음양(陰陽)과 오행(五行) /157
　° 천간(天干)과 지지(地支) /159
　° 육십갑자(六十甲子) /167
　° 오행의 상생상극(相生相剋) /168
　° 천간합(天干合) /170
　° 천간충(天干沖) /175
　° 지지합(地支合) /176
　° 지지충형파해(地支沖刑破害) /180

제 8 장 : 사주(四柱)의 구성 /187
- 사주팔자(四柱八字)란 /189
- 대운(大運)이란 /193
- 사주를 푸는 순서 /196
- 진신(眞神)과 가신(假神) /197
- 한신(閑神) /198
- 음양오행의 균형과 조화 /199
- 병과 약 /202
- 신왕과 신약 /203
- 왕, 상, 휴, 수, 사 /206
- 여러 가지 사주 /208

제 9 장 : 사주의 살(煞)과 합(合) /217
- 여러 가지 신살(神煞) /219
- 십이신살(十二神煞) /224
- 길신(吉神) /237
- 일반적인 살(煞) /246
- 지지합(地支合) /264
- 공망살(空亡煞) /267

제 10 장 : 육친(六親)과 십신(十神) /273
- 육친(六親) /275
- 십신(十神)과 음양 /278
- 육친론 /281

제 11 장 : 용신(用神) /301
- 용신이란 /303
- 용신의 정의 /305
- 용신의 분류 /308
- 용신의 능력 /313
- 용신을 잡는 방법 /314

8 인생 12진법

- 사주조후 용신론(四柱調候用神論) /320

제 12 장 : 격국(格局) /337
- 격국론(格局論) /339
- 정격(政格) /340
- 변격(變格) /348
- 형상격국(刑象格局) /364
- 통변(通變)의 원리 /371
- 통변백변의 변화 /373

부록 : 별자리로 보는 여성의 운 /381
- 양자리 (3월 21일 ~ 4월 20일) /383
- 황소자리 (4월 21일 ~ 5월 21일) /387
- 쌍동이 자리 (5월 22일 ~ 6월 21일) /391
- 게자리 (6월 22일 ~ 7월 23일) /395
- 사자자리 (7월 24일 ~ 8월 23일) /399
- 처녀자리 (8월 24일 ~ 9월 23일) /403
- 천칭자리 (9월 24일 ~ 10월 23일) /406
- 전갈자리 (10월 24일 ~ 11월 22일) /409
- 사수자리 (11월 23일 ~ 12월 22일) /413
- 염소자리 (12월 23일 ~ 1월 20일) /417
- 물병자리 (1월 21일 ~ 2월 19일) /421
- 물고기자리 (2월 20일 ~ 3월 20일) /425

서장

운명은 존재하는가

홍 판수와 오성 이항복

 선조대왕 초엽의 어느 날, 사직동에 자리잡고 있는 김 진사의 집에는 근심스러워하는 기색이 첩첩이 싸여 있었다. 80여 세의 늙은 부인과 60여 세의 부인, 그리고 40여 세로 보이는 삼대 고부가 사랑에 있는 그 집 주인 김 진사의 병상을 둘러싸고 앉아 안타까워하고 있었다. 40여 세로 보이는 부인은 김 진사의 이마를 만지다가 무릎 위에 그를 눕히고 미음을 먹게 했고, 비복들은 사랑 밖에서 서성거리며 발을 동동 거렸다.
 김 진사의 아내인 젊은 부인은 노부인들 이상으로 속이 탔지만 층층시하였기에, 사랑에 들어가 병구완을 하지도 못하고 하인들 앞에서 울거나 한숨을 쉴 수도 없었기에 애써서 침착한 모습을 보이고 있었다. 하지만 만일 남편이 불행하게 된다면 자기도 따라서 죽겠다는 생각을 하고 있었다.
 그처럼 침울한 공기 속에서 이따금 들려오는 소리는 고통스러워하는 김 진사가,
"제발, 잠깐만 놔 주시오, 내가 이 집의 삼대 독자인데 위로는 누대 봉사하는 조상의 신주와 늙으신 삼대 과수인 할머니들과 어머니를 남기고, 아래로는 일점 혈육도 없이 청춘

요사하는 몸이 되었는데 고별 인사 한 마디도 고하지 못한다면 얼마나 유감이 되겠소. 그만한 청도 들어 주지 못한다면 아무리 귀신이라고 해도 너무나 박정하오."

라고 하소연하는 것같기도 하고 애걸하는 것같기도 한 말들 뿐이었다. 때문에 그럴 때마다 삼대 과부들은 서로 마주 보며 눈물만 흘릴 뿐이었다.

김 진사는 당년 이십 세인 청년으로 삼대 독자인 외로운 신세이기는 하지만 누대에 걸쳐 공경 벼슬을 한 명문의 후예로서 재산도 많고 증조모와 어머니의 사랑을 독점하며 금지옥엽으로 자랐다. 또한 17세 때 이미 소과에 급제하여 태학에 출입할 정도로 학식이 출중했으며 활쏘기와 말타기에 뛰어났고, 천문, 지리, 의약, 복서 등에도 능통했기에 주위 사람들이 모두 그를 우러러보았다. 또한 몸이 매우 건강하여 병을 모르고 자랐다.

이러한 김 진사가 며칠 전에 갑자기 위급한 병에 걸렸으며 명의들이 온 힘을 다해서 치료했는데도 불구하고 병상에서 일어나지 못한 채 일찍이 그의 조부와 부친이 그랬던 것처럼 저승길로 향하고 있었다.

정말로 딱한 일이었다. 그의 조부와 부친은 죽을 때 유복아일망정 일점 혈육은 남겼기에 대를 이으며 제사를 지낼 수 있었는데 김 진사는 결혼한 지 육칠 년 정도가 되었으나 부인이 태몽 한 번 꾼 적이 없었으며 그런 상태에서 부조(父

祖:아버지와 할아버지)의 뒤를 따르려 하고 있었다.

　이처럼 김 진사 집의 사람들 모두가 비탄에 잠겨 있는 가운데 해는 어느덧 서산에 걸리고 있었는데 바로 그 때 장님 하나가 긴 막대기로 길을 두드리면서,

"쉬이여-"

하고 소리 지르며 김 진사의 집 대문 앞을 지나갔다.

　그러자 김 진사의 어머니 되는 중년부인이 시조모와 시모의 눈치를 살피면서 낮지만 비통한 목소리로,

"헛일이 될 것 뻔합니다만 장님을 한 번 불러들여 물어 보시면 어떠하올는지요, 예법을 지키는 사대부 집 안으로 무당이나 장님을 불러들이는 것은 있어서는 안 될 일이오나 이 애가 죽으면 김씨 집안이 망하는 것이니 부디 소부의 특청을 들어 주소서."

하고 말했다. 그러자 늙은 부인들이 이구동성으로 대답했다.

"그렇게 해라. 우리가 대신 죽어 저 애가 살아날 수만 있다면 우리는 당장이라도 자결할 것인데 어찌 그런 청을 들어 주지 않겠느냐."

　그렇게 되어 당시에 명복(名卜:이름난 점쟁이)으로 장안에서 이름이 높았던 홍계관(洪繼寬)의 뒤를 잇는 또 하나의 홍계관이라고 소문이 자자하던 새문 밖 평동에 있는 홍 판수를 김 진사 집의 사랑으로 청하게 되었다.

삼대 고부들 앞에서 보이지 않는 두 눈을 번득거리며 산통을 흔드는 동안 집안 사람들은 모두 극도로 긴장하며 침묵을 지켰다.

그런데 이윽고 산통을 거둔 홍 판수는 한참 동안 뭐라고 중얼거리며 생각하는 표정을 짓더니, "이 댁 주인의 증조부 되시는 분이 형조 당상 벼슬을 하실 때 술에 만취하여 부질없는 노여움과 객기를 내어 빨리 거행하지 않았다는 죄명으로 서리와 사령에게 중장(重杖: 몹시 치는 장형)을 치게 하여 원통하게 죽게 만든 일이 있습니다. 서리도 억울하게 죽었거니와 사령은 오늘날 이 댁의 형편처럼 삼대 독자이며 자식도 없는 젊은 몸이었는데 한 집안에 4대 과부들은 남겨 놓고 증조부의 술주정의 희생물이 되었던 것입니다. 그래서 그 사람들의 원혼이 호소하여 보복으로 이 댁의 주인을 잡아가도록 지부(地府:저승)의 판결을 얻었으니 이미 정해진 운명이라 인력으로는 어떻게 할 수가 없소이다."

라고 말하더니 매우 딱하다는 듯이 한숨을 쉬면서 자리를 뜨려고 했다. 그러자 제일 늙은 부인이 홍 판수의 손을 잡으며,

"그대의 말을 듣고 보니 실수로 사람을 죽인 죄를 지어 자손에게 무서운 벌이 이르도록 만든 사람은 나의 남편이 되는 어른이시다. 따라서 부부 일체이니 남편의 죄를 내가 인수하여 내가 죽어서 원혼들에게 사죄하고자 한다. 그러면 우리

증손이 살아날 수 있는 길이 생길 것인지 다시 한 번 점을 쳐 다오."
 하면서 애원했다. 이어서 보고 있던 김 진사의 조모와 어머니도,
"이 애가 죽으면 우리가 세상에 살아 있을 이유가 없소. 기왕에 소용없는 몸이 되었으니 어찌 시할머니 혼자서만 사죄의 희생물이 되시게 할 수 있겠소. 우리도 함께 죽어서 사죄할 테니 그래도 원혼의 노여움이 풀리지 않을 것인지 한 번 더 점을 쳐서 알아 주시오."
 라고 말하자 밖에 있던 김 진사의 아내도 뛰어들어와 홍 판수의 손을 잡으며 말했다.
"젊은 부녀자가 어른들 앞에서 외인 남자와 접어하는 것은 매우 수괴스러운 일이지만 나도 부탁해야겠소. 나 역시 남편이 죽어 세상을 떠나면 따라서 죽겠다고 결심한 사람이요. 그래서 웃어른들을 대신하여 나 혼자서만 죽고자 하니, 그렇게 하면 원혼이 노여움을 풀 것인 지 다시 한 번 추수해 주시오."
 때문에 홍 판수는 어이없어하는 얼굴이 되며,
"내가 원혼이 아니니 그렇게 한들 무슨 소용이 있으리까. 하지만 마님들과 아씨의 정경이 하도 딱하니 내가 단 한 가지뿐인 좋은 방법을 가르쳐 드리다. 그러면 주인 양반은 혹시 살아나실지 모르지만 나는 분명히 원귀의 노여움을 사

서 화를 당하게 될 것입니다. 하지만 그것도 역시 저의 운명과 재수라고 생각하고 분수 모르는 적선을 하고자 하니, 훗날 댁에서 잘 되시는 때 저의 후손들이나 잘 돌봐 주시오."
 라고 말하고는 감사의 눈물을 흘리는 네 여인 앞에 주저앉아 다시 점을 치기 시작했다. 그리고는 한참 만에 말했다.
"마님들과 아씨의 정성은 더없이 지극하나 복운이 없군요. 아무리 몸을 희생하tu도 원귀를 제어할 수가 없습니다. 오직 적덕 누인(積德累人:덕을 쌓고 어진 일을 많이 함)한 명문가의 자제로서 그 기개와 복록이 명세(名世:한 시대에 이름난 사람)의 영웅 대인이며 훗날 국가의 동량이 될, 많은 사람들이 존경하고 귀신도 보호하고자 하는 인물에게 주인 양반의 생사를 위임하여 그 사람이 잠시도 옆에서 떠나지 않고 지켜주며 오늘 밤만 무사히 넘기면 살 길이 생길뿐만 아니라 주인 양반도 훗날 큰 이름을 남기며 자손이 창성하고 부귀와 작록이 대대로 끊어지지 않을 것입니다."
" ······ "
 여인들이 모두 절망했지만 홍 판수의 말은 좀더 계속되었다.
"하지만 부인들이 지금 어디에 가서 그런 인물을 구해 이토록 박두한 위급함을 면할 수 있겠소. 따라서 그렇게 되면 나는 천기만 누설했을 뿐이지 주인 양반의 위급한 화를 면하는 데 있어서 아무런 도움도 주지 못하는 것이 되니 훈수를 하는 김에 그 인물까지 천거하겠소이다."
"예?"
 절망하고 있던 부인들의 얼굴에 화색이 떠올랐다. 그리고 자기의 생명을 돌보지 않는 홍 판수의 몸에서는 거룩한 서기가 발하는 듯했다.

 홍 판수가 추천한 인물은 사직동과 인접해 있는 필운대에서 사는 우참찬 벼슬을 지낸 이몽량(李夢亮)의 아들 이항복(李恒福)이라는 역시 당년 이십 세인 청년이었다. 이 참찬은 여러 해 전에 작고했기에 이항복은 홀어머니 최 씨의 자애와 엄격한 교훈을 받으며 호방하고 활달한 천품을 학문과 수양으로 도약하고 있었다.
 홍 판수는 이 참찬이 생존해 있을 때부터 그 집에 출입했었기에 항복이라는 인물의 식견과 그의 앞날의 부귀 공명이 혁혁할 것을 이미 통관했기 때문에 그의 복록을 빌어 김 진사의 화를 구하고자 했던 것이다. 하지만 사직동과 필운대가 지척이라 해도 피차간에 교유가 없어 안면이 없었기에 그런 청을 하는 것이 매우 곤란했지만 김 진사의 증조모와 조모는 손자를 살리겠다는 일심으로 홍 판수가 가르쳐 준 대로 그 집을 찾아가 이항복의 어머니에게 전후 사정을 말하고는 손자를 살려 달라고 애걸했다.
 이항복은 원래부터 의협심이 강했고 최씨 부인도 역시 적선하기를 좋아하는 성품을 가진 여인이었기에 어려울 줄 알았던 부탁은 쉽게 용납되어 이항복은 그 날 저녁때 김 진사의 집으로 와서 죽어가는 환자를 껴안고 있게 되었다.

그로부터 얼마나 시간이 지났을까. 밤은 어느덧 삼경(三更: 밤11시부터 새벽1시까지의 동안)이 지나 만뢰가 고요한 중에 뜰에서 우는 벌레 소리만 들리고 있었다.

그런데 그 때 갑자기 창을 치는 음산한 바람이 촛불을 명멸케 하더니 모골이 송연해지게 만드는 귀기가 침입했고 다음 순간 김 진사가 몸부림치며 두 눈을 부릅떴다. 이어서 이를 악물고 게거품을 뿜으며 숨을 가쁘게 몰아쉬었다.

이항복이 보통 사람이었다면 이 때 크게 놀라 기절했을 것이었다. 하지만 이항복은 정신을 더욱 가다듬고 김 진사를 껴안으며 촛불 너머를 응시했다.

그 곳에 검은 옷 위에 남색 전대를 차고 머리에는 털벙거지를 쓰고 붉은 색 포승과 칼을 들고 미투리를 신은 원귀가 있었다.

이윽고 원귀가 와락 달려들자 청년 이항복은 더욱 힘을 주어 김 진사를 끌어안으며 몸으로 가려 주었다. 때문에 무서운 형상을 한 원귀는 김 진사의 멱살을 잡으려다가 이항복 앞에서 발을 멈추고, 다시 멱살을 잡으려다가 이항복 앞에서 발을 멈추곤 하는 동작을 되풀이하다가 벌컥 화를 내면서 소리쳤다.

"이항복아, 부질없는 짓 하지 말고 그 사람을 속히 내게 넘겨 다오. 내 말에 복종하지 않으면 네게도 화가 미칠 것이다."

하지만 이항복은,

"남아 일언 중천금이다. 나는 부탁을 받아 이 사람을 구하러 왔으니 내 목숨이 있는 한 이 사람을 네게 넘겨 주지 않을 것이다. 그러니 나까지 죽이든 말든 네 마음대로 해라.

"호오, 그래?"

험상을 드러낸 원귀는 이윽고 이항복에게 칼을 겨누며 덤벼들었다. 그러자 이항복이 겁내지 않으며 호령했다.

"아무리 귀신이라고 해도 무례함이 심하면 용서하지 않을 것이다."

이항복의 사기가 너무나 늠연했기 때문인지 원귀는 감히 이항복을 베지 못했고 그러는 동안 시간이 흘러 새벽닭이 울었다. 동시에 원귀는 칼을 던지고 이항복 앞에 엎드리며,

"오늘이 지나면 저 사람에게 영원히 복수할 수 없게 되는데 대감께서 갑자기 나타나 소인이 하고자 하는 일을 방해하시니 너무나 원통하옵니다. 제발 그 사람을 제게 넘겨 주십시오."

하고 애원했다. 그러자 이항복이 정색을 하며 그의 말을 막았다.

"귀신의 일은 내가 알 바 없으며 양계(陽界:사람이 사는 세상)의 대장부는 한 입으로 두 가지 말을 하지 않는다. 이 사람을 네게 넘겨 줄 것이라면 네가 처음으로 말했을 때 내주었지 어찌 지금까지 있었겠느냐. 나는 너와 하등의 은원관계가 없고 이 사람과도 면분조차 없다. 하지만 우연히 삼대 요절로 인해 향화가 끊어지려는 이 집의 내력과 4대에 걸친 며느리들이 대신 죽어서 속죄하고자 하는 비참한 정경을 알게 되어 크게 감동했으며 내 목숨이 있는 한 이 사람 몸의 털끝 하나도 건드리지 못하게 할 것이다. 그러니 원한을 풀려면 나를 먼저 죽여라."

그러자 원귀는 눈물을 흘리며,

"대감이 이토록 소신의 일을 방해하시니 어찌하오리까? 소신이 원수 갚기에 급급하다고 해도 대감 같은 일국의 주석지재를 칼로 찌를 수는 없사오니 소인은 이만 물러가오만 대감께서도 차후에는 극히 자중하시어 장래의 나라와 세상을 위해 몸을 아끼시며 경솔히 이런 일에 참섭하지 마시기 바랍니다."

라고 하직을 고하고는 밖으로 나갔다. 그리고는 섬돌 아래에 이르러 앙천 통곡하며,

"오늘을 넘겼으니 다시는 원한을 풀 수 있는 날이 없도다. 모두 평동 홍 판수 놈의 부질없는 작희 때문에 생긴 일이니 그놈을 대신 잡아다가 설분하리라."

하고 외치더니 여명의 어둠 속으로 달려갔다. 그 때 김 진사는 전신이 굳어지고 사지가 얼음처럼 차가워졌지만 오직 명치 부근에는 온기가 남아 있었다.

이항복이 부르자 다른 방에서 대기하고 있던 집안 사람과 의원들이 달려왔다. 그리고는 청심환을 갈고 생강차를 달여서 먹인 뒤에 쓸고 주무르고 했더니 김 진사는 서서히 의식을 회복했는데 여러 날 동안의 숙취에서 일시 깬 사람처럼 눈을 번쩍 떴다가 다시 감으며 코를 골면서 잠이 들었다. 비로소 온 집 안에 쌓였던 근심스러운 기운이 풀어진 것이다.

하지만 평동의 홍 판수는 원귀의 손에 희생되고 말았다. 그 후 초종 장례 때부터 삼 년 동안 죽은 이와 남아 있는 가족들이 필요로 하는 일체 비용을 김 진사 집에서 보내 주었고, 홍 판수의 기일이 되면 그의 자손이 참례치 못하는 경우는 있어도 김 진사가 궐석한 적은 없었다.

선조 대왕 10년(1577년), 이항복과 김 진사는 알성시(謁聖詩:조선 시대에 임금이 문묘에 참배한 뒤 성균관에서 보이던 과거)에 우수한 성적으로 급제했다. 이 때 당시의 대제학이며 이조 판서를 겸해 상하의 신망이 두터웠던 율곡 이이(李珥) 선생이 어전에 나아가 진하하기를,

"소신이 주상과 국가의 후은을 입어 용렬한 몸으로 재상

자리에 있었으나 보답할 길이 없어 항상 황공해하다가 이번 과거에서 이항복, 이덕형(李德馨), 김여물(金汝岉), 오덕령(吳德齡), 한준겸(韓浚謙) 등을 선발하여 조정에 수용되게 하였사옵니다. 이 사람들은 모두 약관의 백면 서생이지만 재주와 문무를 겸했고 문학은 천인(天人)을 관철하여 훗날 국가의 동량이 될 사람들이라 신은 나라를 위해 이들을 전하께 천발하여 국은의 만분의 일이나마 갚게 된 것을 심히 기뻐하는 바올시다."

라고 했다. 이것 하나만 가지고도 이이 선생의 지인지감이 뛰어나다는 것을 알 수 있는데 다섯 사람들 중의 하나인 김여물은 물론 이항복이 구해 준 김 진사였다.

그로부터 15년 후인 선조 25년(1592년) 4월에 임진왜란이 일어나자 김여물은 왕의 특명으로 신입(申砬)과 함께 충주를 방어하러 나섰다. 그리고 새재의 지세를 이용하여 방어할 것을 건의했으나 신입이 듣지 않아 충주 달천을 등지고 배수진을 쳤으나 적군을 막지 못하고 탄금대 아래에서 신입과 함께 물에 투신하여 자결했다.

그 때 이항복은 도승지로 있었기에 어가를 모시고 평양으로부터 의주에 이르러 병조 판서로 등용되어 군국의 기무를 장악했으며 예조 참판이었던 이덕형은 서둘러 요동과 연경으로 달려가 명나라에게 응원병을 청했다.

그즈음 이항복은 순국 충혼이 된 김여물이 전사 직전에 발신한 유서를 받아 읽었는데,

「그대와 나와는 전생과 차생에 무슨 업연이 그리도 지중한 것인지 십여 년 전에 죽어 없어졌을 목숨을 그대 덕분에 보전하여 오늘날 나라에 바치게 되니 그 은공은 나의 후생에 백 번 천 번을 두고 그대의 견마로 다시 태어난다고 해도 갚을 수가 없을 것이요. 그럼에도 불구하고 이제 전지에서 목숨을 다하고자 하는 나는 우둔하고 미련하고 외자식을 그대가 맡아 지도하고 보호해 달라고 부탁하오. 너무나 염치없는 부탁이오만 의협심 많은 그대가 기왕에 그 아이의 아비를 살렸으니 이제 다시 한 번 그 아이도 인수해 주기를 굳게 바라오.」

라는 내용이었다.

김여물의 아들은 이름이 류(瑬)였는데 그의 아비가 전사한 임진년에 나이가 스무 살이었다. 풍신이 준위하고 재질이 초인적인 것이 당년의 김여물 그대로였다.

김류는 그 후부터 이항복의 문하에 출입하며 부형에 대한 예로 이항복을 섬겼으며 이항복은 자식에 대한 애정으로 그를 가르치며 보호했다.

김류가 선조28년(1595년)에 이십삼 세의 약관으로 충량과(忠良科)에 장원 급제했을 때 이항복은 왕년의 율곡 이이 선

생처럼 이조 판서와 대제학을 겸임하며 선조의 커다란 신임을 받고 있었다. 그는 선조에게 김류라는 이름을 말하며 사직을 위해 큰 인물을 얻게 된 것을 축하했다. 그러자 선조는 김류의 손을 잡으며,

"네 아비가 일찍 죽어 내가 크게 쓰지 못한 것을 한탄했는데 이제 너를 보니 네 아비의 당년 모습과 틀림이 없어 네 아비가 더욱 그리워진다. 부디 충효를 다해서 선대의 명예를 유지하고 과인의 기대를 저버리지 말라."

하고 말했다. 때문에 김류는 감읍했고 이항복도 크게 기뻐했다.

그 후 김류는 한림과 옥당을 거쳐 승지, 참판에까지 이르렀는데 그의 나이가 사십을 넘기도 전에 그처럼 영달했기에 많은 사람들이 부러워했다. 그는 밖으로 나가서는 지우(知遇: 남이 자신의 인격이나 재능을 알아서 잘 대접하는 것)를 받았고 안으로는 늙은 조모와 어머니에게 효양을 다했고 조석으로 스승인 이항복의 문정에 사후하여 자제로서의 예를 다했다. 또한 동문인 이시백(李時白), 최명길(崔鳴吉), 장유(張維) 등과 교유하여 사생의 의를 맺었다. 더욱이 어버이들이 함께 순국한 신입 장군의 아들 경진(景禛)과는 친형제처럼 지냈는데, 김류는 신경진의 무예를 사랑했고, 신경진은 김류의 학식을 존경하며 서로 힘을 다해서 왕을 섬기자고 약속했다.

결국 홍 판수의 예언은 모두 적중했다. 김 진사의 생명을

원귀의 손에서 구해 낸 이항복은 나이 삼십에 재상이 되고, 사십에 대신이 되었으며, 팔년 전란 때는 안팎으로 움직이면서 활약하여 조선 중흥의 위업을 성취했다. 그는 문장과 재덕이 당세에 제일인 인물이었기에 백사(白沙) 선생으로 추앙을 받았으며 오성 대감의 이름은 남녀노소를 불구하고 모르는 사람이 없을 정도였다. 또한 누군가가,
"오성 대감이 조정에 나오셨다더라."
하고 말하면 백성들은 그가 묘당(廟堂:의정부의 별칭)에서 아무런 건의를 하지 않았어도,
"그 대감이 나오셨다니 이제 나라의 일이 바로잡힐 것이다."
라고 말하며 안심하면서 뭔가 기대를 했고, 반대로 그가 조정에서 물러났다는 말을 들으면,
"그 대감이 없으면 성상께서는 이제 누구와 의논해 나라의 일을 하실 것이며 우리는 누구를 믿고 살아야 한단 말이냐?"
하며 한탄했다고 한다.

오성 대감에 대한 놀라운 이야기는 좀더 계속된다.
광해왕이 즉위한 후부터 간사하고 흉악한 무리들이 조정에 웅거하여 음모를 꾸며 임해, 진릉, 능창 등 선조의 왕자와 왕손들이 차례로 피를 흘렸고, 영창 대군과 연흥부원군을 참

살한 그들은 드디어 인목대비를 서궁에 유폐시키는 만행을 저지르기에 이르렀다.

광해 9년(1617년), 폐모 모의가 있을 때 오성 부원군 이항복은 동대문 밖 망우리 고개 아래에 있는 노원촌에 은거하고 있었다. 그는 벼슬을 떠난 지 이미 오래 되었으나 이덕형이 세상을 떠나고 이원익(李元翼)은 외방으로 귀양을 가 있었기에 조야를 통틀어 유일한 원로 대신이었다. 그는 폐모 모의에 대해서 침통한 내용의 문장을 삼엄한 의리를 진술하여 많은 사람들을 울렸으나 광해왕은 오성의 충간을 받아들이지 않았다.

이항복은 결국 간신들의 탄핵을 받아 북청(北靑)에 유배되어 적소에서 세상을 떠났으며 김류도 폐모 문제로 간신들의 지목을 받아 낭인 생활을 하게 되었다.

오성 이항복은 배소로 향하던 날 작별하러 온 김류의 손을 잡고,

"차후에 세상 일이 잘되고 못되는 것은 오직 그대의 손에 달렸으니 부디 선대왕과 선대인의 유훈과 기대에 어긋남이 없도록 자중하여 종사를 바로잡도록 하라."

하고 신신 당부하면서 영결하는 정표로 그림 한 장을 주었다.

그런데 김류가 집에 돌아와 그것을 펴 보았더니 버드나무 밑에 사람도 없이 말 한 필만 매어져 있는 그림이었는데 필

법도 유치했으며 제목과 낙관도 없었다. 그래서 김류는 약간 실망했지만 은혜가 깊은 스승이 마지막으로 주신 물건이었기에 장식을 하여 벽 위에 걸어 놓고 그것을 볼 때마다 이항복 생각을 하고는 했다.

그런데 어느 날, 친구인 신경진이 김류의 집에 찾아와 함께 술을 마시게 되었는데, 신경진은 그 날 다른 때처럼 기염을 토하는 대신 눈물을 머금으면서 침통한 목소리로 김류에게 간신들을 제거하고 종사를 바로잡자고 권유했다. 때문에 김류는 절대적인 동감의 뜻을 표했으며 그로부터 심기원(沈器遠), 장유(張維) 등 여러 동지들을 모아 의지에 참가했을 뿐만 아니라 주모자 이귀가 자기가 늙은 것을 이유로 대장 자리를 굳이 사양하며 김류를 추천했기에 거사를 총지휘하는 대임까지 맡게 되었다.

일이 비밀리에 계획대로 착착 진행되자 구굉(具宏)을 통해 능양군에게 연락을 취하려고 했다. 하지만 능양군과 여러 의사들을 감시하는 눈길들이 있었기에 서로 간에 연락을 취하기가 매우 어렵고 불편했다.

그런데 어느 날, 김류가 외출했을 때 갑자기 소나기가 쏟아졌고 상복을 입은 귀인 하나가 그의 집 대문 앞에서 비를 피하게 되었다.

마침 심부름을 하러 나갔다가 돌아오던 계집종이 그 모습을

보고는 김류의 부인 유(柳) 씨에게,
"우리 집 문 앞에서 상주님 한 분이 비를 피하고 계시는데 심한 비바람에 방립과 의복이 젖어 보기에 매우 딱합니다."
라고 말했다. 그러자 전날 밤에 꾼 꿈을 이상하게 생각하고 있던 유씨 부인은 계집종에게,
"주인이 없는 집이지만 잠시 들어오셔서 비를 피하는 것이 좋을 듯합니다."라고 전갈케 하여 그 상주를 사랑으로 영접했다. 그리고 문틈으로 안을 들여다보고는 깜짝 놀랐다. 전날 밤에 임금이 자기 집에 행차했기에 두 부부가 어전에 나아가 행례하는 꿈을 꾸었는데 그 임금의 모습이 상주의 모습과 똑같았기 때문이었다.
한편 그 상주도 역시 벽에 걸려 있는 그림을 보고 놀라고 있었으니,
'저 그림은 내가 열한 살 때 선대왕 앞에 나아가 하교에 따라 그린 유하계마도(柳下繫馬圖)로 그 때 배석했던 원로 대신들에게 마음에 드는 대로 한 폭씩 가져가라고 하셨기에 오성부원군이 가져갔다고 기억되는데 저 그림이 어찌하여 이 집에 있는가?'
라는 의문이 생겼기 때문이었다.
그리하여 유씨 부인은 비가 그치자 사랑에서 나오는 상주를 비복들로 하여금 만류하게 하며,
"머지않아 출타했던 주인이 돌아오실 테니 약주 한 잔이라

도 잡수시고 가십시오."
라고 말하게 하고는 산해 진미인 성찬을 준비했고, 상주는 상주대로 그 집의 주인이 누구인지 궁금했기에 못이기는 체 하면서,
"그러면 주인 영감께 인사라도 고하고 가리다."
라고 말하고는 다시 자리에 앉았다.
외출했다가 돌아온 김류는 주인이 없는 방에 생면 부지의 그것도 상복을 입은 손님 하나가 앉아 있는 것을 보고 깜짝 놀랐다. 하지만 그보다도 더 놀랍게 느껴진 것은 자기 아내 유씨가 음식을 만드는 모습이었다. 예법과 생활 규모를 옳게 지키는 부인이 주인 없는 사랑에 생면객을 불러들이고, 옷과 패물을 전당잡히면서까지 생면객을 위해 음식을 준비하는 것이 매우 의아스럽게 생각되었다.
어쨌든 김류는 현명한 부인 덕분에 잠시 후 사랑으로 나가 주야로 사모하며 목숨까지도 바치겠다고 작정했던 능양군을 어렵지 않게 배알할 수 있는 기회를 얻었다.
반정의 영주가 될 능양군과 편안해진 조선의 원훈이 될 김류는 이처럼 이상하게 만나 유씨 부인이 내보낸 성찬과 미주를 즐기며 밤이 깊도록 심금을 털어놓으면서 물과 물고기 같은 군신의 친분을 맺었다. 또한 능양군은 유하계마도가 김류의 집 사랑에 걸리게 된 내력을 듣더니,
"이항복은 과연 신처럼 밝은 사람이다."

라고 말하며 감탄했다.

 이 때 홍판수의 손자가 김류를 따라 반정 의병에 참가해서 공을 세워 절충(折衝)장군의 작위와 토지, 노비 등의 상을 후하게 받아 안락하고 영화로운 생활을 했다.

작명가 김봉수

김봉수는 5·16혁명 시기를 전후하여 장안에서 화제가 되었던 유명한 작명가로서, 광화문 부근의 내수동 골목 안에 있는 한 한옥에서 영업을 하고 있었다.

내가 친구를 따라 우연히 처음으로 그 곳에 갔었던 때는 1968년 가을이었으며, 나는 실로 놀라운 일과 조우하게 되었다.

소문으로만 들었던 김봉수의 명성은 과연 조금도 과장된 것이 아니었다.

다음에 소개하는 글은 내가 그 곳에서 본 장면 몇 가지를 간단하게 정리한 것이다.

① 101번지

푸짐하게 생긴 몸집을 가진 아주머니가 앞에 앉자 이름이 쓰여진 종이를 내려다 보던 김봉수 씨가 붓을 들어 이름 위에 x(엑스) 표시를 하며 중얼거렸다.

"쯧쯧… 이 양반 101번지에 가게 되셨군!"

"네! 101번지라니요? 거기가 어디지요?"
"어디긴 어디야, 서대문구 현저동 101번지. 서대문 교도소지!"
작명가가 핀잔을 주듯이 말하자 여자의 두 눈은 화등잔만 하게 커졌다. 여자는 자세를 고쳐 앉으며 다급하게 말했다.
"맞아요! 사실은 바깥양반의 사업이 제대로 되지 않아 부도가 나게 생겼어요. 도대체 어떻게 해야 좋지요?"
그러자 김봉수 씨는 여자를 쏘아보며 차갑게 내뱉었다.
"이 아주머니 정말 답답하군. 방법이 달리 있을 수가 있나. 부도를 내지 않으려면 친구들 집이라도 찾아다니며 돈을 꾸어야지. 나 같은 사람을 찾아다녀서 어쩌겠다는 거야?"
둘의 대화는 거기서 끊어졌다.

② 불알 두 쪽만 남는다

평범한 생김새의 중년 남자가 물었다.
"현재 내가 하고 있는 장사가 시원치 않아 양복지 장사로 바꿔 볼까 하는데 잘 될까요?"
김봉수 씨가 대답했다.
"그걸 하면 망하게 돼!"
"그럼, 뭘 하면 좋을까요?"
"다른 장사를 해도 마찬가지야."

"그럼 저는 앞으로 어떻게 된다는 거지요?"
"내리막길을 걷다가 불알 두 쪽만 남게 되는 거지 뭐... 당신의 운이 그래."
"그래요? 뭔가 좋은 방법이 없을까요?"
 중년 남자가 굳어진 얼굴이 되며 묻자 작명가는 다시 대꾸했다.
"방법이 없는 건 아니지. 내일부터 리어카를 하나 사서 엿장사를 하는 것야. 크게 투자하는 것이 없으니 크게 손해볼 것도 없을 테고 당신의 재산은 지켜지겠지. 한데, 당신 엿장사로 나설 수 있겠어? 못 할 거야. 남들이 갑자기 미쳤다고 할 테니."
"그……그렇지요. 그럼 어쩌면 좋지요?"
 중년 남자가 다시 묻자 작명가는 매정하게 내뱉었다.
"방법이 없지 뭐. 운을 바꿀 수는 없는 거니까…. 그러니 단성사(극장)에 가서 007영화를 보면서 기분풀이나 하라고, 근사한 몸매를 가진 여자들이 나온다더군."
 중년 남자는 더 이상 말을 꺼내지 않고 힘없이 일어섰다.

③ 나이 때문이 아니다

 눈빛이 강한 중년의 여자는 남편의 진급에 대한 궁금증을 풀기 위해 그 곳에 와 있었다.

여자는 종이에 쓰여진 이름을 내려다보는 작명가의 모습을 곁눈질하여 바라보며 은근한 목소리로 물었다.
"저어, 이번에는 별을 달 수 있을까요?"
그녀의 남편은 대령 계급을 가진 장교였다. 김봉수 씨는 종이에서 눈길을 떼며 대답했다. "아주머니의 남편 말고도 별을 달 사람들이 너무나 많이 밀려 있어."
"힘들다는 이야기군요. 하긴 나이가 있으니……"
여자는 머리를 떨구며 혼잣말처럼 중얼거렸다. 그러자 김봉수 씨는 낮은 소리로 한 마디를 덧붙였다.
"나이 때문이 아니야! 그릇이 작기 때문이야. 내 말의 뜻을 알겠어?"

④ 백만 불짜리와 일 불짜리

김봉수 씨가 두 개의 이름이 쓰여진 종이를 보다가 앞에 앉아 있는 예쁘지만 조금은 경망스럽게 생긴 아가씨에게 물었다.
"이 이름들은 뭔가?"
"네, 두 사람 중 어느 쪽과 결혼해야 좋을지 알고 싶어서…."
아가씨가 배시시 웃으며 말하자 작명가는 재빨리 대꾸했다.
"두 사람 모두 굉장히 좋아. 여기서 나가는 즉시 전화를 걸어 '키스 미 퀵'이라고 말해도 상관없어. 한데 아가씨는 정말로 운이 좋군!"

"네? 왜요?"

아가씨가 두 눈을 동그랗게 뜨며 반문하자 작명가는 지나가는 말처럼 중얼거렷다.

"만일 이 청년들이 아가씨의 이름을 가지고 나를 찾아왔다면 나는 결혼하지 말라고 말했을 거야!"

"그....그건 또 무슨 말씀이시지요?"

"두 청년들은 백만 불짜리인데 비해 아가씨는 단 일 불짜리도 안 되기 때문이야. 말하자면 아가씨 쪽이 나의 손님이 된 것이 천만다행이라는 거지."

"……!"

아가씨는 아무런 대꾸도 하지 않았다. 그리고 슬며시 일어섰다.

⑤ 멘스를 못해 본 여인

이어서 작명가 앞에 앉은 손님은 단정하게 생긴 30대 초반의 여성. 그녀의 이름이 쓰여진 종이를 훑어보던 김봉수는 너무나 재미있다는 듯이 웃어대며 큰 소리로 말했다.

"오래 살다 보니 별 여자를 다 보겠군! 나이 30이 넘도록 멘스를 해 보지 못한 여자가 있었다니...."

"……!"

여자는 즉시 대답하지 않았지만 작명가의 말이 맞는다고 인정했다. 아울러 아이를 낳지 못해 이혼을 당하게 된 자신의 딱한 사정에 대해 기어들어가는 것 같은 목소리로 설명했다.

그러자 김봉수 씨는 희망을 주는 구세주처럼 말했다.

"걱정할 것 없어. 올해가 가기 전에 멘스를 시작하게 될 거야. 그리고 내년엔 아들을 낳게 될 거야!"

때문에 그 여자는 희망을 얻어 가지고 그 방에서 나가게 되었다.

⑥ 588에 가게 된다

손님은 수심에 가득 찬 할머니.

할머니는 딸의 이름을 훑어보고 있는 작명가에게 하소연하듯이 말했다.

"글쎄, 그 아이가 죽어버리겠다는 편지를 써 놓고 나갔는데 소식이 없어요. 죽었을까요? 아니면 어디엔가 살아 있을까요?"

한데 작명가는 대답 대신 엉뚱한 질문을 던졌다.

"할머니, 좋아하는 남자를 따라간 사람이 죽기는 왜 죽어요. 그나저나 이번의 남자가 몇 번째지요?"

그러자 할머니는 도둑질을 하다가 들킨 사람처럼 '움찔'하고 놀라더니 더듬거렸다.

"세..... 세 번째 남자랍니다. 한데 이번 남자와는 잘 살까요?"

할머니는 작명가의 눈치를 살피며 물었다. 한데 그의 대답은 할머니가 기대한 것이 아니었다.

"석 달이 지나지 못해 쫓겨오게 될 겁니다."

"네? 그럼 우리 아이는 앞으로 어떻게 되지요?"

"글쎄요, 대단히 안된 얘기지만 그런 식으로 살다가 결국엔 청량리의 588로 가게 될 팔자군요."

"588이라니요? 그게 뭐지요?"

할머니가 어떨떨해하며 묻자 김봉수 씨는 잠시 머쓱해하는 표정을 지어 보이다가 말했다.

"저어... 그건 말이지요. 할머니....술집에서 젓가락을 두들기며 술을 파는 여자들을 본 적이 있으시지요. 그 다음에 가게 되는 곳이랍니다."

그러자 할머니는 비척거리며 일어서면서 혼잣말을 하는 것처럼 중얼거렸다.

"맞아요, 선생님 말씀이 맞아요. 가엾은 년 같으니..... 그년은 결국 그렇게 되고 말 거예요."

⑦ 2억원 정도 벌 거야

다음 손님은 후줄그레한 코트를 걸쳐 입은 30살 정도의 청년.
김봉수 씨는 그 청년이 뭐라고 묻기도 전에 혀를 차며 말했다.
"쯧쯧….. 작년에 1억 이상 손해를 봤군…!"
그 당시의 1억 원이라는 돈은 어마어마하게 큰 돈이었다. 때문에 나는 그 청년 쪽으로 시선을 옮기며 귀를 기울였다. 그처럼 큰 돈을 만졌던 사람같아 보이지 않았기 때문이었다. 한데 그는 잠깐 뭔가 계산하는 것 같은 표정을 지어 보이더니 이윽고 머리를 끄덕였다.
"네, 그 정도 됩니다."
그러자 작명가는 약간 힘이 들어간 목소리로 다시 말했다.
"하지만 너무 걱정할 거 없어. 내년 겨울쯤이면 손해 본 돈을 모두 찾고도 2억 정도 벌 거야!"
"그….그래요?"
그 청년은 반사적으로 환한 표정을 지었다. 그것은 마치 신용도가 높은 회사의 2억 원짜리 약속어음을 받은 것과도 같은 얼굴이었다. 가볍게 몸을 일으킨 그는 작명가에게 머리를 숙여 보이고는 그 방에서 나갔다.

⑧ 빨간 나라에서 살고 있다

 손님은 40살 정도의 남자.
 종이에 쓰여진 이름을 내려다보던 작명가가 이윽고 머리를 갸우뚱하며 앞에 앉아 있는 남자에게 말했다.
 "본인이 아니군! 이 이름의 주인은 지금 빨간 나라에서 살고 있으니…."
 "네? 빨간 나라라니요?"
 "이북 말이야! 김일성이가 사는 이북….!"
 "네? 그…… 그럼……"
 반문하던 남자의 목소리는 갑작스러운 흥분으로 인해 격해지고 있었다. 그는 6·25때 납치당한 가족의 생사를 알아 볼까 하여 그 곳에 찾아왔던 것이었다.

⑨ 양코백이와의 앞일은 모른다

 김봉수 씨는 여자의 이름이 쓰여진 종이를 내려다보며 입을 열지 않았다. 그러자 앞에 앉아 있던 젊은 여자가 조심스럽게 먼저 입을 열었다.
 "저어, 결혼을 하자는 사람이 있는데….. 쉽게 마음을 정할 수 가 없어서….."
 그러자 김봉수 씨가 퉁명스럽게 내뱉었다.

"이봐! 아가씨, 나는 말이야 양코백이와의 앞일까지 봐줄 수 있는 능력을 가지고 있지 않아!"

다음 순간 여자의 얼굴은 견디기 힘든 당혹감으로 인해 붉어지며 꺾여지듯이 떨구어졌다. 그녀는 기지촌의 여자였던 것이다.

나는 확신에 가득찬 태도로, 그리고 독설적인 어조로 방문객들의 급소를 찔러대는 김봉수 씨의 놀라운 신통력에 감탄하지 않을 수 없었다.

그런데 나는 기이하다고밖에 생각할 수 없는 이야기 두 가지를 더 얻게 되었는데 내용은 다음과 같다.

내가 두 번째로 김봉수 씨를 찾아간 것은 선배인 J씨 때문이었다.

J씨는 그로부터 몇 달 전에 첫아들을 얻었는데 겨울이 시작되면서 기침을 해 대며 앓기 시작했다. 당연히 병원에 다니며 치료를 받게 되었는데 쉽사리 낫지 않았다. 더 이상 찔러댈 자리가 없을 정도로 많은 주사 자국들이 어린 아이의 궁둥이에 생겼지만 아이의 병은 조금도 나아지는 것 같지 않았다. 때문에 J씨 부부는 이 병원 저 병원으로 옮겨 다니게 되

었고 그로 인해 아이는 아이대로 어른들은 어른들대로 지치게 되었다.
 J씨의 집에 자주 드나들어 상황을 알고 있던 나는 어느 날 작명가 김봉수 씨를 찾아가게 되었다. 끈질기게 낫지 않는 그 아이의 병의 원인은 어쩌면 그 아이의 이름 때문인지도 모른다는 엉뚱한 생각이 문득 들었기 때문이었다.
 아이의 이름의 진성(進星)이었다.
 한데 그의 이름이 쓰여진 이름을 내려다보던 작명가 김봉수 씨는 얼굴을 찡그리며 이렇게 내뱉었다.
 "으음, 죽을 아이로군!"
 "네? 죽다니요?"
 찬 물을 뒤집어 쓴 것처럼 놀란 내가 반문했더니 그는 설명했다.
 "이건 설명철학의 법칙을 따지기 이전에 너무나 잘못된 이름이오. 「나갈 진」이라는 글자는 다른 글자와 어울리면 대체적으로 좋은 뜻을 갖게 되지요. 하지만 「별 성」자와 어울리면 엉뚱한 뜻을 갖게 되지. 별이 나간다는 것은 곧 별이 떨어진다는 이야기, 즉, 별의 죽음을 의미하는 문구가 되지 않겠소?"
 "아하….!"
 나는 그런 것도 같다고 생각하며 머리를 끄덕였다. 이어서 다시 다급하게 물었다.

"그럼 아이의 이름을 좋은 것으로 바꿔 주시지요."
그러자 작명가는 좌우로 머리를 저었다.
"쓸데없는 짓이요, 너무 늦었어."
"네?"
"이름이라는 것은 원래 본인의 것이기는 하지만 남들에 의해 불리워지지요. 그로 인해 본인의 뜻과는 달리 좋은 상황이 되기도 하고 나쁜 상황이 되기도 합니다. 이 아이의 경우는 그로 인해 날아든 죽음의 독소들이 회복될 수 없을 정도로 많이 몸 속에 쌓여 있어요."
"살아날 수 있는 가능성이 조금도 없다는 겁니까?"
내가 혹시나 하며 애원하듯이 다시 묻자 그는 담담한 목소리로 말을 이었다.
"살 수도 있기는 하겠지요. 하지만 만일 죽지 않는다면 성치 않은 반신불수의 몸으로 살아가게 될 거요. 그렇게 되면 오랫동안 부모의 가슴만 아프게 만들겠지."
"……!"
나는 더 이상의 질문할 말을 찾지 못 한 채 돌아왔다. 그리고 그로부터 석 달이 채 지나지 않아 그 아이는 하늘나라로 떠났다.

⑪ 오늘이 다 가기 전에 부러질 거야

 그로부터 얼마 후 나는 거래처에서 알게 된 어떤 노처녀에게서 김봉수 씨에 대한 놀라운 이야기를 들었다.
 그녀도 친구를 따라 우연히 그 곳에 가게 되었는데 동행인이 있었다. 그 즈음에 형부가 교통사고를 당해 형부와 언니의 아들인 조카를 돌봐 주고 있었는데 함께 간 김에 그 아이의 이름도 감정을 의뢰하게 되었다.
 "쯧쯧…. 아이의 이름을 이렇게 지었으니 아버지가 교통사고를 당해 다리가 부러지지."
 그녀는 당연히 기겁을 하며 놀라지 않을 수 없었다. 한데 그 와중에도 묘한 장난기가 발동했다. 때문에 짐짓 화난 체하며 언성을 높여 떠들어댔다.
 "이봐요, 그게 도대체 무슨 소리지요? 그런 끔찍스러운 말을 그렇게 함부로 해도 되는 거예요? 멀쩡한 사람의 다리를 부러졌다고 하니……"
 그러자 김봉수 씨는 얼굴을 들어 그윽한 눈빛으로 그녀의 얼굴을 바라보더니 사형을 선고하는 재판관처럼 이렇게 말했다고 한다.
 "아직 부러지지 않았다고? 그럼 오늘이 다 가기 전에 부러질 거야!"

김 영진

제1장

12운성(運星)

12운성의 의미

 십이운성은 일천간(日天干)을 가지고 인생의 윤회에 대해서 말하는 것이다. 즉 인연이 없는 곳에서 사람을 만나(절:絶), 아이를 가지고(태:胎), 뱃속에서 기르고(양:養), 출산을 하고(장생:長生), 목욕을 시켜(목욕:沐浴), 결혼시키고(관대:冠帶), 공부를 시켜 녹을 먹게 하면(건록:建祿), 기운이 왕성해지고 운이 좋아지며(제왕:帝旺), 그 다음은 늙어지고(쇠:衰), 병들고(병:病), 사망하고(사:死), 무덤 속에 들어간다.(묘:墓)
 이와 같이 사람의 일대기를 나타내는 것으로 천간(天干)을 가지고 지지(地支)를 살펴 문자화한 것이 십이운성이다. 또한 십이운성은 인간의 운명을 「왕지」와 「평지」 「쇠지」로 크게 나누어 다음과 같이 분류한다.

① 왕지(크게 길함)

 제왕 : 인생 최고의 강하고 왕성한 기라고 말할 수 있다. 인격이 완성되어 건실하고 몸과마음도 모두 튼튼하고 안정되어 있다.
 건록 : 성숙한 사회인으로서의 소임을 성실히 수행하고 충

분한 보수를 받는 것과 같다.
관대 : 사람이 성장하여 학업을 마치고 사회에 처음으로 진출하려는 20대 청년기에 비유할 수 있다.
장생 : 사람이 부모의 혈육을 이어받아 이 세상에 처음으로 태어나는 것같은 기쁨이 있다.

② 평지(보통)

목욕 : 새로 태어난 아이가 처음으로 목욕하는 것처럼 어려움이 많다.
양 : 태어난 후의 상태가 어머니의 뱃속에서 안정되게 자라는 과정과 흡사하여 평온하고 생기가 있다.
쇠 : 왕성하고 기운이 약해져 마치 정년퇴직을 하는 것과 같다.
병 : 사람이 늙고 병들어 원기가 없이 피곤한 상태다.

③ 쇠지(나쁘다)

절 : 인생을 끝내는 동시에 다음의 인생을 시작하려는 찰라라고 말할 수 있다.
묘 : 사람이 죽어 땅 속으로 들어가는 것을 뜻한다. 완전한 정적이며 안정된 상태라고 말 할 수 있다.

사 : 인간이 수명이 다해 생명력을 완전히 상실한 상태이다.

태 : 사람이 부모의 정기를 받아 처음으로 수태된 것과 같은 형상이다.

① 절(絶)

 공직을 얻거나 명예를 얻기는 극히 어렵고 남자는 자녀들과의 인연이 엷으며, 여자는 남자와의 인연이 박하다. 처음에는 좋으나 나중에는 고생과 풍파가 있으며 주색으로 인해 가산을 탕진하기 쉽다.

② 태(胎)

 평온무사하게 살아간다. 운기는 길상이지만 이따금 풍파가 있을 수 있다. 어릴 때는 허약하지만 중년 이후에는 건강해지며 자비심과 의협심이 있다. 재운이 있으나 재혼할 수 있으며 자손은 여자밖에 없다.

③ 양(養)

 양은 반은 길하지만 반은 흉한 운이다. 윗사람을 존경하지만 아랫사람에게는 인색하다. 양모를 가질 수 있고, 타인이 길러 주지 않으면 양자로 갈 수도 있으며 마음을 많이 수양해야 한다. 또한 호색으로 인해 재혼하는 사람이 많고 경진일(庚辰日)생은 부모의 덕이 약하고 저항심과 이론을 펴는 성격이 상해 부부간에 이별을 할 수도 있다. 경진일은 괴강살이기 때문이다. 자손은 아들 셋을 둘 수 있다.

④ **장생(長生)**

장생은 명랑하며 진취성이 있다. 부잣집에서 태어나고, 어머니가 현모이고 장수할 수 있으며 언행이 온화하고 처덕이 많아 부부가 화목하게 지낸다. 자손은 대성할 수 있으며 둘에서 넷 정도를 둘 수 있다.

⑤ **목욕(沐浴)**

목욕은 경거망동하여 실패하는 경우가 많다. 용두사미격이며 주색에 빠진다. 형제력이 약하고 처와 첩이 간통하여 근심해야 하는 일이 생기고 부모의 유업을 계승하지 못하게 된다. 타향살이를 하면 자수성가할 수 있고 자녀는 두 아들이나 여러 명의 딸을 두게 된다.

⑥ 관대(冠帶)

 관대는 지식과 활동력이 우수하며 외유내강한 지도자격으로 명문가 출신이다. 현모양처를 얻고 자손은 총명하여 성공한다. 하지만 일주(日柱)에서 만나면 부부궁은 길하지만 누르는 힘이 있어 상대가 제멋대로 행동하게 되고, 시주(時柱)에서 만나면 성병에 걸릴 수 있고 자손의 건강이 나빠질 수 있다.

⑦ 건록(建祿)

 건록은 온후관대하고 인정과 명랑성도 있어 타인들의 존경을 받으며 입신양명한다. 세상에 이름을 떨치며 가문을 크게 일으키고 재산도 많이 모은다. 하지만 일주와 시주와 함께 있으면 부친과의 인연이 박약해진다. 시주와 함께 있으면 자손이 대성하고 일주와 함께 있으면 아내가 현명하고 지혜롭다. 자손은 3명을 둘 수 있다.

⑧ 제왕(帝旺)

 제왕은 자신감과 실천력이 왕성하고 자존심이 강하니 두목이 될 수 있는 큰 그릇이며 연상의 여인을 사랑할 수 있다. 여자가 일주에 제왕이 있으면 남편이 일찍 죽고 남편의 재산으로 부귀왕성하게 되지만 고독한 생활을 하게 된다. 자식은 5명에서 7명 정도를 둘 수 있다.

⑨ 쇠(衰)

쇠는 온화자중하며 의심이 많고 노고가 많은 생활을 한다. 부유한 집안에서 출생했다고 해도 중년이나 말년 후에는 패가운을 맞아 재혼을 하는 등 인생의 수고가 많아진다. 부모의 덕이 없고 자손운도 불길하다. 자손은 딸이 많거나 두 아들을 둘 수 있는데 장애가 있어 기르기가 힘들다.

⑩ 병(病)

병은 재산이 없어 가난하고, 자손이 있으면 불효한다. 부모와의 인연이 없고 병약하여 단명하며 자기의 본분과 도리를 다하지 못한다. 동정심과 질투심이 서로 엇갈려 만사가 뜻대로 되지 않고 시주에 함께 있을 때는 아들 하나를 둘 수 있으며 식도에 병이 생기거나 병원 신세를 지게 된다.

⑪ 사(死)

사는 총명하고 학문과 예술을 즐기지만 신경 계통의 질병을 조심해야 한다. 성격이 급하고 결단력은 있지만 매사에 발전하는 속도가 늦고 천신만고하지만 손재주가 있다. 부친이나 부모와의 인연이 적으며 일찍 죽거나 횡사, 객사 등을 할 수 있다. 처와의 사이에 이별수가 있고, 사가 일주와 함께 있다면 자손이 없거나 흉하며 불효하고 자손운은 자식이 없는 팔자이다.

⑫ 묘(墓)

묘는 검소하고 실지우의자인 동시에 성격이 원만해 모든 일을 잘 처리한다. 아버지 덕이 없어 많은 고생을 하며 자수성가하지만 부부의 인연은 박하다. 도화살이 함께 있으면 반드시 두 번 이상 결혼해야 한다. 여자의 경우에는 좋은 남편을 얻기가 힘들다.

12지지(地支)와 12천성(天星)

인간은 태어나면서부터 천성이 정해지고 해마다 연지와 띠가 있다. 각 지지에는 12천성과 띠가 각각 정해져 있으니 다음의 도표와 같다.

12지지(地支)	12천성(天星)	출생한 해의 띠
자(子)	천귀성(天貴星)	쥐 띠
축(丑)	천액성(天厄星)	소 띠
인(寅)	천권성(天權星)	범 띠
묘(卯)	천파성(天破星)	토 끼 띠
진(辰)	천간성(天奸星)	용 띠
사(巳)	천문성(天文星)	뱀 띠
오(午)	천복성(天福星)	말 띠
미(未)	천역성(天驛星)	양 띠
신(申)	천고성(天孤星)	잔나비띠
유(酉)	천인성(天刃星)	닭 띠
술(戌)	천예성(天藝星)	개 띠
해(亥)	천수성(天壽星)	돼 지 띠

제2장

초년운(初年運)

초년운(初年運이)란?

초년운은 태어난 해(음력)의 연지띠를 기준으로 하여 출생 후 20세 전까지 유·소년기의 성격과 재능 등 전반적인 운세를 본다.

각자 태어난 해의 띠를 찾아 자기의 운세를 찾아 보자.

띠별 구분	쥐 띠	소 띠	호랑이띠	토끼띠	용 띠	뱀 띠	말 띠	양 띠	원숭이띠	닭 띠	개 띠	돼지띠
출생년	갑자	을축	병인	정묘	무진	기사	경오	신미	임신	계유	갑술	을해
	병자	정축	무인	기묘	경진	신사	임오	계미	갑신	을유	병술	정해
	무자	기축	경인	신묘	임진	계사	갑오	을미	병신	정유	무술	기해
	경자	신축	임인	계묘	갑진	을사	병오	정미	무신	기유	정술	신해
	임자	계축	갑인	을묘	병진	정사	무오	기미	경신	신유	임술	계해

① 쥐띠(천귀성:天貴星)

> 연에 천귀성이 들어 있어 소년에 영화가 있을 것이다. 총명하고 지혜가 많아 한 번 들으면 천 가지를 깨닫는다. 처음에는 어려우나 뒤에는 편하고 만년에는 태평성대 할 것이며 곳곳에서 뜻을 얻으니 사방에 이름을 떨칠 것이다.

선조로부터 쌓아온 은공과 적선으로 부유한 환경에서 자라며 머리가 총명하고 성격은 온순하다. 순탄하고 유복한 환경에서 성장하다 보니 나약한 마음과 신체를 갖게 되기 쉽다. 병석에 눕는 날이 많고 우울증에 시달리는 시간이 있다. 그러나 인간관계가 원만하고 친구들과의 사이가 좋다. 형제 사이의 정도 깊다. 학업을 가끔씩 소홀히 하여 시험에 낙방할 경우도 있다. 그러나 우수한 머리로 학업에 대한 문제를 극복할 것이다.

② 소띠(천액성:天厄星)

> 연애 천액성이 들어있으니 초년에는 악운이 많고 조상의 기업은 지키기 어려우며 손재수가 많고 고향 땅은 이롭지 못하니 고향을 떠날 팔자이다. 가슴 속의 근심은 밤낮으로 떠나지 않는다. 남보다 많이 활동하고 여러 가지 직업을 가져야 한다.

고집이 있고 개성이 강하다. 무엇이든 한 곳에 뜻을 두고 최선을 다하지 못한다. 부모로부터 물려받은 유산이 적어 자수성가를 해야 한다. 학업은 항상 소홀하고 독자적으로 자기의 길을 개척하기 위해 노력하게 된다. 더욱이 부모와 뜻이 맞지 않아 객지로 떠나 혼자서 자립의 길을 찾게 된다.

장성하면서 성격이 변해 남에게 후하게 베풀기를 즐긴다. 남에게 은덕을 입기보다 은혜를 베풀기를 좋아하므로 곤궁함을 면치 못한다. 더욱이 자기 재산을 잘 지키기는 더욱 어려워진다.

③ 범띠(천권성:天權星)

> 연에 천권성이 들어있으므로 어렸을 때는 매우 분주하리라. 권가 사방에 있으니 많은 사람을 사귀게 된다. 학문을 부지런히 닦으면 관록을 얻게 되고 성품이 밝고 활달해 따르는 사람이 많다. 사업체를 가져야 영화를 누린다.

 능력 있는 엘리트의 재질을 타고났기에 항상 모임의 지도자가 된다. 주위 사람들의 뜻을 한 곳으로 모아 이끌어 가는 힘이 있다.

 지갑에 돈이 있으면 무조건 꺼내서 쓰는 낭비벽이 있다. 주변의 친구들과 자주 어울릴 때 술값, 찻값, 밥값은 항상 자기가 지불한다. 그래야 기분이 좋아지기 때문이다. 그러나 미래를 내다보는 지혜가 있어서 자기의 일은 항상 자기가 해결한다. 그의 인생에 실패라는 말은 존재하지 않는다. 도전하는 자에게 복이 오고, 두드리는 자에게 문이 열리는 법이다. 그리고 구하는 자에게 얻을 것이 생기는 법이다.

④ **토끼띠(천파성:天破星)**

> 연에 천파성이 들었으니 초년에는 성공과 실패가 많다. 자신이 하는 일마다 성과가 없다. 남의 말을 믿으면 오직 손해만 있고 이익은 없다. 평생에 품은 한은 마음속에서 떠나지 않는다.

 호기심이 지나치고 무슨 일에 부딪치든지 쉽게 재미를 느끼고 쉽게 싫증을 느낀다. 동쪽을 쳐다보면 그 곳에 할 일이 있고, 서쪽을 보면 또한 그 쪽도 참견할 일이 생겨서 나서게 된다. 동료들에게 인기가 있고 잘 어울리니 말하자면 무드메이커이다. 재치가 있고 머리 회전도 빠르다. 하지만 배짱이 모자란다.
 과욕은 금물이다. 멀고 먼 이상의 나라의 일만 꿈꾸지 말고 발 밑의 땅을 파야 한다. 술과 여자를 가까이 하기에 곤혹스러운 입장으로 빨려들어간다. 지갑은 항상 텅 비어 있어 곤궁함을 면치 못하게 된다.

⑤ **용띠(천간성:天奸星)**

> 연에 천간성이 들었으니 꾀가 많은 사람이다. 재수가 있어 성공하니 세상에 이름을 떨친다. 녹이 사방에 있으니 여러 곳에서 봄바람이 분다. 관공서에 출입하여 재물을 얻게 된다. 지나친 욕심은 삼가하여야 한다.

지혜가 뛰어나 하나를 가르치면 열을 헤아린다. 시기심과 질투심이 강해 항상 주변 사람보다 한 발 앞서가야 직성이 풀린다. 부유한 환경에서 어려움을 모르고 성장하며 고난에 부딪쳐도 무난히 헤쳐나간다. 항상 은행 통장의 잔고가 많다. 돈이 떨어질 때가 되면 생각지도 않았던 곳에서 돈이 굴러 들어온다. 너무 능력이 뛰어나기 때문에 항상 무리 중에서 돋보이고 시샘과 모함을 받을 경우가 많이 생긴다. 영특한 머리를 가지고 있기에 이러한 것을 모두 알고 있다. 하지만 자기를 극복하지 못하기 때문에 계속해서 앞장서기를 좋아한다.

⑥ 뱀띠(천문성:天文星)

> 연에 천문성이 들었으니 이름이 원근에 떨치리라 학문을 닦지 않으면 몸과 마음으로 노력하라 부부간의 금슬은 좋아 즐거움이 있으니 한 번의 이별은 있다. 용모가 바르고 정숙하여 이름을 떨치리라.

 준수한 용모에 차분한 성품을 가지고 있으며 학문에 열중하여 뜻을 이룬다. 책은 가까이 하지만 운동은 좋아하지 않는다. 학업 성적이 뛰어나기 때문에 가끔씩 자만심을 가지게 되고 출세욕이 지나쳐 신세가 고단해질 때가 있다. 주변 사람보다 한 발 앞서가야 하겠다는 강박관념이 일상의 모습을 추하게 만들기도 한다. 경우에 따라서는 크게 망신을 당해 얼굴을 남 앞에 내놓지 못하는 창피한 일을 당한다. 그러나 도전적인 생각과 적극적인 추진력 때문에 일찍 출세하는 행운을 얻게 된다.

⑦ 말띠(천복성:天福星)

> 연에 최복성이 들었으니 일찍이 부귀하게 되리라. 남이 조금씩 도와주게 되니 매사가 자신의 뜻과 같이 된다. 독자적인 생업을 가지면 몸만 분주해지고 성공이 매우 더디다.

말이 바르고 행실이 건실하기 때문에 주변 사람들이 칭찬하며 도움이 되어 준다. 정직한 성품으로 꾸준히 노력하니 학업을 계속하는데는 별로 어려움이 없다. 윗사람 섬기기를 하늘처럼 하니 주변 사람들이 항상 협조를 해 준다. 친구 사이도 원만하고 독단적인 행동을 해도 모함을 받지 않고 순탄하다. 외유내강하며 마음과 의지가 곧고 강직하지만 겉으로 보기에는 심약하다. 부모님이 궁지에 빠질 때는 마음이 급격히 변해 우울해진다. 그러나 타인 앞에서는 웃음을 보일 수 있는 여유가 있다. 주변에서 일어나는 일들을 해결할 때 특공대식으로 단숨에 해치워 버리는 엉뚱한 면이 있다. 항상 인덕이 풍부하기 때문에 어려움을 모르고 일생을 보낸다.

⑧ 양띠 (천역성 : 天驛星)

> 초년에는 몹시 분주하리라. 고향 땅은 이롭지 않으므로 고향을 떠날 팔자로다. 집에 있으면 온갖 근심이 있고 밖에 나가면 재물이 생긴다. 가는 곳마다 권위가 있으니 사방에 이름을 떨친다. 노력을 해야 성공할 수 있다.

 고향을 떠나면 길을 얻고 뜻을 이룰 수 있으니 사방을 돌아다니며 재물과 공명을 얻어야 한다. 학업은 소홀하게 하고 책은 멀리 하기 쉽다. 잠시도 자리에 앉아 있지 못하고 여기저기 찾아다녀야 마음이 후련해진다. 배짱이 커서 한 푼 두 푼씩 저축을 하지 못한다. 한 탕으로 크게 벌어 모으는 방법을 선호한다. 외모가 화사하기에 그의 지갑에 1백만 원이 있으면 타인은 1천만 원이 있을 것이라고 생각한다. 그러나 항상 분주하기만 했지 실속이 없다. 한 구멍의 우물을 파지 못하고 항상 행복을 먼 곳에서 찾으려고 발버둥친다. 한 곳에 오랫동안 정착하지 못하고 동분서주하기만 한다.

⑨ 잔나비띠(천고성:天孤星)

> 형제가 서로 헤어지게 되고 북쪽 길에 막힌 기러기가 되어 가을 달밤에. 홀로 날으리라. 이사하면 태평하고 영화 가운데 괴로움도 있다. 몸에 액이 없으면 부모를 일찍 잃게 된다. 재능과 기술로 사업을 삼아야 한다.

조실부모하여 인척들과 어울려 세상을 살아간다. 어른들의 움직임에 민감한 반응을 보이게 되며 환경 변화에 대한 적응력이 민첩해진다. 자존심이 강해서 항상 외롭게 지내게 되며 손해를 본다. 부모와 고향을 일찍 떠나 자립하게 되는 경우 사람을 깊이 사귀지 못하고 정을 주지 못 한다. 주변에 친구가 적어지기에 무슨 일이 생겨도 상의할 사람이 없다. 무슨 일이든지 혼자서 결정하고 실행하기에 실패가 많고 일찍이 실패를 경험하게 된다. 그러나 수완이 있고 능력이 있기 때문에 어려움을 독자적으로 잘 처리해 간다. 가끔 신세 타령을 하며 한탄하기도 하지만 쉽게 잊고 다시 새 출발하는 여유가 있다.

⑩ 닭띠(천인성:天刃星)

> 친절함을 피해 가라. 그리고 조화가 있을 것이니 복시 공장을 운영하게 될 것이며, 적게 벌어서 많이 쓰니 재물이 없어질 수이다. 평생에 품은 근심을 가까운 사람이 어찌 알겠는가. 사업을 벌이면 고달프고 분주한 사주이다.

　매사에 적극적이고 도전적인 성격이다. 깊은 관찰력이 부족하고 호기심이 강해서 매사를 속결하기에 성공보다 실패를 먼저 경험하게 된다.

　주변의 사람들이 돕지 않으면 몸에 손상을 입게 되니 자기를 통제할 수 있는 능력을 갖추는 것이 급선무이다. 손재주가 있고 머리가 뛰어나 남이 하지 못하는 일을 가끔 쉽게 해낸다. 부모로부터 은공을 많이 입지 못하기 때문에 성장하는 과정에서 외로움을 많이 느낀다.

　친구들과 어울려도 재미를 느끼지 못한다. 때문에 다른 일에 관심을 갖게 되고 혼자서 고독을 접하기 때문에 친구를 사귀어도 깊게 사귀지 못한다. 그러나 뛰어난 예술성을 가지고 있기 때문에 혼자서 자위하면서 자신있게 살아간다.

⑪ 개띠(천예성:天藝星)

> 자수성가하게 되고 매사에 순응하면 봄바람이 불어오고 거역하면 가을서리를 만난다. 손재주가 있고 마음이 어지니 친구들이 따른다. 의식이 풍족하니 편안한 세월을 보낸다. 예술 방면에 발전할 수 있는 소질과 역량이 있다.

 적극적인 도전력과 현명한 판단력을 지닌 의협심을 가진 인재이다. 이 띠는 원숭이, 닭, 개해에 삼재팔난이 오고 정월과 2월에는 팔패가 들고 사월에 망신살이 끼어 있으니 금전거래를 할 때 각별히 주의해야 한다.

 13~14세 쯤에 낙상수가 있으니 각별히 조심해야 할 것이며 20세 때 경사가 있을 것이다. 35~36세 정도에 횡재수가 끼어 있으니 57~58세 때 이사를 하면 온갖 화를 면하고 재산도 늘어 부귀영화를 누리게 될 것이다.

⑫ 돼지띠(천수성:天壽星)

> 살아가는 데 외롭고 고독하리라. 만약 독신이 아니면 온갖 고난이 많으리라 성품은 곧으나 구설수와 재산의 손실이 있다. 강인한 집념과 추진력이 있어 만난을 극복하고 목적을 달성하게 된다.

성직자에게서나 볼 수 있는 희생 정신과 자비심을 가지고 있다. 어려운 환경 속에서 성장하지만 그것에 굴하지 않고 쉽게 극복해 나간다. 하나가 생기면 둘을 주려는 마음이 있어 주변 사람으로부터 항상 칭찬을 받는다. 그러나 특이한 고집이 있어 손해를 보기도 한다. 독립 정신이 강하여 모든 일을 주변 사람들의 도움을 받지 않고 혼자서 처리해 나간다. 공부를 해도 조용한 방에서 혼자 해야 직성이 풀리고 성적이 올라간다. 성장하면서 미래에 대한 욕망이 날개를 달아 현실에 만족하지 못하고 새로운 돌출구를 향해 도전하게 된다. 일단 목표가 정해지면 모든 것을 버리고 한 곳으로 정력을 집중시키는 집념을 보인다. 그래서 불행을 행복으로 변화시킨다.

제3장

중년운(中年運)

중년운(中年運)이란?

 중년운은 태어난 해의 자기 띠와 태어난 달(음력)을 기준으로 20세 이후부터 40세 이전까지가 되는 청, 장년기의 운세이다. 먼저 태어난 해의 띠와 태어난 달을 연결하여 태어난 달의 천성을 찾은 후 다음 해설표에서 찾아 보면 중년의 운세를 알 수 있다.

월천성 생년생월	월천귀	월천액	월천권	월천파	월천간	월천문	월천복	월천역	월천고	월천인	월천예	월천수
쥐 띠	1	2	3	4	5	6	7	8	9	10	11	12
소 띠	12	1	2	3	4	5	6	7	8	9	10	11
범 띠	11	12	1	2	3	4	5	6	7	8	9	10
토끼띠	10	11	12	1	2	3	4	5	6	7	8	9
용 띠	9	10	11	12	1	2	3	4	5	6	7	8
뱀 띠	8	9	10	11	12	1	2	3	4	5	6	7
말 띠	7	8	9	10	11	12	1	2	3	4	5	6
양 띠	6	7	8	9	10	11	12	1	2	3	4	5
잔나비띠	5	6	7	8	9	10	11	12	1	2	3	4
닭 띠	4	5	6	7	8	9	10	11	12	1	2	3
개 띠	3	4	5	6	7	8	9	10	11	12	1	2
돼지띠	2	3	4	5	6	7	8	9	10	11	12	1

① **월천귀**(月天貴)

> 천액성이 들어 있어 삼십 전에 해로움을 보리라. 고집이 세니 천한 사람과 멀어진다. 동쪽으로 가나 서쪽으로 가나 바람과 서리를 맞게 되고 정이 많아 자수성가 한다.

가진 것이 없더라도 염려할 것이 없다. 작은 것이 조금씩 보이지 않게 커가는 기쁨을 보게 될 것이니 세월이 흐르면서 서서히 풀리는 운세이다. 모든 사람에게 항상 좋은 인상을 받게 하며 이성 교제를 하는 시기가 빠르다. 이성 문제로 인해 모든 것을 잃게 되거나 손해를 입을 수 있으니 이성을 멀리하는 것이 자기를 지키는 방법이다. 처음에는 작은 일자리에서 일을 하게 되지만 차츰 발전하여 확고한 자리로 굳혀 간다. 가정이 평탄하지 못할 경우가 있으나 참고 인내하면 가정이 행복한 공간으로 변할 것이다.

직장을 버리고 개인 사업을 벌이면 일이 잘 풀리지 않고 고전을 하게 된다. 그러나 오래 참고 어려움을 견뎌내면 대성한다. 직장을 계속해서 가지고 있어도 마찬가지이다. 시간이 지나면서 안정된 자리를 확보하게 된다. 가정에서 손재수가 있고 명예에 손상이 갈 만한 일이 발생하지만 운세가 풀리는 과정에 있으므로 크게 염려할 일은 아니다.

② **월천액**(月天厄)

> 스스로 자주성가 하여야 한다. 사십 후에는 영화가 찾아오고 여자를 가까이 하면 손재수가 있다. 말솜씨가 뛰어나. 가는 곳마다 재물을 가득하며 들에 살면 대길하리라 변화와 실패수가 많으나 마침내 재기하여 성공할 수 있다.

 자기가 처리해야 할 막중한 일이 많이 쌓여도 스스로 할 수 있는 일이 적어 어려움을 면하지 못한다. 하는 일마다 문제가 생기고 실패하게 되는 비운을 만나게 된다. 하지만 난관과 어려움을 통해서 자기 성장을 하는 계기가 마련된다. 마음이 강건해지고 어려움에 도전하는 용기가 몸에 붙으며 세상을 보는 눈도 밝아진다. 자수성가할 수 있는 능력을 얻게 된다. 이러한 중에 가정에도 구름이 끼고 슬픔이 찾아오는데 이러한 시기에 지혜를 발휘해야 한다. 그렇게 하지 못하면 부부간에 큰 상처를 받는다. 부모의 유산이 아무리 많아도 하는 일마다 실패가 잦으니 탕진하기 쉽다. 그러니 아예 맨발로 뛰면 성공을 하는 때가 빨리 올 것이다. 비바람이 오히려 자수성가에 힘이 되어 줄 것이니까. 많은 시간을 견디며 인내하면 가정에 평화가 오고 부부 사이에 금슬도 살아날 것이다.

③ 월천권(月天權)

> 권위가 가는 곳마다 많고 친족도 있으나 오히려 남만 못하다. 많은 사람이 우러러보니 가는 곳마다 봄바람이로다. 엄청난 재산이 있어 영화가 끝이 없다.

주관이 뚜렷하여 굽히지 않고 초지일관하기에 작은 일을 해도 큰 일로 성사가 된다. 주변에 모이는 사람들이 따르며 지도자로 추대할 것이다. 어떠한 장소에 가더라도 불평을 웃음으로 만들고 슬픔을 기쁨으로 만든다. 때문에 순풍에 돛단배처럼 영화를 맞게 된다.

결혼운이 좋아서 좋은 배필을 맞아 축복 속에 결혼을 올리게 되고 화목한 가정을 꾸리게 된다. 사업도 잘 되고 직장에서도 뛰어난 인재라는 칭송을 받게 된다. 그러나 가끔 거만하다는 소리를 듣게 된다. 만나는 사람마다 친구가 되는 인간관계가 원만한 편이다. 그래서 출세 가도에 들어서게 되는데 그 곳에서도 칭송을 받게 되며 항상 막중한 임무가 기다리고 있다. 그러나 가정에는 소홀하여 침실은 서서히 하숙방으로 바뀌어진다.

④ 월천파(月天破)

> 천파성이 들었으니 형제가 의지할 곳이 없다. 일찍 부모를 잃지 않으면 갑자기 고향을 떠난다. 먼저 실패운이 있고 나중에 성공한다. 일신에 번거로움이 많고 관액이 항상 따르니 경솔한 일은 삼가야 한다.

 가까운 사람이 배신을 하니 설 땅을 잃어버리게 된다. 사업에 의욕을 가지지 못하고 실의에 빠진다. 뜻은 커도 적막강산이다. 무엇인가 구상하고 있으나 구체화되지 않아 마음은 초조하고 다급해진다. 그러나 투지는 몸 속에 남아 있다. 만나는 사람마다 손해를 주니 내 몸 하나 마음 편하게 의탁할 곳이 없다. 때문에 처음 만난 배우자는 부모같을 것이다. 하지만 불행한 애정에 빠져 가정을 이루었기에 항상 불안한 구름같은 신세이다. 언제 어디서 먹구름이 몰려올지 모르니 이별을 가끔 생각하게 된다. 하지만 모진 풍상을 오래 견디며 투지를 잃지 않았으니 끝맺음이 좋을 것이다. 불행의 숲 속에서 헤매다가 햇살을 맞으니 큰 사업을 성취하게 될 것이다.

⑤ 월천간(月天奸)

> 중년에 액운이 많고 일찍 글을 배우지 않으면 몸이 슬프다 소년 시절에는 꽃이 춘삼월을 만난 격이다. 비록 파산은 없으나 재산은 스스로 흩어지리라 항상 자신을 성찰하고 자중자애하여야 한다.

머리가 뛰어나 학문에 뜻이 있고, 다른 분야에서도 기획력을 발휘할 수 있다. 그러나 주변 환경이 자기 뜻대로 되지 않아 고전을 할 때도 있다. 세상은 여러 사람들이 서로 어울리며 살아가는 곳이다. 못난 사람, 잘난 사람, 모두가 자기 몫을 하면서 살아간다. 따라서 인간 관계를 잘 가지는 것도 실력이며 힘이 된다. 초년에 관운이 있어 출세를 하게 되는데 이런 곳에 가서도 인정을 받고 저런 일을 맡아도 뛰어난 능력을 보인다. 의욕만 있으면 무슨 일이든 처리할 수 있는 능력의 소유자이다. 그러나 가정에는 소홀하고 신경을 쓸 틈이 없다.

자존심이 유난히 강해 상사와도 자주 충돌하고 동료들과도 다툼이 많아 송사가 자주 따르니 2보 전진을 위해 1보 후퇴하는 지혜를 배워야 한다. 뒤로 물러서서 타협하고 머리를 숙이는 자세를 빨리 터득해야 한다.

⑥ 월천문(月天文)

> 사십 후에는 영화가 찾아오고 비록 조상의 유산은 없으나 자수성가하리라. 만약에 영화가 없으면 아내에게 눈물을 뿌리리라. 가는 곳마다 친유가 많으니 입는 것과 먹는 것이 풍족하다.

 지능이 뛰어나 출세가 빠르고 장래가 촉망된다. 그러나 결혼운이 약하여 많은 어려움이 따르게 된다. 천생연분을 만나도 상대가 잘못되기 쉬우니 서로 사랑과 이해로 감싸주어야 한다. 가정만 원만하게 자리가 잡히면 중년의 문은 활짝 열리게 된다.
 권세가 하늘에 닿을 정도로 높아져 많은 사람들로부터 부러움을 사게 되고 추앙을 받게 된다. 금전운도 트여 유산을 받지 못해도 재산이 크게 늘어난다. 직장에서도 승진이 빨라 높은 자리를 차지하게 되고 주변에서 속출하는 귀인들과 원만한 인간 관계를 이루게 된다. 직위가 높아질수록 공부를 열심히 하면 직위가 더욱 오르고 관록도 뚜렷해질 것이다. 재물에 따라 가정도 유복해지고 만나는 사람마다 존경을 하게 되니 만인의 지도자가 된다.
 뜻을 크게 가졌기에 인류와 국가를 위해 공헌하는 기회가 주어진다. 사사로운 인정이 부족하여 때로는 매정하다는 말을 듣게 된다. 또한 큰 뜻을 펴기 위해 자의반 타의반으로 유랑객이 될 수도 있다.

⑦ 월천복(月天福)

> 가는 곳마다 재물이 쌓이고 관공서를 출입하니 가까운 곳에서 귀인을 만난다. 몹시 어려워도 귀인이 돕는다. 중년의 운수는 재물이 샘과 같이 불어난다. 꾸준하게 정진해야 성공한다.

 세상을 살아가는데 부족함이 없고 막힘이 없다. 하늘이 내려준 복을 모두 받았기 때문이다. 어떤 시험이나 낙방을 모르고 즐거운 마음으로 살아간다.
 자신감을 가지고 무슨 일에든지 몰두하고 정진하니 부러울 것이 없다. 결혼운도 활짝 열려 좋은 축복 속에 배필을 맺으니 오복을 모두 갖춘 셈이다.
 직장에서 일하는 것보다 자기 사업을 하면 크게 성공한다. 부모로부터 유산을 많이 물려받지 않더라도 스스로 벌인 사업이 크게 번창하니 탄탄대로를 자동차가 달려가는 격이다. 가정도 화평하고 형제 사이에 우애가 있으니 더욱 웃음꽃이 피게 된다.
 중년은 만사가 뜻대로 되어 간다. 재물이 샘물이 솟아나듯 하여 아무리 써도 마르지 않는다. 학문적인 인격이 갖추어지지 않더라도 재복이 많아 대인 관계에 대한 걱정이 없다. 사회적 활동은 크게 뛰어나지 않지만 남에게 손가락을 당하는 일은 생기지 않는다. 그러나 남의 사정을 알아보지 못하는 때도 있기에 몰인정한 사람이라는 소리를 듣게 된다.

⑧ 월천역(月天驛)

> 헛되이 세상일을 넘기라. 여러 차례 곤경을 겪으나 나중에는 몸이 편할 것이다. 집에 있으면 불안하고 외출하면 마음이 한가롭고 한 번은 영화를 맞이하니 재물과 녹이 있을 것이다. 한 가지 일에 집중해야 피해와 손실을 줄일 수 있다.

 의욕은 있으나 실패가 잦으니 어찌할 것인가. 한 자리에 집착하여 한 우물을 파는 것이 최선책이라는 사실은 누구나 아는 일이다. 그러나 한 곳에 뜻을 두지 않고 뜻하는 것이 많으니 떠돌이 신세가 적격이다. 결혼을 하고서부터 생계를 책임지기 위해 전력투구하지만 부모에게서 물려받은 재산을 지키기도 쉽지 않다. 끈질긴 노력이 없으면 이것마저 탕진하고 새로운 일을 찾아 나서게 된다.
 직장을 동가식 서가숙하는 것은 결코 야망이 있어서가 아니다. 숙명적으로 방황하는 기질이 있기 때문이다. 겉으로 보기에는 가정이 원만한 것처럼 보이지만 냉냉한 바람이 불어오는 가정이니 따뜻함을 찾기가 쉽지 않다. 뒤늦게 운세가 찾아오니 낙심하지 말고 한 가지만 택해 집중적인 노력을 하면 성공할 수 있을 것이다.

⑨ 월천고(月天孤)

> 형제가 서로 헤어지고 세 살이나 다섯 살 때에는 불과 물을 조심하라 친족의 덕이 없으니 온 몸이 고독하다. 몸이 부평초 같으니 천지를 집으로 삼으리라. 굳건한 투지와 슬기로운 지혜로 난관을 극복하여야 한다.

 인생은 타협하면서 살아가는 것이다. 그러나 이것은 싫고 저것도 마음에 맞지 않으니 항상 수수방관자가 된다. 누가 어떤 일을 할 때, 모두가 시시해 보인다. 때로는 기가 죽어 버리기도 한다. 자기로서는 도저히 쳐다볼 수 없는 벽으로 생각하고 자포자기해 버리기도 하며 평생 동안 위를 보고 아래를 보면서 인생을 낭비한다. 그래서 아무것도 이루어지는 일이 없다. 인생을 즐기며 미래를 바라보기보다는 비탄과 탄식하는 일만이 많으니 어찌할 것인가. 직장에서도 항상 소외되고 승진은 뒤로 물러서니 그저 한숨만 나올 뿐이다.
 슬픔과 역경을 당하면서 마음이 넓어지고 도량이 생긴다. 세상 사람들은 칭송하기 시작하고 그의 존재를 귀하게 생각하게 되니 귀인이 동남간에서 나타나 새로운 행운을 찾게 된다. 그 동안의 슬픔과 비탄이 즐거움으로 바뀌고 말년에 이르면 세상의 모든 것이 나의 것으로 바뀌어질 것이다.

⑩ 월천인(月天刃)

> 어렸을 때 가산을 탕진하나 무술을 정공하면 이름을 사방에 떨치리라. 손과 발이 흠이 없으면 간간이 중병을 앓게 되고 평생에 하는 일은 아무런 성과가 없다. 사업을 벌이면 변화와 굴곡이 많아 자신의 능력을 최대한 발휘해야 성공할 수 있다.

 선한 성격을 가졌는데도 불같이 치솟는 급함을 스스로 이기지 못해 물불을 분별하지 못하고 좌충우돌하니 불구가 되기 쉽다. 그렇게 하지 않으면 가슴에 불을 안고 살아가는 격이기 때문에 질병이 생겨 고통을 받게 된다. 하던 일도 툭하면 중단하니 끝맺음도 좋지 않다.
 부부 사이도 역시 화목하다가도 툭하면 다투게 되니 극한 상황에 이르기 쉽다. 자존심이 강하여 동료나 이웃과 다투기 쉽고 안하무인격으로 방자한 행동을 할 수도 있다. 주위 사람들의 충고를 무시하고 자기 생각대로 세상을 살아가니 외로울 수밖에 없다. 그러나 독자적으로 노력하고 힘을 쏟으니 결국에는 일을 성취하고 능력을 과시하게 된다.
 하는 일마다 어려움에 부딪치지만 끝까지 도전해서 뜻한 바를 이룬다. 한 번 실패하면 또다시 도전해서 꼭 성공하는 인내와 끈기가 가상하다.

⑪ 월천예(月天藝)

> 일찍이 인심을 얻게 되고 손재주가 뛰어나 이로써 이름을 떨치게 된다. 어두운 밤에 촛불을 얻게 되니 뜻과 기운을 떨치리라. 예술로서 일생을 보내면 평생 편하게 지낸다.

 재주와 예술 감각이 뛰어나 무슨 일이든 시작하면 끝장을 볼 것 같다. 사방팔방에 통하지 않는 것이 없으니 약방에 감초격이다. 예술가로 대성할 자질을 가지고 있으나 한 곳에 몰두하여 노력해야 빛을 발하게 된다. 바람에 날리는 갈대처럼 감정의 흐름이 분위기에 따라서 순간적으로 변해 결과가 나쁘다. 공부를 해도 자기가 좋아하는 분야에만 열중해서 과목별 성적이 들쭉날쭉이다. 가끔씩 환상적이 행동을 하여 부부간의 애정은 어려운 고비를 자주 만나게 된다. 개성이 너무 강하고 뚜렷해 조직 사회에서 적응하는 데 어려움을 겪게 된다. 직장의 상사와 성격이 일치하게 되는 것은 낙타가 바늘구멍을 통과하기보다 어려운 일이다.
 자기의 전공을 살려서 성공하지 못하면 떠돌이 신세를 면하기 어렵다. 자기도 모르게 여기에 가서 잠깐, 저기에 가서 기웃하면서 자리를 잡지 못하는 부평초 신세가 될 것이다. 그러나 중년이 지나갈 즈음, 자기의 숨겨진 능력을 발견하고 예술에 도취하니 대성해서 공명을 크게 얻게 될 것이다.

⑫ 월천수(月天壽)

> 동서로 바쁘게 다닌다. 젊어서는 편하고 즐겁겠으나 중년부터는 실패수가 있고 친한 사람이 적으로 변신하니 반드시 그 해를 입게 되고 두 어머니를 섬기지 않으면 자식을 두지 못한다. 대중과 접촉하는 사업을 벌이면 쉽게 발복하여 성공할 수 있다.

 뛰어난 능력을 가지고 있기 때문에 현실에 만족하지 못하고 우왕좌왕하며 번민한다. 보통 사람이 미처 생각하지 못할 차원의 생각 때문에 번민하고 괴로워한다. 행동에 무게가 있고 신중하게 처신하기 때문에 귀한 자리에 앉게 되고 존경을 받게 된다. 기회가 있을 때 지도자로 부상하게 된다.
 생각이 빠르고 매사에 용의주도하여 항상 앞서 가지만 뜻한 바가 이루어지지 않을 때도 있다. 한때 커다란 성공을 이루어 명성을 얻지만 생각지 않았던 풍상을 만나게 된다. 그러나 그 같은 풍상이 인간 도약의 기회가 되고 새로운 차원으로 도약하는 발판이 된다.
 이 때 스스로 노력하여 새로운 환경을 만들면 처신도 바뀌어지게 되고 새로운 운세를 만나게 된다.
 변화무쌍한 삶으로 인해 인생을 보는 눈이 넓어져 종교가나 교육자의 삶을 영위하게 되고 주위 사람들로부터 존경을 받게 된다.

제4장

말년운(末年運)

말년운(末年運)이란?

 말년운은 태어난 달과 생일(음력)을 기준으로 하여 보는 40세 이후 노년기의 운세이다. 먼저 앞에서 본 중년운 월천성에다 생일을 연결하여 일천성을 찾은 후 다음 해설표에서 찾아 보면 말년의 운세를 알 수 있다.
 중년운은 월천귀 17일생인 경우 월천귀에서 생일 17일을 찾으면 일천간성이 되고 월천문 17일생인 경우 월천문에서 17일을 찾으면 일천인성이 된다.

92 인생 12진법 사주팔자

월천성생일 \ 일천성	일천귀	일천액	일천권	일천파	일천간	일천문	일천복	일천역	일천고	일천인	일천예	일천수
월천귀	1 13 25	2 14 26	3 15 27	4 16 28	5 17 29	6 18 30	7 19	8 20	9 21	10 22	11 23	12 24
월천액	12 24	1 13 25	2 14 26	3 15 27	4 16 28	5 17 29	6 18 30	7 19	8 20	9 21	10 22	11 23
월천권	11 23	12 24	1 13 25	2 14 26	3 15 27	4 16 28	5 17 29	6 18 30	7 19	8 20	9 21	10 22
월천파	10 22	11 23	12 24	1 13 25	2 14 26	3 15 27	4 16 28	5 17 29	6 18 30	7 19	8 20	9 21
월천간	9 21	10 22	11 23	12 24	1 13 25	2 14 26	3 15 27	4 16 28	5 17 29	6 18 30	7 19	8 20
월천문	8 20	9 21	10 22	11 23	12 24	1 13 25	2 14 26	3 15 27	4 16 28	5 17 29	6 18 30	7 19
월천복	7 19	8 20	9 21	10 22	11 23	12 24	1 13 25	2 14 26	3 15 27	4 16 28	5 17 29	6 18 30
월천역	30 6 18	7 19	8 20	9 21	10 22	11 23	12 24	1 13 25	2 14 26	3 15 27	4 16 28	5 17 29
월천고	29 5 17	30 6 18	7 19	8 20	9 21	10 22	11 23	12 24	1 13 25	2 14 26	3 15 27	4 16 28
월천인	28 4 16	29 5 17	30 6 18	7 19	8 20	9 21	10 22	11 23	12 24	1 13 25	2 14 26	3 15 27
월천예	27 3 15	28 4 16	29 5 17	30 6 18	7 19	8 20	9 21	10 22	11 23	12 24	1 13 25	2 14 26
월천수	26 2 14	27 3 15	28 4 16	29 5 17	30 6 18	7 19	8 20	9 21	10 22	11 23	12 24	1 13 25

① **일천귀**(日天貴)

> 늙어서 영화를 누리리라. 구름이 걷힌 푸른 하늘에 해와 달이 밝게 비춘다. 노년의 운수는 앞뒤로 금고가 있고 좌우에는 노적이 쌓인다. 사업가로 군림하고 명성을 떨치게 된다.

 부와 귀가 함께 말년에 찾아왔으니 부족할 것이 없다. 건강에 다소 문제가 있어 허약할 수 있지만 가정이 두루 건강하여 부귀영화의 생을 누린다. 운세가 좋은 가운데도 가끔씩 근심이 있다. 그것은 바로 부부의 건강 문제이다. 그러나 모두 관록이 몸에 넘쳤으니 모두가 우러러본다. 물건을 사고 파는 상업에 종사하면 크게 성공할 것이다.
 마음이 고운 만큼 좋은 일을 많이 하니 주위 사람들의 칭송이 멈출 날이 없다.
 인생은 결코 쟁취하는 것이 전부가 아니다. 주어진 운명에 순종하면서 자기 스스로의 힘으로 극복하는 것이다. 젊음을 불태워 획득하는 것이다. 가끔 인생을 원점에 놓고 지나온 길을 되돌아보는 것이 중요하다. 이 때 새로운 길을 발견해서 한 걸음씩 열심히 땀 흘리며 나아가는 사람이 최후에 미소를 짓는 자가 될 것이다.

② 일천액(日天厄)

> 동서로 매우 바쁘리라. 다른 사람과 친하나 이로 인해서 피해를 입게 된다. 세상일이 많지 않으니 그림 속의 떡이다. 말년에 길운이 찾아온다. 사업을 하면 성공하고 영화를 누릴 수 있으나 환란과 위기가 찾아온다.

 인생의 행복은 자기의 손 안에 있는데도 사람들은 항상 그것이 머나먼 산너머에 있다고 착각한다. 그러나 평생 동안 땀흘리며 스스로 노력한 대가로 살아왔으니 부족함이 있겠으며 후회함이 있겠는가. 하늘을 우러러봐도 한 점의 부끄러움이 없다. 자식복이 빈약하여 근심이 있고 처궁이 약하여 어려움이 있어도 체념하고 운명에 순종하면서 살아간다. 관청에서 훈장이나 표창을 받을 기회가 있을 것이다.
 큰 일이나 작은 일이나 모두 나의 것으로 알고 도맡아 살았으니 누구인들 시기하겠으며, 남의 일을 나의 일 이상으로 했으니 누구인들 칭송하지 않겠는가. 비록 만족한 성과가 아닐지라도 그동안 쌓은 공덕을 최후까지 연결지어 모두 돕고자 하니 액운이 온들 마음이 아프겠는가.

③ 일천권(日天權)

> 장사로서 생업을 삼아야 하고 그리하면 춘풍이 불어오고 거역하면 실패한다. 말년에 형통하고 남에게 굽히지 않으니 처세에 어려움이 많다. 대중을 위해 공덕을 쌓아야 한다.

하늘이 내려준 비범한 인물이라 관직이 정상에 오르고 권세가 당당하다. 중년 말에 얻은 관록이 노년에 이르고 그 위엄이 하늘을 덮고 그 은덕이 세상에 널리 퍼진다. 쾌활한 성품으로 사람을 다스리니 모두 존경하고 흠모하며 모두가 좋아한다. 비범한 인품으로 사회와 가정에 은혜를 베푸니 날로 그 위엄이 두터워지고 당당하다.

말년운이 대륜행이라 그 위력이 사방에 널리 미치게 된다. 마음먹은 일이 모두 이루어지니 미약한 자에게 힘이 되고 구원이 될 것이다. 많은 사람에게 은덕을 두어 덕망을 쌓게 되니 모두가 흠모할 것이다. 그러나 자기의 이득을 위해서 행동하면 원성을 사게 되고 적이 생길 것이다.

인생은 자기만을 위해서 살아갈 때는 의미가 없는 법이다. 타인을 위해 자기를 헌신할 때 값어치가 있는 것이다. 자기의 힘이 사해에 미칠 때, 결코 자기를 위함보다 이웃과 고향 그리고 국가와 사회를 위해서 땀을 흘릴 때, 자기 인생에 보람이 있고 뜻이 있는 것이다.

④ 일천파(日天破)

> 초년과 중년에는 여러 번 가산을 탕진하고 노년에 부귀가 찾아오니 자손이 가득하고 집안이 윤택하여 말년에 영화를 누린다. 사람의 접촉이 많은 업종에 전념해야 성공할 수 있다.

쓸쓸한 인생, 그것은 누구나 걸을 수 있는 길일 것이다. 남을 도와주었는데 그에게서 배신을 당하는 일은 누구나 당하는 일이다. 중년 시절에 누렸던 부귀영화가 사라지고 외롭고 쓸쓸한 지경에 이르니, 그것도 인생이다. 그래서 스스로 체념하며 자기 정리를 요령 있게 잘 하는 인격과 인품을 갖추니 그것은 그동안 겪은 풍상에서 연유된 것이다.

말년운이 수월행이어서 높은 하늘에 떠 있는 달이 깊은 골짜기 곳곳을 비추니 무엇이 부족하며, 무엇이 두렵겠는가. 달이 물에 비치듯 인연이 닿으면 멀리 하지 않고 도와주고 나눠 쓰니 어찌 칭송받지 않겠는가. 마음이 고요하면 스스로의 모습이 비치니 풍파가 가라앉아 고요해진 거울과도 같다.

⑤ **일천간(日天奸)**

> 소년 시절의 하는 일은 이름은 있으나 실속은 없다. 용모가 뛰어나 입으로서 재산을 모으고 사업에 종사하면 성공한다. 지혜가 총명하여 관계로 나가면 성공하여 이름을 떨친다.

 앉아서 천리를 내다보는 지혜가 있고 재주가 뛰어나 거칠 것이 없으니 관계로 나아가 성공하여 천하를 움직일 수 있게 된다. 그러나 인간의 운명은 호사다마라, 흉액이 겹치니 심사가 어지러워지게 된다. 말년운이 좋으니 모두가 흘러가는 물결과도 같다. 탄탄대로를 뛰어가는 운세이다. 웅변술이 뛰어나고 술책이 교묘하여 가끔 간교하다는 여론이 있을 수 있으나 그것은 능력과 위치가 좋으니 좋게 처리될 수 있다.
 말년운이 좋으니 상대하는 사람마다 모두 이득을 보려고 할 것이며 친소를 가리지 않고 먼저 구하는 자에게 도움을 주게 될 것이다. 그러나 도움에 어떤 조건을 붙이지 말고 무조건 행해야 존경을 받고 칭송도 얻게 될 것이다. 남을 돕는 일이 결코 짜증스럽지만은 않다. 은혜에 대한 보답하는 자가 많으니 결코 헛된 일을 하는 것이 아니다.

⑥ 일천문(日天文)

> 성품이 매우 인자하고 학덕을 겸비하여 관계로 나아가면 이름을 크게 떨치고 영화를 누릴 수 있다. 하지만 독자적인 사업을 벌이면 장애와 환난이 많고 사업의 성취도 매우 늦어진다. 단, 말운이 좋아 슬하에 영화가 많다.

 손에 잡은 펜의 힘으로 천하를 다스리니 문(文)은 무(武)보다 강한 것이다. 군자의 품격을 골고루 갖추었으니 모든 사람으로부터 존경을 받게 될 것이다.
 학자의 길로 가면 대학자가 될 것이고 문호의 길을 선택하면 대문호가 될 것이다. 가정이 화기애애하니 인생이 평안하고 괴로움이 없다. 말년운이 좋으니 스스로를 관조함이 극에 달해 주관이 뚜렷하고 천하를 살펴볼 수 있는 능력이 무한하다. 친산치수의 방안을 쉽게 창안하고 세상 사람들의 아픔과 괴로움을 두루 살펴 보는 지혜가 있다.
 뛰어난 학문으로 많은 사람에게 길을 인도하고 뜻을 품게 만들어 능력에 결코 헛되게 쓰여지지 않는다. 인생에 귀천이 없다고 하지만 스스로 덕을 쌓고 헌신하니 누구가 그를 귀한 자리에 있는 귀한 분이라고 칭송하지 않을 것인가.

⑦ 일천복(日天福)

> 지난날에 쌓은 공적이 드디어 결실을 맺어 재물이 매우 풍성하고 일신이 몹시 영화롭다. 일찍이 상업을 경영했다면 마침내 거부가 되어 많은 사람에게 크게 도움을 주고 풍요롭게 기업을 빛내는 매우 고귀한 운명이다.

 몸이 귀하고 재물이 왕성하니 천금을 손 안에 넣고 주무른다. 말년에 이르면 쌓아 놓았던 공적으로 인해 각지에서 재물이 몰려오니 그야말로 태평성대다. 그 동안 뿌려온 인연으로 인해 많은 사람들이 은혜를 갚으려고 몰려오니 어찌 거부가 되지 않겠는가. 사업을 펼치고 장사를 하면 거부가 부럽지 않게 된다. 지난날 어렵게 살아왔던 일을 회상할 틈도 없이 쏟아지는 황금에 묻혀 버리게 된다.

 말년운은 온갖 재주를 부릴 수 있는 힘을 가지고 있으니 변화무쌍한 변화가 있을 것이다.

 돈으로 할 수 있는 일은 무엇이든 할 수 있을 것이다. 작은 일은 크게 만들고 곤경에 처한 일은 순탄케 만들어 줄 수 있다. 인연을 맺은 사람에게 인연 만큼씩 문을 열어 준다면 그들은 더욱 큰 힘을 얻어 결코 궁핍해지지 않을 것이다.

⑧ 일천역(日天驛)

> 하는 일마다 변동수가 매우 많이 따르고 몹시 분주 다사하나, 고향은 매우 불길하니 집을 나가면 심심이 더욱 활달하고 재물도 많아진다. 말운이 강성하여 뭐든지 벌이면 안 되는 일이 없으니 반드시 성공을 기약할 수 있다.

　한 곳에 오래 머물러 있으면 능력이 쇠퇴하고 재물이 사라진다. 집을 뛰쳐 나와 뛰어다니면 그만큼 돈이 굴러들어온다. 무역업을 하거나 장사를 하면 돈을 모으고, 재벌이 된다. 그러나 많이 들어오고 많이 지출이 되니 이끼가 끼일 틈이 없다. 구르는 돌에 이끼가 끼지 않는 것처럼 처복이 없으니 가정 파탄이 일어나고 가정에 소홀한 문제가 커진다. 외국 출입을 이웃집 다니듯 하니 국제적인 인물이 된다.
　말년운이 좋으니 뭐든지 작정을 하면 성사가 된다. 하늘이 도와서 일이 성사되니 그 권도가 미치지 않은 곳이 없다.
　일마다 이처럼 이룩됨은 수많은 인간의 원력과 능력의 결과임을 스스로 알기에 혼자서 잘 살고 영화를 누리고자 하지 않았기 때문이니 더욱 명성을 떨치게 된다.

⑨ 일천고(日天孤)

> 일신이 항상 외로워 고독하게 사방을 떠도니 하는 일의 성패가 복잡하다. 고고한 인격의 소유자이나, 부부의 운은 좋지 않으니 사랑으로 너그럽게 극복하면 만년은 몹시 화락하리라. 고독을 면하기는 어려우나 부자는 가히 기별할 수 있다.

 옆에서 보기에는 아름답고 자태가 뛰어나 부러워하지만 외로운 인생을 살아가는 처지여서 친구도 멀리하니 의지할 곳이 없다. 그러나 스스로 자기를 달래며 인생을 음미하니 그것이 행복이 된다. 전국을 두루 돌아다니며 인연을 찾으니 귀인이 찾아오게 된다.
 말년운이 좋으니 누구와도 다툼이 없고 융화와 조화가 이루어진다. 이웃에게 이익이 되는 일에 전력하니 선행이 하늘에 이르러 사람들이 따르게 되도 매사에 달통하게 된다.
 인생은 공수래 공수거하는 것이라고 한다. 혼자서 할 수 있는 일을 찾아서, 혼자서 걸어가는 것이 만사를 해결할 수 있는 일이니 학처럼 고고하게 살아가는 것이 최선의 방법일 수도 있다. 고독을 밖으로 보이지 않고 스스로 정리하는 것이 고고한 인격이다. 홀로 있음이 회고의 처지임을 인색해서 항상 혼자 있어야 인생의 진미를 알 수 있을 것이다.

⑩ 일천인(日天刃)

> 일찍이 공직에 나가나 대기업, 회사, 단체 등에 취입해야 매우 이롭고 자신의 소망과 목표를 쉽게 이룩할 수 있다. 독자적인 사업을 벌이면 온갖 장애가 따르고 잘 성사되지 않는다. 항시 남과 다툼을 피하고 자신의 몸을 잘 챙겨야 한다. 믿는 도끼에 발등을 찍히니 남을 믿지 말라.

  호탕하기가 이를 데 없고 힘과 지략도 있으니 대군을 지휘할 장군이 될 수 있는 운수이다. 고향을 떠나 대운을 만나 크게 성공하지만 한 번 실수로 몽땅 잃어버린다. 배신을 당해 천금을 잃고도 한잔 술을 마시면서 웃고는 망각한다. 그리고 다시 벽돌장을 처음부터 한 장씩 쌓아가니 하늘이 도와 전보다 몇 배로 일어서게 한다.

  말년운은 군다리행이어서 대군을 이끌고 불의에 항거하며 쳐들어가는 것인데 잘못하면 대패하여 상처를 입을 수도 있다. 승리한 후 힘으로 처벌할 자는 처벌하고 칭찬할 자는 포상할 운수이다. 당당한 위용을 사방에 떨쳐 명성을 얻지만 항상 지혜로 대처하는 온유함이 있어야 한다. 인생이란 결코 자기의 뜻대로만 이루어지는 것이 아니다. 오래 참고 인내하면서 상대방의 입장이 되어 행동해야 진정한 승리자가 될 수 있다.

⑪ 일천예(日天藝)

> 예능 감각과 재능이 뛰어나 예능 분야나 만인을 상대하는 번화한 업종을 가지면 매우 빨리 출세하고 관공서에 나가면 이름을 크게 떨칠 수 있다. 말운은 부귀가 매우 왕성하여 재물이 풍성해지는 순탄한 좋은 운세이다.

재능이 뛰어나 모든 사람이 감탄하게 된다. 예능 감각이 절정에 이르고, 예술의 극치를 이루어 후예들의 사표가 된다. 가정에 근심이 많지만 운세가 상승세에 이르니 화평이 찾아오고 근심은 사방팔방으로 흩어지게 된다. 덕망이 있어 가정의 성군으로 군림하게 된다.

말년운이 정취행이니 어떤 일에든 손을 대면 몰입하여 자기의 혼과 정열을 집중하는 성품이다. 돌과 나무에서도 생명력을 불어넣어 생명력이 있게 만든다. 사물과의 깊은 사려로 생의 동행을 삼았기에 항상 마음의 여유가 있고 조화를 이룬다. 어떤 일이든 하고 있다는 그 자체가 성스러운 것이며 그것의 깊이에 따라 만인을 이롭게 해 주는 정도가 달라진다.

⑫ 일천수(日天壽)

> 말운이 매우 대길하여 자신의 소망을 반드시 성취하고 온갖 영화를 누리며 여러 사람들을 위해 좋은 일을 많이 하면서 동기 간에 우애를 굳게 다져야 한다. 항상 시비와 구설수가 따르니 자신의 이해 관계가 없는 일에는 절대로 관여하지 말고 상대를 포용하는 자세로 행동해야 한다.

마음이 곧고 바르게 태어났기에 만인의 모범이 되는 인물이 된다. 일을 처리함에 있어 공사가 분명하고 사리가 정확하다. 모든 사람에게 뜻을 전해 많은 사람들이 배움을 얻고자 따르니 스승이라는 칭송을 받게 된다. 천명이 장수하니 시대의 증인이요, 존경의 대상이 된다.

말년운은 모든 가치의 출발이며 샘이 된다. 인생의 좌표가 되고 진리의 개척자가 되니 성직자의 표본이다. 희생심이 강해 자기 희생이 따르지만 희생을 통해 기쁨을 얻는다. 순교자들이 뼈가 깎이고 살을 찢기우는 고통을 오히려 축복으로 알고 행복을 느끼는 것은 그들의 가치관이 뚜렷하고 인생관이 확립되어 있기 때문이다.

제5장

총운(總運)

총운(總運)이란?

 총운은 태어난 달과 태어난 시각을 기준으로 하여 노후 말년의 숨은 인덕과 환경 상태 등을 보는 것이다. 먼저 앞에서 본 말년운 일천성에다 생시를 연결하여 시천성을 찾은 후 다음 해설표에서 찾으면 총운을 알 수 있다.

◈ 시간 보는 법

현행시간	23시~1시	1시~3시	3시~5시	5시~7시	7시~9시	9시~11시	11시~13시	13시~15시	15시~17시	17시~19시	19시~21시	21시~23시
옛시간	자(子)	축(丑)	인(寅)	묘(卯)	진(辰)	사(巳)	오(午)	미(未)	신(申)	유(酉)	술(戌)	해(亥)

사천성\일천상 생시	시천귀	시천액	시천권	시천파	시천간	시천문	시천복	시천역	시천고	시천인	시천예	시천수
일천귀	자(子)	축(丑)	인(寅)	묘(卯)	진(辰)	사(巳)	오(午)	미(未)	신(申)	유(酉)	술(戌)	해(亥)
일천액	해(亥)	자(子)	축(丑)	인(寅)	묘(卯)	진(辰)	사(巳)	오(午)	미(未)	신(申)	유(酉)	술(戌)
일천권	술(戌)	해(亥)	자(子)	축(丑)	인(寅)	묘(卯)	진(辰)	사(巳)	오(午)	미(未)	신(申)	유(酉)
일천파	유(酉)	술(戌)	해(亥)	자(子)	축(丑)	인(寅)	묘(卯)	진(辰)	사(巳)	오(午)	미(未)	신(申)
일천간	신(申)	유(酉)	술(戌)	해(亥)	자(子)	축(丑)	인(寅)	묘(卯)	진(辰)	사(巳)	오(午)	미(未)
일천문	미(未)	신(申)	유(酉)	술(戌)	해(亥)	자(子)	축(丑)	인(寅)	묘(卯)	진(辰)	사(巳)	오(午)
일천복	오(午)	미(未)	신(申)	유(酉)	술(戌)	해(亥)	자(子)	축(丑)	인(寅)	묘(卯)	진(辰)	사(巳)
일천역	사(巳)	오(午)	미(未)	신(申)	유(酉)	술(戌)	해(亥)	자(子)	축(丑)	인(寅)	묘(卯)	진(辰)
일천고	진(辰)	사(巳)	오(午)	미(未)	신(申)	유(酉)	술(戌)	해(亥)	자(子)	축(丑)	인(寅)	묘(卯)
일천인	묘(卯)	진(辰)	사(巳)	오(午)	미(未)	신(申)	유(酉)	술(戌)	해(亥)	자(子)	축(丑)	인(寅)
일천예	인(寅)	묘(卯)	진(辰)	사(巳)	오(午)	미(未)	신(申)	유(酉)	술(戌)	해(亥)	자(子)	축(丑)
일천수	축(丑)	인(寅)	묘(卯)	진(辰)	사(巳)	오(午)	미(未)	신(申)	유(酉)	술(戌)	해(亥)	자(子)

(보기) 말년 일천권에 진시(7시~9시) 생일 경우, 일천권에서 생시인 진시를 찾으면 시천복성이 되고, 말년운 일천간에 오시(11시~13시) 생일 경우, 일천간에서 생시인 오시를 찾으면 시천예성이 된다.

① **시천귀(時天貴)**

> 시에 천귀성이 들었으니 늙어서 영화를 누린다. 구름이 걷힌 푸른 하늘에 해와 달이 다시 밝아지다. 노년의 운수는 매우 길하다. 앞뒤로 금고가 놓여 있고 자신의 좌우에 노적이 쌓인다.

 중천에 우뚝 솟아 세상을 비추는 만월은 매우 아름답다. 하지만 만월은 반월이 한 달 동안 작아졌다가 커지고 커졌다 작아지는 과정을 겪었기에 그 같은 아름다움을 얻은 것이다. 참고 기다리며 만월이 되기까지 희망을 잃지 않으며 언젠가 꼭 이루고 말겠다는 기다림을 가지고 살아가고 있는 격이다. 때문에 때로는 강직하고 때로는 우직해 보이기도 하지만 그러면서도 오랫동안 참고 기다리는 지혜와 인내를 겸비하고 있기에 반월에 자태는 위엄 있고 당당하며 굽힐 줄을 모른다.

 가난의 고통이 어떠한 것인가를 알면서 살아가지만 항상 내일은 나의 이상이 실현되리라는 희망을 가지고 노력을 해야 한다. 인간에게는 항상 행복과 풍요로움만이 있는 것이 아니다. 희와 비가 번갈아 가며 나타나면서 운명은 앞으로 나아가는 것이다.

 말년운이 만월을 약속하면 반드시 공명을 얻게 되어 만인이 우러러볼 것이요. 권이 들면 권세가 높아져 존칭을 들을 것이다. 간이 들면 사회사업가로 덕망이 높아지고, 문이 들면 이름을 떨치게 되고, 예가 들면 인생의 멋을 누릴 것이다. 하지만 귀가 겹치면 신병을 초래하고 스스로 귀함을 모르게 될 것이다. 만월은 말년에 부귀해지는 운세이다.

② **시천액**(時天厄)

> 시에 천액성이 들었으니 매우 바쁘게 지낸다. 다른 사람과 친하나 이로 인하여 피해를 받게 되고 세상의 일이 많지 않으니 그림 속의 떡이다. 말년에 길운이 찾아온다.

 본래 부지런하고 성실해서 자기 일은 물론이고 타인의 일까지 떠맡아 밤낮으로 일해야 직성이 풀린다. 천 개의 손으로 많은 일을 하는 격이다. 일이 없어 쉬게 되면 불안하고 초조해서 좌불안석이 된다. 그러나 자기의 모든 힘을 바쳐 땀을 흘리며 일해도 보답을 받는 일이란 없다. 자기의 분수를 지키면서 꾸준히 한발 한발씩 조심스럽게 살아간다면 삶이 풍부해지고 위용이 당당해질 것이다.
 무슨 일이나 쉽게 달려들어 착수하지만 조그마한 어려움도 참아내지 못 하고 손을 들어 버린다. 실패를 되풀이하면 사람이 잘아진다. 그러니 일을 시작하기 전에 신중히 검토하고 좌우를 현명하게 살펴가면서 착수해야 성공할 것이다.
 말년운에 복과 귀가 들면 부귀를 성취할 것이요, 권이 들면 공명을 얻어낼 것이고, 간이 들면 많이 베풀게 될 것이며, 수가 들면 편안함을 얻게 될 것이다. 운수에 액이 들면 크게 실패할 것이니 무슨 일이든 쉽게 손대지 말아야 할 것이요, 무엇이든 할 수 있다는 생각을 바꾸어야 할 것이다. 파가 들면 큰 일을 벌이지 말고, 인이 들면 사람들의 다툼에 끼어들면 안 된다. 손으로 모든 것을 해낼 수 있는 운명이니 자기 페이스를 잃지 않고 열심히 일하며 땀을 흘리면 하늘이 그것의 대가를 보장해 줄 것이다.

③ **시천권**(時天權)

> 시에 천권성이 들었으니 평생 장사로서 생업을 삼고 이에 순응하면 봄바람이 불어오고 거역하면 가을의 서리와 같다. 말년에 만사형통하고 남에게 굽히지 않으니 처세에 매우 어려움이 많다.

위인이 총명하니 공명을 얻을 것이며 동서에 출입하고 사방에 권리가 있을 것이다. 천하를 편력할 지혜와 용기의 바퀴를 지녔으니 그 위용이 미치지 않는 곳이 없다. 바위라도 뚫고 지나갈 힘과 강이라도 건너갈 용기로 매사에 대처하니 어려울 바가 없으나 그 용기가 넘쳐 생각이 짧고 성미가 급해서 불길처럼 치솟아 주위를 놀라게 할 때도 있다. 하지만 곧 가라앉아 마치 성난 파도가 사라진 잔잔한 바다처럼 그 깊이를 감히 짐작할 수 없는 위용으로 인간들을 제압하는 능력을 지녔다.

매사에 자신감이 넘치지만 승산이 없는 일에는 참견하지 않는 인내로 어떤 일에 처하더라도 권리를 떨치며 세상 경영에 참여하는 데 주저하지 않는 지도자격이다. 몸에 따르지 않으면 심신이 고단하여 기운을 잃을 만큼 관록이 크고 작은 일에 앞장서지 않고는 견지지 못한다. 만약 관록의 길이 열리지 않으면 사업을 벌여 반드시 경영자나 지휘자의 권좌를 차지하고야 말 것이다.

불같은 성미로 매사에 임하니 속전속결이지만 그만큼 실패 수도 적지 않다. 말년에 수복이 들면 반드시 성사할 것이며, 중년에 귀와 간이 겸하면 일찍이 공명을 떨쳐 한 나라의 경영에 참여하게 된다.

④ **시천파(時天破)**

> 시에 천파성이 들었으니 교역을 얻기가 힘들다. 초년과 중년 사이에는 여러 번 가산을 없앤다. 노년에 부귀가 찾아오니 자손이 가득하고 차츰 집안이 매우 윤택하여 말년에 영화를 누린다.

　가볍게 생각하고 충동적으로 착수해서 쉽게 포기하고 좌절하니 언제 성공할 수 있을 것인가. 남의 꾀임에 빠지기 쉬운 것도 바로 이러한 속성이 있기 때문이다. 티끌 모아 태산 격으로 한 푼 두 푼 모아서 재산을 증식해 가는 상업이나 공업을 하는 것과는 거리가 멀다. 일확천금을 벌기 위해서 크게 벌였다가 단번에 망하는 품성이 문제가 된다.
　중천에 높이 뜬 달이 개천을 비치니 닿지 않은 곳이 없다. 누구든지 가까이 할 수 있고 쉽게 친숙해진다. 그러나 실패가 잦으면서 소신을 잃어버리고 방황할 수 있는 운명이다. 무엇이든 할 수 있다는 신념을 몸에 붙여 꾸준히 나아가야 40대 이후의 운세를 바라볼 수 있다.
　초년에 귀복이 들면 쉽게 액운을 면하게 되고, 중년에 액운인 들면 실패할 수이니 조심해야 한다. 말년에 파나 액이 오면 오히려 운세가 풀리는 데 도움이 되기도 하지만 말년에 좋은 일이 깃들어 있을수록 조심해야 된다는 것도 기억해야 한다. 안 되는 일이 많아도 의지를 굽히지 말고 꾸준히 자기의 운명을 개척해 나아가는 자세가 필요할 것이다.

⑤ 시천간(時天奸)

> 시에 천간성이 들었으니 원통함은 많지 않고 소년 시절의 하는 일은 실속이 없다. 용모가 매우 뛰어나 입으로서 재산을 모으고 상업에 종사하면 의식은 매우 풍족하다.

　인생의 운명 중에서 대기만성 이상 좋은 것이 없을 것이다. 꾸준히 노력하면 노력에 대한 보장이 확실한 운명이 대기만성이다. 별로 성과도 없는데 하는 일만 많아 곤란할 경우가 많이 있다. 남을 도울 힘이 없는데도 찾아 오는 사람이 많이 있다. 자기의 일은 제쳐 놓고 남의 일을 위해서 동분서주하니 사회사업가가 되었어야 적격이다. 그러나 좋은 일에 대한 적선은 반드시 빛을 보게 되어 있는 것이기에 사업을 해도 행운이 있고 상업을 해도 행운이 있다. 그리고 관직으로 출세할 운도 타고났다. 중년에 어려운 일이 기다리고 있다고 해서 낙망할 필요가 없다. 성공이라는 행운이 기다리고 있기 때문이다. 영화와 부귀도 뒤에서 기다리고 있다는 자신감이 항상 일을 성공시키는 뿌리가 될 것이다.
　운명에 간이 겹치면 영리하고 타산적이어서 비판을 받게 되니 주의하고, 권이나 문이 합세하면, 반드시 관록을 얻게 하니 학업에 충실할 것이며, 액과 파가 들면 본의 아니게 오해를 받는 생활을 해야 한다는 것도 감수해야 한다. 항상 남을 돕고 싶은 자선심은 결과적으로 자신에게도 큰 도움이 될 것이다.

⑥ 시천문(時天文)

> 시에 천문성이 들었으니 제사를 지내지 못하리라. 형랑을 한탄하지 마라. 이는 운명이니 어쩌할까. 세 사람의 동행 속에 두 사람이 도둑놈이고 만약 관록이 없으면 처자식에게 많은 근심이 있다.

성품이 호쾌하여 크게 쓰고 크게 벌어들인다. 인생을 살아가는 데 있어서 매사를 차분하게 관찰하고 냉정하게 판단하기 때문에 실수를 범하지 않는다. 그러나 항상 재물이 따라 붙기 때문에 벌고 쓰는 스케일이 크다. 공부를 잘 하고 진취적이다. 그러나 모든 일들이 자기의 뜻대로 되지 않을 경우, 불만과 불평이 쌓여 소외자가 되기 쉽다. 액운은 바로 뒤따라온다. 불평불만과 액운은 아주 가까이 있기 때문이다. 가정에도 액운이 덮쳐서 곤란하게 된다.

인생 삼재(화재, 인재, 손재)를 주의 깊게 관찰해서 떨쳐 버리면 인생은 매우 평탄해진다.

권이나 귀를 겸비하면 관록이 몸에 붙고, 수복을 얻으면 평생 동안의 태평이 이루어진 셈이다. 액이나 파를 만나면 학업을 계속하지 못할 수가 있고, 역이나 고를 동반하면 뜻한 일이 속히 성취되지 않아 전전긍긍하게 될 염려도 있다.

⑦ 시천복(時天福)

> 시에 천복성이 들었으니 말년에는 매우 부귀하리라. 앞뒤에 노적이 수북이 쌓여 있으나 식객이 많고 만년에 영화가 있으니 귀한 아들을 얻고, 지난날의 온갖 체험으로 노년에 만사형통한다.

 부귀가 겹쳤으니 부러울 것이 없고, 인품이 준수하니 무슨 일이든지 성사시킬 것이다. 때로는 곤란한 입장에 처해 앞과 뒤가 꽉 막혀 버리는 경우가 있다. 그러나 그것은 2보 전진을 위한 1보 후퇴의 기회이며 풀려나갈 길은 항상 마련되어 있다.
 좋은 환경에서 순탄할 삶을 누리는 중에 곤경에 처하면 스스로 극복하지 못하고 도움을 청하게 되어 나약하기 짝이 없는 모습을 보인다. 인품은 준수하지만 대중을 제압할 수 있는 위력과 배짱이 약하기 때문에 스스로 자기 개발과 자기 완성을 위해 수련과 학습을 해야 한다.
 가끔 자기만 생각하며 주변 사람의 어려움을 외면하기 때문에 말썽이 발생하니 주의해야 한다. 사람은 독불장군격으로 혼자서 살아갈 수 없는 존재이기 때문이다. 귀와 권이 동행하면 복을 누릴 것이며, 문과 수를 겸비하면 평안하고 순탄한 인생을 살아갈 것이다. 액과 파를 만나면 자기 페이스를 잃게 되고, 고를 만나면 사람이 따르지 않아 고독을 느끼게 된다.

 가끔 찾아오는 어려움은 바로 먹구름일 뿐이다. 인생에 항상 뒤따르게 되는 것이니 크게 걱정할 것 없다.

⑧ 시천역(時天驛)

> 시에 천역성이 들었으니 상업으로 큰 이익을 도모하고 강을 건너려고 하나 나루터에 배가 없구나. 집을 옮겨 다시 지으나 서산도 여러 번 이장하고 천하를 두루 돌아다녀 장사로서 큰 재물을 얻는다.

　보부상인처럼 잠시도 한 곳에 머물러 있지 못하고 천하를 두루 편력해야 한다. 직장에서도 바로 싫증을 느끼고 이 회사 저 회사로 자리를 옮겨야 되고, 집도 마찬가지이다. 단독주택에서 아파트로, 아파트에서 단독주택으로 이사를 자주 해야 한다. 그런데 이곳 저곳에서 쉽게 사람을 사귀고 인정을 받을 수 있기에 상품을 거래하면 크게 성공한다. 현대는 바로 세일즈 시대이다. 세일즈에는 초능력을 발휘할 수 있으며 본인 자신도 그렇게 하는 것을 좋아한다. 연예인들의 이벤트 사업이나, 무역같은 일에 손을 대면 크게 성공할 것이다.

　세상을 두루 돌아다니며 일과 사람을 사귀니 천금의 재산을 모으며 아쉬운 줄 모르며 돈을 물 쓰듯 한다. 그러나 사업마저 자주 바꿀 우려가 있으므로 아예 전국이나 세계를 무대로 하는 사업을 하거나 출장소나 지점을 많이 두어 두루 돌아다닐 수 있는 업종의 일이 가장 이상적인 사업이라고 할 수 있다.

성격이 급하고 호탕하지만 사람을 다루는 솜씨가 빼어나 대인 관계를 필요로 하는 사업은 크게 승산이 있다.

 간이나 권을 만나면 관록을 누리거나 무역같은 큰 사업을 벌이게 되고, 귀나 복을 만나면 사업이 크게 성공하고 액이나 파, 혹은 고를 만나면 하는 일마다 순조롭지 않다.

⑨ 시천고(時天孤)

> 시에 천고성이 들었으니 말년에 매우 어렵고 모든 일에 마귀가 많아 세월을 한탄하리라. 고독을 피하기는 어려우나 부자는 가히 기약할 수 있다.

인간이 가장 인내하기 힘든 것이 고독이다. 친척이 있어도 친척 같지가 않고 친구가 있어도 친구 같지 않으니 외로움을 겪을 수밖에 없다. 이것저것 하고 싶은 것은 많지만 하는 일에 대한 승과 패가 반반이며 성공보다 실패가 많다. 패배할 때마다 주변의 사람들이 떨어져 나가 외롭게 된다. 자기에게 도움을 주며 힘이 될 사람은 없고 도움을 주어야 할 사람들만 있다. 때문에 종교에 귀의해서 돈독한 신앙심으로 고독을 극복하고 부귀가 약속된 삶을 기도 속에서 살아간다.

 친척에게도 도움을 주고 가까이 지내야 하며, 친구들에게도 세심한 주의를 기울여 주며 가까이 지내면 그들이 안위를 가져다 줄 것이다. 혼자서 외롭게 살아가겠다는 생각을 버려야 한다.

 예나 문의 재능을 겸비하면 뛰어난 작품을 만들어낼 것이며, 귀복을 만나면 주위에 사람들이 생겨 결코 외로움을 모르며 생활하게 될 것이다.

⑩ 시천인(時天刃)

> 시에 천인성이 들어 있으니 한때는 구걸하리라. 그렇다고 빈궁함을 한탄하지 마라. 이것은 몸에 몹시 해롭다. 믿는 도끼에 발등을 찍히니 다른 사람을 절대로 믿지 말라. 미륵불에 공을 드리면 반드시 크게 성공하리라.

지갑 속에는 비록 잔돈뿐이고 고액권이 없어도 결코 곤궁을 느끼지 못한다. 언변이 뛰어나 많은 사람에게 감명을 주고 세상을 편력하게 된다.

자기 일보다는 남의 일이 더 많기 때문에 항상 뛰어다녀도 자기 일은 언제나 밀려 있다. 그러나 어떠한 상황에서도 사람들이 항상 뒤따르니 부족함을 느끼지 못한다. 모든 일을 언변으로 처리하고 불의를 보고 외면하지 못하는 성품으로 인해 많은 사람의 칭송을 받는다.

그러나 쌓아 놓은 재물이 없어 곤궁할 때가 있고 실속이 없다. 외양은 항상 거물이고 인물이지만 실속은 빈털터리이기에 괴로움이 있다. 뜻이 하늘에 이르고 발이 땅에 닿으므로 강산을 유랑하되 하늘을 지붕으로 삼아도 폭넓게 인생을 살아간다.

설사 적을지라도 돕는 사람이 있으니 그것으로 만족하며 천하를 내 집이라고 생각하며 비록 가난할지라도 마음은 항상 넉넉하다.

만약에 역을 만나면 새처럼 자유로워질 것이며, 문예를 만나면 호탕한 기개로 인생을 편력할 것이며, 액을 합하면 일찍 자수성가하고, 귀복을 만나면 때때로 안정처를 마련하는 예외적인 상황도 생기게 된다.

⑪ 시천예(時天藝)

> 시에 천예성이 들었으니 갑자기 성패가 다가온다. 친족의 덕이 없어 자수성가하리라. 관공서에 출입하니 재산으로 성공을 이룬다. 마음이 항상 평안하니 일생이 귀하리라.

 자기의 일에 모든 것을 걸고 전력투구하는 인생은 멋이 있다. 왜냐 하면 승과 패가 뚜렷하기 때문이다. 재주가 뛰어났기에 무엇이든 한 번 보기만 하면 즉시 만들어낼 수 있다. 그러나 한 가지 것에 만족을 못하고 이것저것 집착하게 된다. 그래서 실패하는 경우에 충격을 받지 않고 그냥 흘려 보낸다. 이러한 성품이므로 성공에 집착하지 못한다. 그래서 실패를 자주 한다. 만약 하나의 일을 가지고 이것만이 살아남을 수 있는 일이라는, 절박한 상황에 부딪치면 반드시 이루어질 것이다. 소위 대기만성할 것이다. 부모로부터 물려받은 것이 없으니 자수성가를 해야 한다.
 무엇이든 한 곳에 빠져들면 쉽게 성공할 수 있는 천성이다. 문을 겸비하면 문예로 명성을 얻을 것이며, 귀가 겹치면 칭송받을 예술가로 각광을 받을 것이며, 수복을 병행하면 평탄하게 자기의 길을 가게 될 것이다. 만일 예가 겹치면 지나친 의욕이로 득보다는 실을 더 당하게 될 것이고 액이나 고가 끼면 홀로 살기를 좋아하며, 역이나 파가 겹치면 뜻은 있어도 성사하기가 어렵게 되므로 신중히 생각해야 할 것이다.

⑫ 시천수(時天壽)

> 시에 수성이 들었으니 백수가 되어 매우 한가하리라. 열 사람이 농사를 지어 한 사람이 먹게 되고 아무런 근심이 없으니 수명이 팔십에 이르고 농업에 종사하면 큰 부자가 된다.

 몸과 마음이 편안하므로 건강하게 살며 늙어도 질병이 없으니 수명이 길다. 때문에 더욱 더 인격이 풍족한 삶을 누리게 되며 모든 이들의 숭앙을 받는다. 배짱이 두둑해서 조급해하는 일이 없고 마음의 여유가 있어서 다른 사람과 다투는 일도 없다. 순풍에 돛을 단 것처럼 순조롭게 뻗어 나아가니 모든 것을 당연한 일로 생각한다.
 마음을 곧게 가지고 장수하니 인품이 출중해지고 존경을 한 몸에 받는다. 외길로 쭉 뻗어가다가 막히면 상처가 크고 오래 간다. 그 때마다 마음의 여유를 가지면 귀인이 나타나 도움을 주어 상처가 쉽게 아물 것이다.
 말년에 부귀를 만나면 천하의 주인이 되기에 충분하고, 중년에 간과 권을 만나면 관록이 하늘에 미쳐 명성을 날리게 된다. 초년에 수를 겸하면 타향에 가서 기반을 잡고, 문예를 겸하면 반드시 대성하게 된다.
 액과 파와 고를 만나면 뜻하지 않은 액운이 닥쳐 한때 고통을 받을 수 있다. 너무나 좋은 운세여서 귀신이 시샘하여 다른 액운이 도래하게 하여 폭풍을 일으킬 수 있으니 항상 최선을 다해서 자기 관리를 해야한다.

제6장

순환운(循環運)

순환운(循環運)이란?

운명은 인간의 의지와 노력으로 극복될 수 있다. 옛 어른들이 운명을 점쳐 본 이유는 자기의 운명에 안주(安住)하려는 것이 아니라 자기의 운명을 확인하여 자기 계발을 할 수 있는 계기를 마련하기 위해서였다. 태어난 해의 띠와 태어난 달을 연결하여 찾아 보면 순환하는 운명을 알 수 있다.

대운 생년생월	봉황 (鳳凰)	사자 (獅子)	금계 (金鷄)	노치 (老雉)	연자 (燕子)	홍곡 (鴻鵠)	백록 (白鹿)	공작 (孔雀)	적구 (赤鳩)	주작 (朱雀)	청학 (靑鶴)	앵무 (鸚鵡)
쥐(子)띠	1	2	3	4	5	6	7	8	9	10	11	12
소(丑)띠	2	3	4	5	6	7	8	9	10	11	12	1
범(寅)띠	3	4	5	6	7	8	9	10	11	12	1	2
토끼(卯)띠	4	5	6	7	8	9	10	11	12	1	2	3
용(辰)띠	5	6	7	8	9	10	1	2	3	4	5	6
뱀(巳)띠	6	7	8	9	10	11	12	1	2	3	4	5
말(午)띠	7	8	9	10	11	12	1	2	3	4	5	6
양(未)띠	8	9	10	11	12	1	2	3	4	5	6	7
잔나비(申)띠	9	10	11	12	1	2	3	4	5	6	7	8
닭(酉)띠	10	11	12)	1	2	3	4	5	6	7	8	9
개(戌)띠	11	12	1	2	3	4	5	6	7	8	9	10
돼지(亥)띠	12	1	2	3	4	5	6	7	8	9	10	11

(보기) 소띠 축년생 8월이면 백록이 되고, 닭띠 유년생 1월이면 노치가 된다.

① 서변봉황(鼠變鳳凰)

> 쥐가 변하여 봉황이 되니 총명하고 정직하다. 마음이 높고 뜻이 넓으니 군자의 풍모가 있다. 남의 어려운 일을 보면 자신의 일처럼 구제한다. 초년의 운수는 아무런 수확이 없다. 오십 칠팔 세는 횡재함이 있고, 어둠을 등지고 밝음을 향하니 어떤 시비에 들지 않는다. 글과 덕이 빼어나고 덕을 사방에 고루 펼친다.

14·15세 때는 일신이나 집안에 경사가 있고 심신이 안락하다.

25·26세 때는 남의 모함이나 사기 등 신변에 횡액과 손재수가 들어 있으니 매사를 심사숙고해서 침착하게 결행해야 탈이 없다.

32·33세 때는 대운이 다가오는 상운기라 소망이 성취되고 큰 재물을 움직이면서 크게 발전할 수 있으나, 한편으로는 정신적으로 시달림을 받을 수 있다.

37·38세 때는 재물이 쌓이고 희망이 달성되는 기쁨을 얻으면서 크게 성취하여 중년 말에 기틀을 확고히 다질 수 있는 왕운기다.

43·44세 때는 그 동안의 노력이 결실을 맺고 목적을 이룩

하는 대운이 도래하나 잘못하면 크게 낭패를 볼 수도 있다.

 말년인 57·58세 때는 만사가 순조롭고 재물이 풍성하게 늘어나 큰 이득을 보면서 마지막 행복을 다진다. 이후 만년에도 길성이 내조하여 자손에게 기쁨과 출세수가 있고 재물도 또한 부러울 것 없이 풍성하며, 일신도 무병장수하면서 영화롭게 행복을 누린다.

② 우변사자(牛變獅子)

> 소가 변하여 사자가 되니 성품은 본디 우직하고 위엄과 용맹이 뛰어나니 남에게 뜻을 굽히지 않는다. 십칠팔 세에 영화가 있고 이십오륙 세는 슬하에 경사가 있다. 사십팔구 세는 북쪽 사람의 피해가 있다. 농업을 기반으로 자수성가한다. 고집이 세어 간간이 구설수가 있으며 말년에 크게 번성한다.

17·18세 때는 2월에 복사꽃이 만개하는 형국이라, 일신이 평화롭고 가슴에 품은 소망이 성취되는 기쁨이 있을 수이다.

25·26세 때는 귀인을 만나거나 결혼을 할 수도 있다. 작은 즐거움이라도 만나는 수이니 소기의 목적을 쉽게 달성할 것이다.

31·32세 때는 하던 일을 중단하거나 소망이 수포로 돌아갈 변화수가 있으니 해 오던 일을 변경하지 말고 슬기롭게 밀고 나가야 탈이 생기지 않는다. 금전관계에 손재수가 들어 있으니 특히, 조심해야 한다.

37·38세 때는 이동 변화수가 따르니 새로운 계획을 추진하거나 시작하면 신경을 많이 쓰게 된다. 또한 타인과 연관되어 속을 썩을 수 있으며 자칫하면 손재를 당하거나 정신적 고통을 겪을 수 있다.

45·46세 때는 큰 재물을 움직이는 왕운이 내도하여 소기의 목적을 달성하고 대성 발전하는 대길수이니 좋은 시기를

놓치지 말고 평생 동안의 기반을 만들어야 한다.

 51·52세 때는 말년의 행운기라 재물이 축적되고 소망사가 뜻대로 이룩되면서 기쁜 일을 보고 경사가 있을 수이니 말년의 기틀을 잘 잡아야 노후 여생을 평탄하게 보낼 수 있다.

③ 호변금계(虎變金鷄)

> 호랑이가 변하여 금계가 되니 처음에는 고난이 있으나 뒤에는 길하다. 고향을 떠나야 대성하고 간간이 횡재가 있으리라. 곳곳에 권리와 복이 있으니 초년의 사업은 아무 수확이 없다. 문무를 아우르고 크게 공을 세운다.

초년에 하는 일은 용두사미 격이 되어 처음 시작은 화려해도 끝맺음이 없으니 안타깝다. 어린 시절에는 일신상이나 부모 혹은 집안에 큰 근심 내지 풍파를 겪게 되는 수가 있으나, 17·18세에는 화창한 봄기운이 모란을 피우는 격이 되어 일신이 영화롭고 기쁨이 있거나 소망이 이뤄지는 대길의 수다.

25·26세 때는 대체로 결혼을 하거나 아니면 좋은 사람을 만날 수도 있다. 그러나 너무 큰 목적이나 소망 등은 쉽게 달성될 수 없으니 항상 분수를 지키며 자중 자애해야 한다.

37·38세 때는 대왕의 운기라 대성 발전하여 재물이 늘어나고 범사가 순탄하게 소망이 성취된다. 단, 유의할 점은 이성 문제로 한때 위험에 빠지거나 풍파를 겪을 수 있으니 신중하게 대처해야 한다.

48·49세 때는 확정적인 대성의 운세라 오랫동안에 걸친 소망과 포부를 실행할 수 있는 계기가 이룩되는 상운 수이다. 그러나 경거망동하면 함정에 빠지게 된다는 실패의 염려

가 따르기도 하니 자중 자애해야 탈이 없다.

 52·53세 때는 평생의 기틀을 굳건히 다지고 소기의 목적을 달성하여 큰 이득을 거둘 수 있다.

④ 토변노치(兎變老稚)

> 토끼가 변해 늙은 꿩이 되었으니 총명하고 매우 재주가 많다. 만약 몸이 약하면 중병을 한 번 앓게 되고 직업은 제조업과 이용업이 좋고 장사도 길하리라. 말과 행동이 몹시 경솔하니 이로 인해 구설수에 오른다. 스스로 잘난 척 거만하니 싫어하는 사람이 많고 삼십 뒤의 운은 길하고 삼십삼사 세는 관재수가 있다. 오십 뒤의 운은 자손으로 인해 근심이 있다.

초년기는 외로이 분주하게 지내야 이롭고 17·18세에 이르면 봄바람에 모란이 피는 형국이 되니 소망을 이루거나 기쁜 일을 맞이할 수 있다.

21·22세 때는 명예를 얻거나 영화로움을 기약하게 된다. 이 때 기쁜 일을 보아야지 만일 좋은 일을 못 만나면 일신상에 좋지 않은 액화가 발생하게 되는 수도 있으니 모든 일에 슬기롭게 대처해야 한다.

28·29세 때는 운수 대통하여 발전하는 변화수가 있고 새로운 일을 계획하거나 사회 진출을 모색하는 성공수가 있으며 또한 결혼할 부부운도 들어 있다.

32·33·34세 때는 고목이 봄을 만난 형국이니 중년 초기의 기반을 확고히 다지는 기간이다. 공직의 승진이나 영전의 운이 있고, 성공의 문 안으로 들어서는 기회를 맞을 수이니 기회를 놓치지 않도록 최선을 다하라.

42·43세 때는 중년 말기의 기틀을 잡고 명예가 상승하는

왕운이다. 하지만 하던 일에 뿌리를 박고 큰 재물을 못 얻으면 도리어 크게 손실을 보고 방황하는 재앙수를 겪게 되니 경망하게 움직이지 말고 자중 자애해야 한다.
 50세 이후부터는 의식이 풍성한 태평수이다. 단 자손 궁이 이롭지 못하니 특별히 신경을 많이 써야 근심과 걱정을 모면할 수 있다.
 52·53세 때는 열심히 알뜰하게 모은 재물을 잘못 다루면 오랫동안 후회하거나 어려움을 겪을 수도 있으니 새로운 계획이나 구상, 추진 등은 가급적 매사에 신중을 기해서 행해야 손실을 모면한다.
 말년 후기에는 만사를 정리하여 자산의 주도권을 자녀에게 양보하고 경영의 일선에서 후퇴하는 것이 이롭다.

⑤ 용변연자(龍變燕子)

> 용이 변하여 제비가 되니 널리 모든 사람들을 살피리라. 재능이 뛰어나 곳곳에 귀인이 많다. 재주와 덕을 두루 갖추니 사람들의 신망을 얻는다. 성질이 매우 강하나 남을 싫어하지 마라. 이십팔수 세는 자신의 목표를 성취하고 삼십오륙 세는 영화와 재물을 얻으며 사십 후의 운은 만사형통하는 운세이다.

초년은 곤궁하고 고단하여 형제나 친족의 혜택 없이 쓸쓸함이 많이 따르기도 하나, 성품이 온화하여 일생동안 남으로부터 도움을 받아 외롭거나 고독하지 않다. 재물도 부족함을 모르고 성실하게 사는 타입이라 일신이 늘 편안하다. 혹 크게 성공하지 못하면 남보다 유달리 재주가 있고 많은 사람을 구제하며 살라는 운명이라, 만인에게 도움을 주는 재능이나 특수한 기술이 없으면 괴로움과 장애가 많이 따르기도 한다. 사람됨이 총명하고 성실하여 많은 사람들이 신뢰하면서 도움을 주고자 한다. 범사에 귀인의 도움을 얻어서 성취하게 되는 일이 많으니 신망을 받도록 처신하고 항상 정석으로 살면 별 어려움 없이 일생을 순탄하게 안과 할 것이다.

21·22세 때는 꽃동산에 봄기운이 찾아드는 형상이라 소기의 목적을 순조롭게 달성하는 운을 차지한다.

28·29세 때는 큰 망을 성취하는 대운기라 평생 동안의 기틀을 잡아 확고하게 다지고, 발전시켜야 할 운기다. 기쁜

일이 중중하여 결혼도 하고 식구도 늘어날 수 있다.

 35·36·37세 때는 점점 발전하는 대왕의 운기이니 신중하게 기회를 잡아 침착하게 과감히 도전해 볼만도 하다.

 44·45세 때는 한 걸음 더 도약하고 재물이나 권리가 늘어나는 상운기이니 만사가 형통하여 앞으로 더욱 크게 발전 성취할 수 있다.

 55·56세 때는 말년의 행복과 기반을 완성시키는 개척운이 분명히 온 것이니 다방면으로 신경을 쓰고 분주하게 움직이면 대체로 무난하게 발전할 수 있다.

 단, 무리하거나 지나치면 도리어 관재 구설수에 얽혀 피해를 보고, 궁지에 빠져들게 되면 오fot동안 속을 썩일 수 있으니 자중해야 한다. 이후 만년에도 새로운 계획을 구상하는 변화를 맞을 수 있다.

> 전생에 범으로 태어났고, 이승에는 기러기가 되었다. 자신이 부지런히 노력하면 의식이 풍족하고 마음은 곱하나 남이 싫어하지 않는다. 십 세 안팎에는 부모에 근심이 있다. 십오륙 세는 양이 변하여 말이 되고 이십삼사 세는 혼인의 경사가 있으며 이십육칠 세는 재수가 몹시 좋고 삼십육 세, 사십팔 세는 천금을 얻게 되고 평생 동안의 운은 길흉이 엇갈린다.

유·소년 때 간혹 부모나 가정에 걱정이 생기지만 15·16세에 이르면 모란이 꽃을 피우는 형국이라 소망이 성취되고 목적이 달성된다.

24·25세 때는 귀인을 만나거나 영화로움을 기약할 수 있다.

이성 교제가 아니라도 기쁜 일이 있을 수이고 시험의 합격이나 직장, 직업 등을 가지게 되는 장상지도가 들어 있다.

33·34세 때에 이르면 점차로 발전해 가는 왕운기라 재수가 형통하여 승진, 영전, 사업의 확장 등 빛을 보게 되는 수다. 하지만 때로는 경사와 걱정이 함께 겹쳐질 염려도 있으니 매사에 신중하게 대처해야 평탄할 것이다.

42·43세 때는 전환, 개척의 운기라 여러 모로 즐거움과 기쁨이 함께 성취된다. 재물과 명예가 늘어나고 영화로움이 따른다. 하지만 도난, 사기 등 액화를 당할까 두렵고 특히, 관

재 · 횡액수도 함께 있으니 각별히 조심해야 피해를 모면한다.

 46·47세 때는 금옥이 만당할 수라, 재록이 형통하여 소망을 달성하고 목적을 성취하게 되는 대길의 운기다. 이 시기를 놓치지 말고 평생 동안의 기반을 다져야 한다.

 57·58·59세는 일생의 마지막 왕운기라 일신이 영화롭고 재물이 풍성해질 발전의 수이다. 따라서 지난날 쌓아온 기반과 바탕을 잘 활용하여 대망의 목적을 이룩하면 만년 노후는 태평할 것이다.

⑦ 마변백록(馬變白鹿)

> 말이 변하여 사슴이 되니 매우 분주하게 되리라. 자수성가하여 의식이 풍족하고 곳곳에 많은 벗이 있으니 변화가 무궁하리라. 십오륙 세에 귀인을 만나게 되고 이십삼사 세는 물과 불을 조심하라. 삼십삼사 세에 대통할 운수이고, 길성이 비추니 귀인이 찾아와서 돕는다.

17·18세 때는 물고기가 용문에 오르는 형국이라 원하는 바가 소기의 목적을 달성할 수 있다. 하지만 자기 주장을 너무 세우면 도리어 낭패를 볼 수 있으니 조심해야 한다.

25·26세 때는 봉황이 서로 마주 대하는 형국이라 이성 문제로 신경 쓰는 일이 생길 수 있고, 일시적인 실수로 오랫동안 속 썩이는 상황에 이를 수도 있으니 각별히 유의해야 한다.

32세 때는 소기의 목적을 성취할 수 있는 대운기라 뭐든지 늘어나고 귀인을 만나 공문에도 출입하면서 즐거움을 만끽할 수 있다. 단, 이성 문제에 조심해야 한다.

37·38세 때는 많은 재물과 명예를 획득하고 이름을 떨치는 대길한 운기다. 중년기의 기반을 확고히 이룩하고 소기의 목적을 달성하는 상운기이니 시기를 놓치지 않도록 최선을 다해야 한다.

43·44세 때는 운수가 대통하여 우물 안의 고기가 바다로

나가는 형국이라 명성과 재물이 늘어날 수이다. 이 때를 놓치지 말고 잘 관리하여 안정된 기반을 다시 한 번 더 다지도록 노력하라.

⑧ 양변공작(羊變孔雀)

> 양이 변하여 공작이 되니 부모의 유업은 간 데 없고 자수성가하리라. 착한 마음을 베풀어 덕을 쌓으니 반드시 부귀하게 된다. 언변이 능란하나 남의 일에 상관하지 마라. 십칠팔 세에 운이 트이고 이십삼사 세는 병을 앓는다. 이십칠팔 세는 운수가 좋지 않고 삼십육칠 세는 가는 곳마다 실패한다. 삼십사, 사십이 세는 만사가 자신의 뜻대로 이루어진다.

초년에는 간간이 성패의 굴곡이 찾아들어 몸과 마음이 항상 분주하지만 이렇다 할 소득과 공적이 뒤따라 주지 않는다. 뭐든지 한 군데 뿌리 박고 꾸준히 정진해야 한다. 한 군데 오래 머물지 못하고 자주 옮겨 다니면 허송 세월을 할 수도 있다. 그러나 적은 것을 쌓아서 큰 것을 이루는 적소 성대의 형이어서 열심히 노력하면 한 번에 크게 부자 소리를 들을 수 있는 운명이니 꾸준히 노력만 하면 대성할 수 있다.

17·18세 때는 화창한 봄바람에 꽃을 피우는 형국이라 신수가 대통하여 소기의 목적을 달성하거나 기쁜 일을 볼 수 있다.

23·24세 때는 영화를 볼 수 있고 배우자를 만나거나 이성 교제수가 있으나 간혹 뜻하지 않는 위험한 사고나 신병 등을 겪을 수도 함께 들어 있다.

28·29세 때는 여러 모로 변화를 맞을 수라 새로운 계획이

발전되어 재록이 풍성하고 소망사가 순조롭게 풀리면서 배우자를 만나거나 주변에 변화가 발생하여 심적으로 방황하게 될 수도 있다.

38·39·40세 때는 중년의 기틀을 완성하여 명예와 재물이 함께 따라 즐거움이 넘치는 왕운기이니 좋은 시기를 잘 관리해야 한다.

43·44세 때는 용이 여의주를 희롱하는 형국이라 재운이 열리고 서광이 비치는 변화, 반전의 수가 있다. 그러나 잘못 풀리면 위험한 곤경에 이르거나 관재 구설 등의 재앙과 환란을 겪을 수 있으니 경거 망동해서는 안 된다.

50세에 이르면 마침내 만사가 여의하게 되니 이것은 그 동안 닦아온 공덕과 경륜의 결과라고 여겨진다. 마치 따뜻한 봄기운이 얼어붙었던 추위를 녹이듯 영화롭게 대성 발전하여, 이후 말년을 영화롭게 안과할 수 있는 기틀이 완성될 것이다.

⑨ 후변적구(猴變赤鳩)

> 원숭이가 변하여 비둘기가 되니 마음이 매우 곧고 세상에 연고가 없으리 맨손으로 성공하리라. 바른 말이 남의 귀를 거슬려 따르는 사람이 없고 비록 어려움을 만날지라도 그 때마다 교묘하게 해결한다. 어렵게 재물을 벌어 사람들은 구제하고 삼십사 세는 반드시 상을 당하고 십구 세 이십 세는 관계에 나아가고 삼십칠팔 세는 운수가 대통하고 사십삼사 세에는 천금을 희롱하는 운이다.

15·16·17세 때는 봄바람에 돛을 달고 호수로 나가는 형국이라 기쁜 일을 보게 되고 즐거움이 가득해진다.

20·21세 때는 소기의 목적을 달성하여 이름을 얻는 대길수가 있다.

24·25세 때는 귀인이나 배우자와 상봉하게 되는 운기이다. 인생세간에 유동성이 있어 변화를 맞게 되니 시험의 합격이나 직업을 갖는 등 대체로 희망적인 기쁨이나 영화로운 일이 수 이다. 특히 여성에게는 출가운도 있고 임신, 낙태운도 함께 들어 있으니 이성 관계를 주의해야 한다. 의외로 상황이 이상하게 전개되어 마음이 산란해질 수도 있다.

36·37세 때는 영화로움이 무궁한 왕운기이다. 큰 일에 손을 대고 이름을 떨칠 수 있는 대운이 태동하여 뜻하는 바 모두 순탄하게 성취 될 것이다.

43·44세 때는 손에 천금을 희롱하는 형상이라 소망사에

영화와 발전이 함께 하는 상운기이다. 따라서 때를 놓치지 않도록 더욱 노력하여 말년의 기틀을 이루어야 한다.

 51·52세 때는 금옥이 만당하고 춘풍에 제비가 날아드는 형국이다. 일생의 마지막 왕운기이니 행복과 평안을 붙잡고 소망을 달성해야 한다.(특히, 남의 모함이나 사기·구설 등 횡액수도 함께 따르니 각별히 유의할 것)

 60세가 넘으면 만인이 우러러보게 되니 신경 쓰지 말고 청한하게 소일하도록 힘Tm는 것이 제일 좋다.

⑩ 계변주작(鷄變朱雀)

> 닭이 변하여 주작이 되니 매우 번거로운 일이 많다. 양어나 양계업도 좋고 공업을 해도 대길할 운이다. 구설수가 많고 문장이 뛰어나지 않으면 풍류를 즐기고 십 세 전의 운은 질병과 손재수가 있으며 십구 세와 이십일이 세는 운이 트인다. 삼십삼사 세는 운수가 대통하고 오십일이 세는 천금을 희롱하는 운이다.

10세 이전 유·소년 때, 질병이 잦고 죽을 고비를 넘기는 액운이 들어 있어서 위험을 겪기도 한다.

22·23·24세 때는 화창한 봄바람이 꽃을 피우는 격이다. 소기의 소망이 성취되고 운수가 형통하며 상황이 바뀌게 되는 운이 형성되어 영화로움을 얻게 되는 즐거움이 있을 수다.

31·32세 때는 순풍에 돛을 달고 호수로 나가는 형국이니, 이 때부터 중반기의 운기가 대성하여 직장인은 승진이나 영전을 하고 이권을 얻어 재물도 얻게 된다. 단, 무리를 하거나 분수가 지나치면 벼랑 끝에 밀려나는 위험수도 따르니 자중해야 한다. (여성의 경우, 잠깐의 실수로 오래 두고 속을 썩을 일이 발생되는 경우가 많이 있다) 특히 이별수가 강해 갈라서거나 별거하는 수가 있고 혹자는 법정 문제로 비약되는 수도 있으니 각별히 주의해야 한다.

33·34세 때는 드디어 신수 대통하여 뜻을 이루기 시작한

다. 마치 초원에 단비를 내리는 형상이라 큰 계획이 성립되어 권리를 행사하고 많은 재물을 움직일 수 있다.

 43·44세 때는 중년기의 기반이 확고히 다져지고 사업도 기틀을 이룩하여 대성 발전하는 상운기라고 말할 수 있다.

 51·52·53세 때는 천금을 희롱하니 만인의 우러름을 받고 명예도 함께 상승하는 장년기의 대왕운기이다. 크게 한 번 성공하고 평생에 터전을 마무리할 수 있는 마지막 기회이니 놓치지 말고 잘 잡아야 한다.

⑪ 구변청학(狗變靑鶴)

> 개가 변하여 청학이 되니 몸이 한가하구나. 청렴결백한 생활을 하여 이름을 떨치나 이익이 적다. 겉으로는 우둔해 보이나 안으로는 명민한 재주가 있고 바른말을 좋아하나 남을 헐뜯지 말라. 오륙 칠팔 세는 낙상을 조심하고 삼십구, 사십 세의 운은 뜻을 세워 성공한다. 사십삼 세와 오십이 세는 횡재수를 조심하고 오십오륙 세의 운은 가족의 손실을 입는다.

초년의 13세 이전에는 낙상하거나 다칠 우려가 있고 신병 등 액운이 따를지도 모르니 조심해야 한다.

22·23세 때는 일신에 기쁨과 영화로움이 따르는 영귀한 운이, 마치 물고기가 용문에 오르는 것같은 격이라 만사가 형통한다.

28·29세 때는 운명을 변통 개척하는 대운기라 평생을 경영하는 문턱을 밟을 수이니 심사 숙고하여 침착하게 대응하며 처세하면 매사가 순탄하게 잘 풀려 나간다.

34·35세 때는 몸과 마음이 편안하고 재복이 강왕하여 소망을 서성취할 수 있는 길운이다. 직장인은 승진 내지 영전의 운이 있고 사업가는 발전, 번창의 대운이 있으니, 주변환경에 변화와 전환이 오는 것을 슬기롭게 유도하여 소망의 꽃을 피우도록 해야 한다.

38·39세 때는 청운의 뜻을 펴고 능력을 최대로 발휘하는 상운기이다. 재산이 불어나거나 일신이 귀하게 되는 승진,

영전, 출세 등의 대통수가 들어 있으니 명예가 높아지고 이름을 떨치게 된다.

 44·45세 때는 대성 발전의 운기라 작은 것을 큰 것으로 전환시키는 성공의 결실기이다. 귀인이나 실력자의 협력과 도움도 받을 수 있는 확고한 변동이 가능해지는 영귀한 왕운기다.

 48·49세 때는 명예가 상승하거나 재물이 불어나든가 양단간에 경사를 보아야 한다. 기쁜 일을 못 보면 도리어 재물이나 인간관계에 복잡한 애로를 겪거나 물질적 손실을 보게 된다.

 52·53세 때는 봄동산에 꽃이 피는 형국이니 손 안에 권리를 잡고 천금을 희롱하는 발전, 성취의 기쁨이 따르는 운이다. 명예가 상승하고 재물도 늘어나면서 귀인의 도움도 크게 받을 수 있다.

 노후 만년에는 생활주권을 양보하고 일선에서의 활동을 그만 해도 무방하니 남은 여생을 청한하게 안과하는 것이 상책이다.

⑫ 저변앵무(猪變鸚鵡)

> 돼지가 변하여 앵무새가 되니 성품이 강직하고 청렴하며 말이 순하고 행실이 두터워서 만 가지 일에 뜻을 얻는다. 의사나 기술업이 좋고 변호사로 성공한다. 비록 어려운 일을 만나도 변통하는 재주가 있으며 언변이 빼어나고 높은 재주도 있다. 십 세 이전에는 몸에 액운이 따르고 십오륙 세는 운수가 대통하고 삼십 사 세는 귀하게 되고 재물이 왕성하다. 삼십칠팔 세는 운이 찾아온다.

 어려서는 신병이 잦아 허약하지만 16·17세가 되면서 신수가 훤하게 피고 일신상에 기쁨이 열리는 운이 온다. 중년의 33·34세는 재운이 왕성하여 희망이 달성되는 발복의 운기이니, 직장에서는 승진이나 영전이 있고 사업에는 번창과 발전을 함께 하는 대길의 운이 있다.

 35·36세 때는 치패의 횡액수가 들어 있어 재물의 손실외에도 관재구설이나 모함, 누명 등 환란을 겪을 수 있으니 신변상의 험란을 제대로 방비해야 한다. 자칫하면 평생 동안 크게 후회하는 실수가 야기될 수 있으니 각별히 조심을 해야한다.

 37·38세 때는 순풍에 배를 띄우고 고목에 봄이 오는 형국이다. 경영지사가 날로 번창하고 새롭게 추진하는 사업은 순탄하게 이룩되어 중반기의 기틀을 확정하는 대왕의 운기다.

 41·42세 때는 연못의 고기가 바다로 나가 용이 되는 형상

이다. 소망하는 일들이 계획대로 추진되어 만사가 형통하는 대통수가 있다.

 이후 중년 후반부터는 부귀영화가 함께하여 부러움 없이 마음이 넉넉하고 여유가 생기니, 천하를 두루 편력하면서 공명을 얻고 스스로 귀인이 되어 태평하게 여생을 보낼 수 있다.

제7장

음양(陰陽)과 오행(五行)

천간(天干)과 지지(地支)

① 천간

　천간에는 양간(陽干)과 음간(陰干)이 있으며, 양간은 갑(甲), 병(丙), 무(戊), 경(庚), 임(壬)이고 음간은 을(乙), 정(丁), 기(己), 신(辛), 계(癸)이다.
　그리고 천간의 갑과 을은 오행상 나무(木)로서 인(仁:어짊)을 나타내며, 병과 정은 오행상 불(火)로서 예(禮:예의)를 나타내며, 무와 기는 오행상 흙(土)으로서 신(信:믿음)을 나타내며, 경과 신은 오행상 금(金)으로서 의(義:정의)를 나타내며, 임과 계는 오행상 물(水)로서 지(智:지혜)를 나타낸다.

② 지지

　지지의 오행에 있어서 자는 수(水)요, 축은 토(土)요, 인은 목(木)이요, 묘도 목(木)이요, 진은 토(土)요, 사는 화(火)요, 오도 화(火)요, 미는 토(土)요, 신은 금(金)이요, 유도 금(金)이요, 술은 토(土)요, 해는 수(水)이다.
　지지 중에서 자인진오신술은 양이 되고 축묘사미유해는 음이 된다.

③ 천간 해설

갑(甲) : 갑목(甲木)은 씨앗이 싹터 오르는 기상을 표시하는 글자로 나무의 줄기에 해당하며 하늘을 찌르는 기세가 있다. 표면은 온화하고 고요하나 사려가 치밀한 가운데 화려한 풍도가 있다. 상당한 실력을 갖추고 이지성이 풍부하며 착실한 바탕에 점진적인 기세로 불요불굴한 기백의 소유자이다. 마치 소나무나 잣나무가 잡목이 무성한 숲에서 잘 자라는 것과 같다.

을(乙) : 을목(乙木)은 첫봄에 새싹이 구부러지면서 나온 글자를 상징한다. 생목이나 꽃, 풀, 넝쿨, 잎사귀를 뜻한다. 을목은 어진 사람이며 수동적이어서 외관은 온후하고 은인자중하여 어떠한 어려운 일을 당해도 요동하지 않고 능히 견뎌낸다. 참을성이 강하고 과묵해 하부적으로 활동(나무뿌리이므로)하여 스스로 방법을 내세워 기초를 확립하는 수완가이다.

병(丙) : 병화(丙火)는 제사 때 제물을 제사상에 올려놓은 것에서 유래한 글자이다. 온명한 태양을 뜻하며 만물의 형체를 드러내는 것을 말하니 오양(갑, 병, 무, 경, 임)중에서 으뜸이다. 주로 명덕을 밝히고 총명하지만 자만심이 강하니 인내심을 가지고 참아야 한다. 인내력이 부족하기 때문에 격노와 시끄러움이 있는 것이 특징이고 명리를 추구하는 것은 누구보다 강하다.

정(丁) : 정화(丁火)는 화살이나 못을 본뜬 글자로 형체가 더 확실하게 윤관을 드러낸 모습이다. 표리가 부동하고 유연성을 내표하고 있어 노력을 많이 해야 하며 공은 적다. 하지만 지력이 깊고 변론에도 능해 거짓말쟁이나 사기꾼도 있지만 대다수는 점잖고 양심적인 타입이다.

무(戊) : 무토(戊土)의 성질은 견고하니 만물이 뿌리를 박을 수 있다. 능히 오곡을 자양하고 사람들에게 후한 덕과 아량을 베푸는 까닭에 손윗사람에게 신뢰를 받고 아랫사람들에게서 흠모를 받는다. 단 사치하는 경향이 결점으로 작용할 수 있다.

기(己) : 기토(己土)의 성질은, 표면은 매우 온화하고 중후하지만 내면은 그렇지 않다. 다소 급한 면과 깊이 파고드는 면이 있고 정의감과 질투심이 강하며 말을 하면 실행하는 타입이다. 즉 온화, 용렬, 침착, 의심, 질투, 망상들을 가지고 있다는 것이 특징이다.

경(庚) : 경금(庚金)은 절굿공이를 가리키는 글자와 두 손을 가리키는 글자를 합한 형상에서 유래한 글자이다. 의를 좋아하는 까닭에 비굴한 것을 보기 싫어하고 희생, 봉사하는 정신이 강하니 남자다운 성정이다. 찬란한 빛의 상징이요,

한 번 두드리면 장엄하게 울리는 형상이요, 잘 닦여진 검과 같은 형상이다. 하지만 자만심이 강하다는 것이 단점이다.

신(申) : 신금(申金)은 먹물로 피부에 문신을 넣은 형상에서 유래한 글자이다. 성격은 쌀쌀한 기풍과 온화한 성정을 겸유하고 있다. 강한 가운데 내구력이 풍부하니 능히 소원을 이루며 사치를 도외시하는 완고한 마음이 철석과 같다. 하지만 남들과 동화하는 방면에는 소홀한 경향이 있어 사교상 원만해지기 힘들다는 단점이 있다.

임(壬) : 임수(壬水)는 길쌈을 할 때 북실을 감은 형상을 본뜬 모양으로 생성의 일기가 종료하는 것을 의미한다. 천성이 담백하여 해물지심이 없고, 사람이 좋다고 하는 미덕을 겸유하고 있으며 강직하며 속박당하기 싫어한다. 일을 처리함이 능하고 촌각도 정지할 줄 모르는 진취적인 활동가이다.

계(癸) : 계수(癸水)는 삼지창을 사방에 꽂은 모습에서 파생한 글자이다. 평소에 착하기는 하지만 지능적이고 간교할 수 있으며 침울한 기운에 사로잡힐 때도 있고 우발적인 장면을 나타낼 때도 있다. 때문에 그 심중을 측량하기가 매우 어렵지만 괴걸이나 위인, 기인 등이 가끔 나타나며 결백성과 공익을 위해 헌신해서 노력한다는 특징이 있다.

④ **지지해설**

지지는 땅의 원리를 표시한 것이다.

자(子) : 아기가 양 팔을 움직이는 형상을 본뜬 글자로 일양지정(一陽之精)에 해당된다. 즉 자(子)에서 동지(冬至)가 시작되므로 양(陽)이 시작되는 것이다. 씨앗의 정기를 뜻하며 종자, 원자, 분자 등과 같이 근본이 되는 생물을 의미한다.
-음료수, 모든 종자, 모든 어류, 간장, 액체, 생선, 잉크, 땀, 채소 등
-비뇨기 계통을 가리킨다. 신장, 요도, 자궁, 고환, 음부, 생식, 월경, 정자, 갑상선 등

축(丑) : 사람이 손을 내밀어 종자를 잡는 것에서 연유한 글자이며 씨앗이 양기를 받아 발아 직전의 상태가 된 것을 뜻한다.
-무기, 음식, 증권, 금고, 인쇄기, 전기제품, 얼음판
-위장, 비장, 하복부, 손발, 맹장, 접촉물 등

인(寅) : 싹이나 태아가 마악 출생하려고 하거나 태양이 수평선에서 떠오르는 형상이다.
-발전기, 피아노, 목재, 전신주, 가로수. 고층건물.
-병으로는 심장. 머리, 눈, 담낭, 근육, 무릎. 팔 등

묘(卯) : 초목이 싹터오를 때 떡잎의 줄기가 양 쪽으로 갈라

진 모습을 본딴 글자이다.
- 섬유질, 운동구, 화초, 비누, 묘목, 옷장, 가구, 책상, 낚싯대, 종이, 목기 등
- 건강으로는 기관지, 관, 담 등

진(辰) : 조가비가 바깥으로 살을 내밀고 있는 형상에서 유래한 글자로 생물이 기지개를 펴 발전하고 있는 것을 표현한 것이다.
- 외래품, 토석, 비밀 장소, 특허품, 도자기, 병풍, 비행기, 포장물 등
- 병으로는 망각증, 위장, 등과 허리, 피부, 가슴, 맹장, 겨드랑이, 코 등

사(巳) : 뱀이 똬리를 틀고 잇는 모습을 본뜬 글자로 지열에 의해 양기가 충만해짐을 의미한다. 즉 양기가 최고조인 상태를 뜻하는 것이다.
- 폭발물, 담배, 전화, 휘발유, 전등, 대형 차량, 화약, 미용 재료, 카메라 등
- 병으로는 치통, 소장, 얼굴, 복부, 혓바닥, 인후 등

오(午) : 절굿공이나 화살이 날아오는 모습을 본뜬 글자로 양기가 극에 달해 음기가 시작되는, 즉 하지에서 동지까지의 음지의 시발점이다.
- 박테리아, 액세사리, 화장품, 간판, 국기, 안경, 유흥 장소, 전등, 못 등

-병으로는 정신병, 심장, 눈, 혀, 신경통, 시력, 열병 등

미(未) : 씨앗의 맛, 숲의 무성한 모습을 딴 글자로 성장하는 시기가 끝나고 쇠약해지기 시작하는 것을 말한다.

-어음이나 수표, 물감, 조미료, 골재, 시멘트, 혼수품, 포목 등

-병으로는 위장, 배, 입술, 잇몸, 척추, 복부 등

신(申) : 화살이 과녁을 관통하고 있는 모양을 본뜬 글자로 성장이 완성된 것을 뜻한다.

-은행, 극장, 차량, 지폐, 금, 은, 비행기, 칼날, 절단지, 수도관, 전선, 농기구 등

-병으로는 대장, 폐, 근골, 경락, 피부, 골수, 신경통, 정맥 등

유(酉) : 술단지를 본뜬 글자로서 결실한 열매가 모체로부터 분리되거나 이탈한 것을 뜻한다.

-그릇, 마이크, 악기, 보석, 침, 은행, 고추, 현금, 양념, 마취약, 된장 등

-병으로는 폐결핵, 폐장, 코, 피부, 월경, 신경, 타박상 등

술(戌) : 천간의 무(戊)에 한 점을 더해 양기의 불씨가 붙어 있는 모습. 생성일대(生成一代)가 끝났음을 의미한다.

-보안등, 창고, 공장, 골키퍼, 화로, 도자기, 시계, 전자계산기, 골동품, 컴퓨터 등

-병으로는 공포증, 위장, 명문(항문 위), 갈비, 두뇌, 대퇴

부, 가슴, 대변, 항문, 위, 신경 등

해(亥) : 남녀가 포옹하는 모습의 글자로 핵(核)을 뜻하며 종자가 수장되는 것을 의미한다.

- 가방, 바다. 음료수, 소금물, 주류, 포목, 세탁기, 필묵, 비누, 배, 군함, 생선 등
- 병으로는 방광염, 고환, 생식기, 월경, 혈액, 대소변, 장딴지, 검은 점 등

60갑자(甲子)

 60갑자는 천간지지가 합이 되어 60개의 간지를 만드는 것으로서 천간이 10개, 지지가 12개이므로 10에 12를 곱하면 120가지가 되지만 음과 양으로 나누기 때문에 60가지의 간지가 나와 60갑자라고 한다.

〈60갑자(甲子)와 띠〉

쥐 띠	갑자(甲子)	병자(丙子)	무자(戊子)	경자(庚子)	임자(壬子)
소 띠	을축(乙丑)	정축(丁丑)	기축(己丑)	신축(辛丑)	계축(癸丑)
범 띠	병인(丙寅)	무인(戊寅)	경인(庚寅)	임인(壬寅)	갑인(甲寅)
토끼띠	정묘(丁卯)	기묘(己卯)	신묘(辛卯)	계묘(癸卯)	을묘(乙卯)
용 띠	무진(戊辰)	경진(庚辰)	임진(壬辰)	갑진(甲辰)	병진(丙辰)
뱀 띠	기사(己巳)	신사(辛巳)	계사(癸巳)	을사(乙巳)	정사(丁巳)
말 띠	경오(庚午)	임오(壬午)	갑오(甲午)	병오(丙午)	무오(戊午)
양 띠	신미(辛未)	계미(癸未)	을미(乙未)	정미(丁未)	기미(己未)
잔나비띠	임신(壬申)	갑신(甲申)	병신(丙申)	무신(戊申)	경신(庚申)
닭 띠	계유(癸酉)	을유(乙酉)	정유(丁酉)	기유(己酉)	신유(辛酉)
개 띠	갑술(甲戌)	병술(丙戌)	무술(戊戌)	경술(庚戌)	임술(壬戌)
돼지띠	을해(乙亥)	정해(丁亥)	기해(己亥)	신해(辛亥)	계해(癸亥)

오행의 상생상극(相生相剋)

　오행은 목(木), 화(火), 토(土), 금(金), 수(水), 다섯 가지를 일컫는 말인데, 이 오행에도 각각 음양이 있고 상생상극이 있으며 상생 중에도 상극이 있고 상극 중에도 상생이 있다.

① 상생

　목생화(木生火) : 나무는 불을 살려주고
　화생토(火生土) : 불은 흙을 살려주며
　토생금(土生金) : 흙은 금을 생하고
　금생수(金生水) : 금은 물을 맑게 생하고
　수생목(水生木) : 물은 나무를 살려준다

② 상극

　목극토(木剋土) : 나무는 흙의 양분을 빨아먹으니 흙을 배척하고
　토극수(土剋水) : 흙은 물의 흐름을 막고 물을 흐리게 만들어
　수극화(水剋火) : 물은 불을 끄고
　화극금(火剋金) : 불은 금을 녹여버리며

금극목(金剋木) : 쇠는 나무를 베어버린다.

③ 알아두어야 할 점

　상생상극의 관계에 있어서 알아두어야 할 것이 있다. 예를 들어 목생화(木生火)에서 나무는 불을 살려 주지만 나무가 많을 경우에는 불이 꺼지게 된다. 때문에 상생중에서도 상극이 될 수 있다.
　묵극토(木剋土)에서는 나무가 흙의 영양분을 빨아먹고 배척하므로 객토(흙을 갈아주는 것)를 하지만 흙이 많을 경우에는 오히려 나무를 묻어버리는 경향이 있기 때문에 반대 이론이 성립되는 것이다.
　다른 오행들도 마찬가지로 상생 중의 상극이 될 수 있고 상극 중의 상생이 될 수 있으니 과다에 따라 잘 분석해서 연구해야 한다.
　목(木)을 예로 들어서 설명하자면 「목(木)을 살려주는 것과 목(木)이 살려주는 것, 목(木)이 극하는 것과 목(木)을 극하는 것에 대해서 신중히 생각해야 한다」는 것이다.

천간합(天干合)

 천간합은 간과 간끼리 합이 되는 것을 말한다. 즉 갑(甲)과 기(己), 을(乙)과 경(庚), 병(丙)과 신(申), 정(丁)과 임(壬), 무(戊)와 계(癸)가 합하는 것이다.

갑	목(양)	합화토	중정지합(中正之合)
기	토(음)	(合化土)	
을	목(양)	합화금	인의지합(仁義之合)
경	금(음)	(合化金)	
병	화(양)	합화수	위엄지합(威嚴之合)
신	금(음)	(合化水)	
정	화(양)	합화목	인수지합(人壽之合)
임	수(음)	(合化木)	
무	토(양)	합화화	무정지합(無情之合)
계	수(음)	(合化火)	

① 갑(甲)과 기(己)의 합

 중정지합(中正之合), 또는 정중지합(正中之合)이라고 한다. 갑은 인(仁)이요, 기는 신(信)이다. 존중관후하기에 이것을 중정지합이라고 한다.
 갑과 기의 합이 왜 토(土)로 변하는가 하면 갑은 사목(死木)

이고 기는 전(田)인데 밭에 나무를 박아도 그 곳을 밭이라고 말하지 나무라고 말하지 않는다. 즉 나무가 밭에 있으면 "저 밭은 내 밭이야" 라고 말하지 "저 나무가 내 나무야"라고 말하지는 않는다. 그래서 토(土)가 되는 것이다.

② 을(乙)과 경(庚)의 합

 을은 인(仁)이요, 경은 의(義)이다. 합을 하면 금(金)으로 변한다. 그래서 인의지합(人義之合)이라고 한다. 을은 구부러진 나무이며 칼집이며 경은 칼이다. 때문에 칼집에 칼이 끼어 있으면 칼이라고 말하지 칼집이라고 말하지 않는다. 을은 초목이고 풀이며 금은 칼이면서 돌이다. 돌이나 잡초에 잡초가 엉켜 있어도 잡초에 휘말린 돌이라고 한다. 그래서 금이 되는 것이다. 성격은 굳세고 용감하며 어질고 의리가 있지만 사주에 편관이 있으면 용감해도 천하다.

③ 병(丙)과 신(辛)의 합

 병은 화(火)요 신은 금(金)인데 병은 예의요, 신은 정의이다. 또 병은 태양이요, 신은 주옥, 의리, 구름이다. 그래서 서로가 합쳐 수(水)가 되니 이를 위엄지합(威嚴之合)이라고 한다. 그리고 병은 태양이요, 신은 구름이면서 보석이고 쇠

붙이이기 때문에 신이 병 속으로 들어가면서 태양이 구름을 가리면 비가 오고, 금이 뜨거운 불 속에 들어가면 녹아서 물이 된다. 위엄은 있어 보이지만 성질이 냉정하고 차며 약간 잔인하고 호색적이며 비겁하다.

④ 정(丁)과 임(壬)의 합

정과 임의 합은 목(木)이 된다. 정은 예의요, 임은 지혜이다. 합의 이름은 인수지합(仁壽之合)이라고 한다. 장작불에 물을 부으면 숯이 되고 숯은 목(木)이므로 정과 임의 합이 목으로 변한 것이다. 성질은 질투심이 많고 다분히 호색가이며 예민하고 감정적이다. 정과 임의 합에 도화살이 있으면 엉큼하고 음란하여 가정 파탄을 일으키기 쉽다. 살(殺)이 있으면 남자는 가정이 깨지고 재물이 흩어지며, 여자는 부정적이며 바람을 피우고, 질투심이 강하고 다정하며 감격을 잘 한다. 지혜가 모자라고 신의가 없지만 뜻과 기상은 크며 그늘 속에서 남몰래 재산은 모은다.

⑤ 무(戊)와 계(癸)의 합

무와 계의 합은 화(火)가 된다. 무는 신의요, 계는 지혜인데 무는 강한 흙과 마른 흙, 고산의 흙이니 믿을 신(信)을 위주로 하고 계는 이슬이니 지혜를 위주로 한다. 땅에 비가 오면 번개나 마찰의 힘으로 불이 일어나게 되어 있다. 그 번개나 마찰력은 화(火)이므로 무계의 합은 화로 변했고 그 명칭은 무정지합(無情之合)이라고 한다. 용모는 아름답고 성질은 박정하고 냉정하며 용두사미의 성질을 소유하니 남자는 결혼운이 불길할 때가 많다.

천간충(天干沖)

 일명 칠살(七煞)이라고도 하는데 진행 순서상 일곱 번째로 극하는 것을 말하며, 반드시 양간과 양간이 충(沖)하고 음간이 음간을 충하는 것을 가르킨다.
 일주(日柱)가 강할 때. 즉 신강사주에 있어서는 무한한 발전이 있으나 일주가 약할 때는 병고, 파재, 소송, 이혼, 변업 등의 기화작용(奇禍作用)이 생긴다.
 오행상극 중에서 천간이 상충하는 것을 천간충이라 하고 천간에서 양오행을 충하고 음오행이 음오행을 극하는 것을 천간상충(天干相沖)이라고 한다.

① 갑이 무를 충할 경우 : 위장과 간장에 병이 생긴다. 예를 들어 갑이 강하면 위장병, 무가 강할 경우에는 간장과 머리에 이상이 생긴다.
② 을이 기를 충할 경우 : 담과 위장이 아프다.
③ 병이 경을 충할 경우 : 대장과 소장이 아프다.
④ 정이 신을 충할 경우 : 심장과 폐가 아프다.
⑤ 무가 임을 충할 경우 : 위와 방광이 아프다. 담석증에

걸릴 수도 있다. 당뇨와 자궁암이 올 수도 있다.
⑥ 기가 계를 충할 경우 : 질과 위장, 비장, 신장, 자궁이 아프고 당뇨가 올 수 있다. 또 발도 아프다.
⑦ 경이 갑을 충할 경우 : 간과 대장이 아프다. 정신병과 뇌종양이 올 수 있고 피부병(가려움증)이 올 수도 있다.
⑧ 신이 을을 충할 경우 : 폐와 담, 신경 계통(쏙쏙 쑤시고 무릎이 아픈) 좌골 신경통이 올 수 있다.
⑨ 임이 병을 충할 경우 : 방광, 질, 소장, 중풍과 연관된 병도 올 수 있다.
⑩ 계가 정을 충할 경우 : 혈액순환기 계통에 병이 올 수 있다.

지지합(地支合)

지지합에는 삼합(三合), 육합(六合), 암합(暗合), 방합(方合)이 있다. 오기(五氣)의 이치에 따라 길하게 작용할 때도 있고 흉하게 작용할 때도 있다. 예를 들어 병(丙) 일간이 화(火)가 필요한 경우 「신자진」, 「사신」, 「해자축」의 수국(水局)을 만났을 때는 흉으로 변하고 「해묘미」, 「인오술」, 「인해」, 「묘술」을 만나면 길해진다.

또 「임수」에 수(水)가 필요한 경우 「신자진(水局)」이나 「사신(水)」의 합을 만나면 길하고 「인오술(水局)」이나 「해묘미(水局)」을 만나면 흉해진다. 또 육합과 삼합이 있을 때는 육합을 취하지 않고 삼합만을 취한다.

① 삼합(三合)

삼합이란,
신자진이 합해 수국(水局)이 되고
인오술이 합해 화국(火局)이 되고
사유축은 합해 금국(金局)이 되고

해유미가 합해 목국(木局)으로 변하는 것을 말한다.

삼합은 세 글자 중에서 두 자만 있어도 반합이라 하여 합이 되고 반국(半局)이라 하여 국을 이루지만 중간 글자가 있어야 힘이 강하다. 단 삼합 중 다른 지지(대운, 연운, 월운, 일운)가 와서 가운데 글자를 충하면 합은 깨어지고 만다.

② 육합(六合)

육합이란,
자축이 합래 토(土)가 되고,
인해가 합해 목(木)이 되고,
진유가 합해 금(金)이 되고,
묘술이 합해 화(火)가 되고,
사신이 합해 수(水)가 되고,
오미는 합은 되지만 오행은 변하지 않는다.

남자가 육합이 많으면 외교관이나, 중개업자, 무역업 등의 직업을 갖게 되며 여자가 육합이 많으면 음란하다. 또 두 지지와 일지가 합하면 유정하지만 합은 되지 않는다.

③ 방합(方合)

방합은 사방(동서남북)을 말하며

인묘진은 동방(東方) 목(木)의 합이요,
사오미는 남방(南方) 화(火)의 합이요,
신유술은 서방(西方) 금(金)의 합이요,
해자축은 북방(北方) 수(水)의 합이다.

 방합은 반드시 세 글자 중의 한 글자가 월지(月支)에 있어야 성국(成局)이 되고 형충파해를 상관하지 않는다. 즉 합이 되면 항상 합이며 다른 것의 영향을 받지 않는다. 위(位)는 있어도 녹(祿)은 없다. 이 합은 필요에 따라서 흉할 때도 있고 길할 때도 있다. 신강과 신약사주에 따라서 달라진다.

④ **암합**(暗合)

 겉에 나타나 보이지 않으므로 암합이라고 한다.
 지장간에 있는 간과 간이 합치는 것인데(지장간 속의 어느 것이나 합이 되면 된다) 지장간 속에 있는 천간과 나타나 있는 천간과 합하거나 지장간 속의 천간끼리 합이 되는 것을 말한다.
 예를 들어 자(子)와 사(巳)는 자(子) 중에 있는 계수(癸水)와 사(巳) 중에 있는 무토(戊土)가 합해(무계지합) 화(火)로 변하는 것을 말한다. 암합은 위(位)도 없고 녹(祿)도 없으며 단지 오행만 따지는 것이다. 합해져 길할 때도 있고 흉할 때도 있으며 신강이나 신약사주에 따라서 달라진다.

인과 축미(인중갑, 축미중기 → 갑기(甲己)의 합이 된다.
 묘와 신(을경의 합)
 진과 술자(무계의 합)
 사와 축(무계의 합, 병신의 합)
 오와 해(오:병기정과 해:무갑임) 두 개의 암합(갑기의 합, 정임의 합)

 암합의 지장간끼리도 두 천간과 한 천간의 있을 때는 투합(妬合)이라 하여 합이 되지 않는다.

지지충형파해(地支 沖刑破害)

① 육충(六沖)

여섯 가지 지지가 충하는 것으로서 반음(反吟)이라고도 한다. 육충은 12지지 중 양과 양 음과 음이 싸우므로 6가지가 되는 것이다.
·자(子)와 오(午)
·축(丑)과 미(未)
·인(寅)과 신(申)
·묘(卯)와 유(酉)
·진(辰)과 술(戌)
·사(巳)와 해(亥)가 충한다.
·자(子)가 오(午)를 충할 때는 일신이 불편해진다. 수술수가 있고 하려는 일이 지연되고 이해 관계나 금전 문제로 관재 구설이 생기며 업이 파하고 위자료 청구 등의 재판 소송까지 따르게 된다.
·축(丑)이 미(未)를 충할 때는 사업에 장애가 생긴다. 형제와 친구간에 의리가 부동하여 불화하거나 믿는 도끼에 발

등 찍히는 격으로 배반을 당하기도 한다. 큰 재난이 많고 인생을 비관하게 되며 모든 일이 이루어지지 않는다.
· 인(寅)이 신(申)을 충할 때는 이성으로 인한 문제가 생길 수 있다. 애정은 많으나 수술 등을 하여 피를 볼 수 있으며, 귀신을 숭배하고, 부부의 마음이 서로 달라질 수 있다. 동상이몽으로 인해 부상을 당하거나 관재를 당할 수 있다.
· 묘(卯)와 유(酉)가 충하면 부부나 친구간의 우애가 없어져 불화하게 된다. 근심과 걱정이 많아지고, 이사수가 있고 이별이나 실물, 관재가 발생할 수 있다.
· 진(辰)과 술(戌)의 충은 늙은 남녀가 다투는 형상이다. 고독하여 비애가 많고 독수공방이 있으며 관재도 발생하고 사용자가 도망갈 수도 있다.
· 사(巳)와 해(亥)의 충은 밝음과 어둠이 다투는 형상이다. 작은 일을 크게 벌이며 선후득실이고 구설이 있어 모든 일이 잘 이루어지지 않으며 매사가 어지럽게 풀려나가니 교통사고를 주의해야 한다.

② **파살**(破殺)

· 자(子)가 유(酉)를 파한다. 구설과 재앙이 있으니 문서 이동이나 관리를 잘 해야 한다.
· 인(寅)이 해(亥)를 파한다. 인해는 합(合)이면서 파(破)도

된다. 이사 변동수가 있다.
· 진(辰)이 축(丑)을 파한다. 이장이나 묘의 변동수 상사가 있고 건강에 조심해야 한다.
· 오(午)가 묘(卯)를 파한다. 이사수와 사별수가 있으니 건강에 조심해야 한다. 문서 관리를 잘 하고 자손을 보호해야 한다.
· 신(申)이 사(巳)를 파한다. 이것은 사신합(巳申合)이기 때문에 관재 구설을 조심하고 금전 관리를 잘 해야 한다.
· 술(戌)이 미(未)를 파한다. 다치거나 감옥에 갈 운이다, 형제나 친구간 또는 경쟁자와의 구설과 송사에 주의해야 한다.

③ 육해살(六害殺)

육해살은 육합을 깨는 방해자를 말하는 것이며, 결합을 이간시키고 협력을 방해해 파괴와 분열을 가져다 주는 흉성이다. 질병과 사별, 재앙, 근심, 원망, 박복을 의미하는 훼방의 신이다. 사주(四柱) 내에 살이 있으면 해당되는 주의 육친이 해를 입는다. 해는 화기(火氣: 강하지는 않다는 의미)는 없고 승의(昇意:뜻만 높은 것)만 있으니 마땅히 옛것을 지키는 것이 좋고 망동하면 불리하다.
· 자(子)가 미(未)를 육해하면 관재 구설이 발생한다. 미가

자를 육해하면 하는 일이 난관에 부딪치고 보이지 않는 재화가 발생한다.
· 축(丑)이 오(午)를 육해하면 소송이 불리해지고 부부간에 불화가 생긴다. 오가 축을 육해하면 매사가 분명치 못하게 처리되고 성공하기가 매우 어려워진다.
· 인(寅)이 사(巳)를 육해하면 출혈이나 이동이 있게 되는데 물러나는 것이 이롭고 나아가는 것을 불리하다. 특히 차 사고를 주의해야 한다. 사가 인을 육해하면 하는 일들이 막히는 경우가 많고 구설과 근심, 걱정, 의심이 생기게 된다.
· 묘(卯)가 진(辰)을 육해하면 매사에 헛된 싸움을 하는 일이 많아지고 변덕도 많아진다. 진이 묘를 육해하면 취하고자 하는 일에 막힘이 많고 어떤 일이나 끝까지 풀리지 않는다.
· 유(酉)가 술(戌)을 육해하면 문호(門戶:족보)가 손상되고 (집안이 망한다는 의미), 재난과 질병이 생긴다. 유(酉)일의 술시(戌時)생은 머리나 얼굴에 흉한 점이 생기고 귀머거리나 벙어리가 될 수도 있다. 술이 유를 육해하면 보이지 않게 불미스러운 일이 생기고 사용인이 간계(奸計)를 꾸미기 쉽다.
· 신(申)이 해(亥)를 육해하면 먼저 장애가 있고 후에 이익이 있으며 무슨 일이든 결과는 나쁘다. 해가 신을 육해하면 함께 도모하는 일이 이루어지지 않고 무슨 일이나 끝까지

잘 풀리지 않는다.

④ **형살**(刑殺)

형살은 횡액이나 관재, 불화, 반복, 사고, 광포라는 뜻을 가지고 있으며 여자의 사주는 고독과 불화, 유산, 이별이다. 형살이 사주 안에 있으면 부부가 일찍 이별하고 병적이 되며 감옥에 가거나 송사가 많이 발생한다. 대운과 소운에서 만나면 상처하거나 낙태, 이별, 소송, 질병 등으로 인해 괴로워하는 일이 생긴다.

·인사신 삼형살(寅巳申 三刑殺) : 세력을 믿고 세력에 아부하여 세도를 부리려 하고 사회가 부조화되면 언행과 표리가 다르며 불의를 일삼고 파렴치하다. 노상에서의 횡액은 주의해야 하고 수족 부상을 조심해야 한다. 인일생(寅日生)이 사(巳)와 신(申)을 만나면 약물 쇼크, 가스 중독, 비관, 자살, 총상, 파편 부상 등을 당한다. 사주 안에 있으면 자기의 세력 다툼으로 인해 진행하는 일이 좌절되는 경우가 많다.

·축술미(丑戌未) 삼형살 : 은혜를 원수로 갚고, 신세를 지고도 배은망덕하기 쉽고 믿는 도끼에 발등 찍히는 경우도 있다. 소화기와 비장, 피부, 허리, 당뇨 등의 질액이 있고 축일생이 미(未)와 술(戌)을 만나면 위경련 환자가 많아진다. 약물 중독과 총상, 인생 비관, 성병 등도 조심해야 한다.

·자묘(子卯) 삼형살 : 예의를 망각하여 냉혹하고 횡포한 성질을 가지고 있다. 어떤 사람과도 쉽게 화합하지 못하고 처자간에 반목이 있다. 12운성 중에서 길성을 만나면 어느 정도 해소되지만 사(死)와 절(絶)이 있으면 더욱 심하고 공망(空亡)을 만나면 힘이 약화된다. 성병이나 방광염, 신장염에 걸리지 않도록 조심해야 한다.

⑤ 원진살(怨嗔殺)

원진살은 양지가 음지를, 음지가 양지를 만나 서로 다투는 것이다.
- 자(子) → 미(未) : 쥐는 양의 뿔난 것을 싫어한다.
- 축(丑) → 오(午) : 소는 말의 발길질을 싫어한다.
- 인(寅) → 유(酉) : 호랑이는 새벽닭의 울음을 싫어한다.
- 묘(卯) → 신(申) : 토끼는 원숭이의 재주부리는 것을 싫어한다.
- 진(辰) → 해(亥) : 용은 돼지의 검은 얼굴을 싫어한다.
- 사(巳) → 술(戌) : 뱀은 개가 짖는 것을 싫어한다.

원진살은 항상 원망과 불평을 일삼은 작용을 하며 불화와 증오, 이별, 고독, 억울함, 사별 들이 있다. 대개 궁합상 매우 꺼리는 살이다.

제8장

사주(四柱)의 구성

사주팔자(四柱八字)란

 사주란 연주(年株), 월주(月株), 일주(日株), 시주(時株)를 말한다. 즉 생년(生年), 생월(生月), 생일(生日), 생시(生時)를 의미하는 네 기둥을 뜻하고 한 주(기둥)에 두 글자씩 있으므로 사주팔자라는 말이 생긴 것이다.

·연주(年株), 생년(生年) : 나이나 국가, 조상, 종교, 사상, 가문, 뿌리, 족보, 대문(집)으로 본다.

·월주(月株), 생월(生月) : 환경이나 사회, 가정, 부모, 형제, 친구, 은사로 본다.

·일주(日株), 생일(生日) : 본인과 배우자, 부부관계, 꽃으로 본다.

·시주(時株), 생시(生時) : 자손, 건강, 재물, 직업, 수명, 침실(sex), 열매로 본다.

 사주를 볼 때는 삼재(三才)가 필요한데 삼재라는 것은 천(天), 지(地), 인(仁)을 말한다.

·천은 천간(天干)을 뜻하는 것이니 하늘의 동태를 보는 것이고,

·지는 지지(地支)를 뜻하는 것이니 땅의 동태를 보는 것이고,

·인은 지장간(地藏干)이니 사람의 인사명리와 동태 및 진행을 보는 것이다.

〈24절후표〉

월 구분	1	2	3	4	5	6	7	8	9	10	11	12
절(節)	입춘	경칩	청명	입하	망종	소서	입추	백로	한로	입동	대설	소한
후(後)	우수	춘분	곡우	소만	하지	대서	처서	추분	상강	소설	동지	대한

사주는 음력으로 표시한다.

음력에서는 1년을 12절과 12후로 나누고 있으니 1년은 24절후가 된다. 따라서 입추는 1월의 「절」이 되고 우수는 「후」가 되며 절과 후와의 사이는 15일간이다.

① 연주와 월주 세우는 법

1년을 시작하는 입춘은 절기가 드는 시간이 있는데 입춘이 지나야 그 해(太歲)를 따지게 되는 것이다. 따라서 입춘 시간이 지나지 않으면 그 전의 해로 보는 것이고 연주도 바뀐다. 예를 들자면 2001년의 입춘시간은 1월 12일 인시초(寅時初)이니 인시초 이전에 출생한 사람은 2001년생이 아닌 2000년생이 되면 인시초 이후에 난 사람이라야 2001년생이 된다는 것이다. 따라서 연주도 인시초 이전에 난 사람은 2000년인 경진(庚辰)생이 되고 인시초 이후에 난 사람은 2001년인 신사(辛巳)생이 되는 것이다. 월주도 역시 입춘시간 전에 난 사람은 그 전년인 경진년 12월인 기축월(己丑月)이 되고 입춘시간 이후에 난 사람은 2001 신사년 1월인 경인일(庚寅日)로 해서 월주를 따지게 된다.

 월주를 세울 때 월건에는 본달과 윤달이 있는데 본달과 윤달을 구별하지 말고 절기만을 따져서 사용해야 한다.

② **일주**

 일주는 절기의 시간에 관계없이 제 날짜를 써야 한다. 즉 12일(庚辰日:경진일)이면 12일 간지인 경진을 써서 일주를 정하는 것이다.

③ **시주**

 시의 간지는 항사 일정하고 시간은 일간에 의해 정해져 있다. 역리학에서는 하루를 12시간으로 나누는데 각 시에는 초(初)와 정(正)이 있다. 예를 들자면 1시부터 3시까지가 축시(丑時)인데, 1시부터 2시까지는 축시초, 2시부터 3시까지는 축시정이라고 하는 것이다.

 ·주의할 점 : 자시(子時)의 경우에는 명자시(明子時:24시부

터 01시)와 야자시(夜子時:23시부터 24시)가 있다. 사주를 세울 때 명자시는 그 날짜의 그 시로 하고 야자시는 그 날짜를 쓰되 시간은 다음 날짜의 시간으로 해야 한다. 즉 오늘 자시(23~24시)에 태어났다면 날짜는 오늘 날짜로 하고 시는 내일 자시로 한다. 그리고 24~01시에 태어난 사람은 날짜와 시를 모두 오늘의 것으로 해야 한다는 것이다.

23~01 자시	01~03 축시	03~05 인시	05~07 묘시	07~09 진시	09~11 사시
11~13 오시	13~15 미시	15~17 신시	17~19 유시	19~21 술시	21~23 해시

대운(大運)이란

 사람이 세상에 태어나 살아가는 동안 자기에게 제일 좋은 시기가 찾아오는 것을 대운이 온다고 한다.
 대부분의 사람들은 대운을 만나면 운명이 바뀌어진다고 한다. 사람들은 누구나 우선 신강(身强)사주인 좋은 사주를 타고나야 한다. 그리고 그 다음에 대운을 잘 만나야 한다.
 대운은 10년마다 들어온다고 하는데 그 중 천간에서 5년, 지지에서 5년씩이 10년을 좌우하게 된다. 이 때 본인이 타고난 사주가 대운에서 들어오는 좋은 운을 만나고, 용신도 도움을 주고 연운도 길운이 접해 생조해 주는 운이 들어오면 평생에 제일 좋은 시기를 만나 팔자가 바뀌어지게 되는 것이다. 이런 경우를 대운이 왔다고 말한다.

① 대운을 세우는 순서

 대운은 태어난 달의 천간지지를 기준으로 해서 정하는 것으로서 다음과 같이 구분해서 정한다.
　㉮ 연간이 양(陽)에 속하는 남자와 연간이 음(陰)에 속하는 여자의 대운은 순행하고

㈎ 연간이 음(陰)에 속하는 남자와 연간이 양(陽)에 속하는 여자의 대운은 역행한다.

예를 들어서 설명하면 다음과 같다.
- 갑자년(陽年) 병인(1월)생인 남자의 대운은 정묘, 무진, 기사, 경오 순으로 순행하고
- 을축년(陰年) 무인(1월)생인 남자의 대운은 정축, 병자, 을해, 갑술 순으로 역행한다.
- 을축년(陰年) 무인(1월)생인 여자의 대운은 기묘, 경진, 신사, 임오 순으로 순행하고
- 갑자년(陽年) 병인(1월)생인 여자의 대운은 을축, 갑자, 계해, 임술 순으로 역행한다.

이상과 같이 순행하는 운을 순운(順運)이라 하고 역으로 역행하는 운을 역운(逆運)이라고 한다.

대운은 순행, 또는 역행을 하면서 10년씩 변하는데 문제는 몇 살 때 변하는지 알아야 하는 것이다. 이 숫자를 알아내는 것을 행운세수(幸運歲數)라고 한다.

㈎ 양년생 남자와 음년생 여자로서 대운인 자는, 즉 순행인은 본인의 그 생일부터 다음 달 절입(節入)일까지의 일수를 3으로 나누어서 나온 숫자가 대운세수가 된다.

㈏ 음년생 남자와 양년생 여자로서 대운인 자는, 즉 역순행인은 본인의 그 생일부터 그 달의 절입일까지의 수를

3으로 나누어 값으로 나온 숫자가 대운세수가 된다.
 단, 일수를 따져 3으로 나누는 과정에 있어서 정수로 딱 떨어지지 않을 경우에는 하루가 남으면 그것을 버리고 2일이 남으면 반올림하여 정수에 1을 더해 준다.

사주를 푸는 순서

① 사주의 네 기둥을 정확히 정한다.
② 사주의 대운과 행운과 세수를 정확히 산출해 정한다.
③ 일주의 강함과 왕쇠를 오행의 생극과 월령과의 관계에 의해 정확하게 파악하여 정한다.
④ 사주 격국의 종별을 월지에 기준하여 판별한다.(직업과 용신, 성격을 구별하기 위함이다)
⑤ 용신과 희신, 기신, 한신 등을 찾아내 정한다.
⑥ 사주 격국의 순수함과 청정함을 따져 청탁 관계를 살펴 격국의 귀천과 높고 낮음을 판단한다.
⑦ 십이운성과 제살 등의 육신에 해당되는 것을 찾아 붙인다.
⑧ 각 육신과 우치에 의해 표시되는 육친관계도 찾아서 정한다.
⑨ 행운과 연운, 월운을 대조하여 정한다.
⑩ 감정 순서를 정한 후 다음과 같은 것들을 사주에서 분석해야 한다. 즉, 사주에서 표시하는 관운과 재운, 건강, 질병, 부부궁, 자손, 형제궁, 성격, 직업 등이다.

진신(眞神)과 가신(假神)

　사주에서 용신을 쓸 때는 참(眞)용신과 거짓(假)용신으로 구분해 두 가지를 쓰게 된다. 이것을 진신과 가신이라고 한다.
　설명하자면 진신은 사주의 육신 중에서 정말로 필요한 신을 찾아 용신으로 삼는 것이며 가신은 사주 안에 필요한 육신이 없어 사주의 배합상 부득이 용신을 빌려다 쓰는 경우를 말한다.
　가령 무토(戊土) 일주가 진(辰)월에 출생하면 월령하여 왕성하며 이 때 경금(庚金)이나 신금(申金)으로 용신을 써서 기를 누출시켜야 한다. 하지만 사주에 금이 없으니 식상이 있을 리가 없다. 이런 경우에는 식상을 건너뛰어 재성(財星), 즉 수기(水氣)인 해수(亥水)나 자수(子水) 등으로 용신을 쓰게 되는데 이런 것을 가신이라고 한다.

 사주에는 용신(用神) 외에도 여러 가지 신들이 있는데 그 중에서 특히 중요하게 여기는 것은 희신(喜神)과 기신(忌神) 및 한신이다. 희신은 용신을 생조(生助)해 주는 오행이고 기신은 용신을 파극(破剋)하는 오행이 기신이 되며 기타의 모든 육신, 오행이 한신이 되는 것이다.
 예를 들면 무토(戊土)가 용신이면 무토를 생해 주는 병화(丙火)나 정화(丁火:화성)는 희신이 되며 무토를 극하는 갑목과 을목 등의 목성은 기신이 되고 기타 여성(餘星)들은 한신이 되는 것이다.

음양오행의 균형과 조화

① 음양오행은 사주에 균등하게 조화를 주어서 유지해야 길명이 된다. 일주를 생성하는 인성이 비록 길성이기는 하지만 인성이 지나쳐도 도리어 해가 된다. 나무가 물에 의해서 생성되지만 물이 지나치게 많으면 나무는 뿌리가 썩거나 떠내려가고, 금이 토에 의해서 생성되지만 토가 많으면 금은 토에 의해 매몰되기 때문이다. 때문에 인성이 일주를 생성한다해도 지나치게 과다하면 일주에게 병이 된다.

② 일주 천간이 식신과 상관을 생하는데 이 때 식신과 상관이 너무 많아서 일간이 지나치게 설기를 당하게 되면 일주는 크게 신약해진다. 화가 토를 생하지만 토가 너무 많으면 불이 꺼지고, 목이 화를 생하니 불이 너무 많으면 나무는 다 타버린다. 때문에 식과 상관이 너무 많아서 과다하게 설기를 해도 병이 된다.

③ 일주천간이 극하고 이겨서 재성을 생성하는데 이 때에도 재성이 너무 왕성하면 일주는 재성을 이기지 못 하고 넘어지게 된다. 수가 화를 극하지만 화기가 왕성하면 물은 말라 버

리고, 토가 수를 극하지만 물이 너무 많으면 흙은 무너진다. 이리하여 신강한 사주는 재성이 강왕해도 무방하지만 신강하지도 못하면서 재성이 많은 것도 병이 된다.

④ 너무 지나치게 강왕한 사주에는 그 강왕한 기운을 설기해야 길하다. 음양과 오행은 고루 균형을 유지해야 하므로 과다하게 많은 것은 덜어주고 과소하고 부족한 것은 생조해 도와주어야 한다. 즉, 수기가 왕성한 곳은 목을 만나면 목은 수기를 설기해 주고, 화기가 왕성한 곳은 토를 만나면 불의 열기를 덜어주게 된다. 때문에 신왕한 사주에는 식신과 상관으로 설기를 해야 길명이 된다.

⑤ 신왕한 사주은 관성을 만나도 또한 길하다. 예를 들자면 금기가 왕성한 데는 화기를 만나야 금은 기물을 이룩하고, 목이 왕성한 데는 금을 만나야 제목을 만들어 주게 되니 신왕한 일주에는 관성을 만나도 길하게 되는 것이다.

⑥ 사주팔자에 오행이 고루 균형을 이루고 용신·병신·약신 등이 중도를 지키고 조용히 있으면 이것을 중화된 사주라고 말한다. 일주가 약하지도 않고 용신이 유기하며 천간과 지지가 상호 생조해 주고 충·파가 없으면 화가 단합하여 대부 대귀할 고귀한 명조가 된다. 이와 같은 사주는 길운을 만

나면 더욱 대길 발전하고, 설령 불길한 흉운을 만난다 해도 큰 화는 없다고 본다.

병신(丙申)	임진(壬辰)	갑인(甲寅)	계유(癸酉)
식신 편찬	편인 편재	비견	인수 정관

 본명은 일주갑목이 목왕저절인 춘삼월에 출생하였고 월지 진중의 을목이 도와주며, 또한 나무는 흙에 뿌리를 뻗어야 튼튼하니 기운을 얻고 있다. 일지인중에 암장되어 있는 「병화」는 연간에 투출되어 화기를 더해 주는데 임계수와 신진 수국이 제지를 하니 이는 어느 한편으로도 기울기 않고 균형을 이루어 유정하다.

병과 약

 사주에서 해가 되고 꺼리는 것을 「병」이라고 하고, 해가 되는 기신을 극제하거나 화해, 중화시켜 주는 것을 「약」이라 한다. 일주 수명이 타주의 3간 4지에서 토가 왕성하고 많으면 이것은 살이 왕성한 신약한 사주가 된다. 이 때 금은 토의 기운으로 설기하고(토생금) 수를 생성하여(금생수) 일주 수기를 도와 줌으로 해서 금은 약이 된다. 그리고 다시 목을 만나 목이 병토를 극제(목극토)해 주면 목이 또한 약이 되는 것이다.
 모든 오행의 원리가 이와 같으니 잘 이해하기 바란다. 사주에서 병이 중한 가운데 운로에서 약을 얻으면 그것은 흡사 기나긴 가뭄 끝에 단비를 만나는 격이 되어 크게 대성 발전할 수 있으나, 병도 가볍고 약도 가벼우면 큰 발전도 없고 소부소귀한 결과에서 그칠 것이다. 대체로 병도 없고 약도 없으면 그저 평범한 사람에 지나지 않는다고 본다. 그리고 사주에 병이 중한 가운데 약이 중한 운을 만났을 경우 그 운 중에서는 크게 발전하지만 그 운이 지나면 다시 불길해진다고 본다.

신왕과 신약

 사주에 의한 운명을 감정함에 있어서 먼저 신왕한가, 신약한가부터 판별해야 한다. 이것은 음양오행과 수시로 변화하는 조후관계를 대비, 측정하여 추정하는 것으로, 명리학상 대단히 중요한 자리를 차지한다.

① 득령과 실령

 사주에서는 월지를 「제강」 또는 「월령」 라고 하며 태어난 절후를 크게 중시하고 있다. 때문에 일간이 월지에서 왕지상지를 얻고 통근이 되면 득령이라 하고, 반대로 일간이 월지에서 휴·수·사지를 만나 통근하지 못하면 「실령」이라고 한다. 우리가 흔히들 "때를 잘못타서"라고 운운하는데 여기의 득령·실령이 바로 절후(때)를 잘 타고 못탄 것을 의미한다

② 득지와 실지

 사주의 일지는 가정을 표현하며 남자에게는 부인, 여자에게

는 남편을 뜻하는 것으로서 일좌 또는 일지라고도 한다. 일지가 왕지·상지를 만나 통근이 되면 「득지」 라 하고, 반대로 일지가 휴·수·사지를 만나 통근이 못되면 「실지」 라고 한다.

③ **득세와 실세**

사주 전체를 두고 득령과 득지를 하고, 비견과 겁재 또는 정인과 편인을 각각 세 자리 이상 만나 일주가 강왕한 것을 「득세」 라 하고, 반대로 식신·상관·정재·편재·정관·편관이 많고 일간의 기운이 약한 것을 「실세」 라고 한다.

④ **강약과 변화**

강약의 의의는 득·실·세와도 상통하는데 이것은 일주 천간이 월지에서 비록 득령했다 하더라도, 일지에서 실지를 하고 사주 전체를 두고 보았을 때 세력이 약하면 강변약이라 하고, 반대로 원명월지에서 왕지·상지를 얻지는 못하였으나 일지에서 득지하고 사주 전체를 고찰한 결과 세력이 강하다고 판단되면 이는 약변강이 된다.

⑤ 강약의 구분

 신왕·신약의 구분은 먼저 일간을 기준으로 하여 월지에서 왕·상·지인 통근 여부를 살핀 다음, 4개 지지와 대조하여 12운성으로 장생·관대·건록·재왕 등을 확인한 다음 천간의 비견·겁재·정인·편인 등의 소재를 관찰하여 신왕한가 신약한가, 또는 균형을 유지, 중화되고 있는가를 판단한다. 대체로 신왕한 사주는 건강하고 동적이며 독립을 좋아하는 반면, 신약한 사주는 몸이 약하고 정적이며 의타심이 많은 편이라 하겠다. 여자에게는 신상사주를 길명으로 보지 않는다. 흔히들 "팔자가 세어서"라고 말하는데 여자는 중화된 명이거나 신약한 듯한 명을 길명으로 보고 있다.
 신왕한 사주를 억제하여 중화시키기 위해서는 「정관·편관·식신·상관·정재·편재」와 12운성 「쇠·병·사·묘·절·태」 등의 운을 필요로 한다.
 신약한 사주를 생조하는 데는 「정인·편인·비견·겁재」와 삼합 및 육합에 의한 동일 오행의 도움과 득세운이 되는 12운성의 「장생·관대·건록·제왕」의 운을 만나야 대길하다.

① 생일천간의 강약을 살피는데 있어서 일간과 생월을 대조하여 일간을 생성하여 주는 월을 「상지」라 하고, 일간와 오행이 같은 비견과 겁재의 월을 「왕지」라 하며, 상지와 왕지는 일간을 강왕하게 생조해 준다 하여 「신왕」 또는 「신강지」라고도 한다.

② 식신과 상관이 되는 월은 일간의 기운을 설기한다고 하여 「휴지」라 하고 정재편재가 되는 월은 일간이 극하고 이길 수 있는 곳이라 해서 「수지」라고 한다.

③ 정관과 편관이 되는 월지는 일간이 극을 당하게 되어 「사지」라 하고 사지는 곧 일간이 관성이 된다. 때문에 휴지·수지·사지는 일주를 쇠약하게 한다 해서 신약지라 한다. 사주에서 출생 월을 제강이라 하여 중시하며 「왕·상·휴·수·사」는 본신인 일주의 강약을 판별하는데 있어서 좋은 기준이 된다.

절 \ 일간	갑을(甲乙)	병정(丙丁)	무기(戊己)	경신(庚申)	임계(壬癸)
춘(木)	왕(旺)	상(相)	사(死)	수(囚)	휴(休)
하(火)	휴(休)	왕(旺)	상(相)	사(死)	수(囚)
추(金)	사(死)	수(囚)	휴(休)	왕(旺)	상(相)
동(水)	상(相)	사(死)	수(囚)	휴(休)	왕(旺)
사계(土)	수(囚)	휴(休)	왕(旺)	상(相)	사(死)

여러 가지 사주

① 처덕(妻德)이 있는 사주

· 재성이 용신 또는 희신이면 처덕이 있고, 일지에 길신이 있고 재가 강하면 처덕이 좋다.
· 재성과 길신이 상극되지 않아도 처덕이 있고 신강사주에서 약관(弱官)이면 재생관(財生官)하여 처덕이 있고 남편을 출세시킨다.
· 관살이 약하고 식상이 왕성할 경우나, 식상을 재성(財星)으로 화할 때 또는 인수 및 편인이 중첩된 사주에 재성이 있으면 처가 미모이며 처덕이 있다.
· 재성은 약하고 비겁이 왕성할 때 식상이 생재하거나 재성이 왕성하고 신약인데 비겁이 있으면 처덕이 있다.
· 비겁이 많을 때 지지에 심장되어 있는 진술축미(辰戌丑未) 등의 육신이 재(財)에 해당되면 처덕이 있다.

② 처덕이 없는 사주

· 재성이 기신(忌神)이거나, 희신 또는 재성이 파극되면 처

덕이 없고 이별할 수가 있다.
· 신약사주에서 재성이 왕성하고 비겁이나 관살이 없을 경우, 또는 재성이 약한데 비겁이 많으면 상처한다.
· 사주에 재성이 없고 비겁과 양인이 많으면 이별하고, 양인과 비겁이 많고 재가 약하며 인술이나 관살이 있으면 이혼하거나 상처하게 된다.
· 신강과 재성이 약한 관살을 생조하거나 또는 관살이 약하고 신살이 왕성한 때 재성이 식상을 재로 화하게 하면 처가 미모다.

③ **자식궁**(子息宮)

· 남자는 관살을 자식으로 보고 여자는 식신이나 상관을 자식으로 본다. 하지만 남자는 관살이 없을 때는 식신을 자식으로 보며 시주를 자식을 보는 수도 있다.
· 자식덕의 유무는 관살과 식상의 왕성해지거나 쇠퇴하는 관계와 사주의 동태 여하를 참작하여 결정한다.
· 재관력 및 재자약살격은 관살이 용신이므로 관살이 자식으로 되며 그 밖의 육신을 자식으로 보는 경우도 있다.
· 시주궁을 자식으로 보는데 만일 일간(日干)이 쇠약하고 용신이 왕성한데 그것을 제지하는 것이 없으면 자식이 생기지 않는다.

· 일간이 왕성하고 용신이 미약할 때 생시가 용신을 제극해도 자식이 생기지 않는다.

④ 자식 덕이 있는 사주

· 용신이 일주를 보조하면 자식이 현명하며 효도한다.
· 일간이 왕성하고 관살이 생왕되며 식상에 의해 파극, 또는 형충되지 않으면 자식이 효도한다.
· 화토상관격(火土傷官格)에 관살이 조후를 수요할 때 관살이 시에 투출되면 자식덕이 크다.
· 일간이 왕성한데 관살이 있고 식상이 경미하여 인수가 없으면 자식이 많고 덕이 있다. 또한 일간이 왕성하고 식상이 있으면 자식이 많다.
· 일간이 왕성하고 재성이 또한 왕성하며 식상과 인성이 경미하면 자식이 많고 덕이 크다
· 시주에 재성이나 정관이 있으며 자식이 효도하고 순종하며 단정하다.
· 시주에 관살이 있고 월주에 재성이 있으며 신왕이면 자식이 효도하며 자식덕이 크다.
· 일원이 쇠약한데 시주에 비겁이 있으면 자식이 많다.
· 시주에 식신이 있고 편인이 없으며 천덕과 월덕이 함께 있으면 자식이 효도하며 순종한다.

·시주에 12운성이 중의 건록과 제왕, 장생이 있으면, 그리고 12신살 중의 반안과 장성이 있으면 자손이 크게 출세한다.

대체로 관살이나 식상을 만나거나 왕성해지는 해, 또는 용신을 만나거나 왕성해지는 대운년과 세운년에 자식이 생긴다. 남자는 관살을 여자는 식상을 생해 주는 운이 오면 자손이 생긴다.

⑤ 자식덕이 없는 사주

·용신이 일주를 누설시키거나 약화시키면 자식이 불초(不肖:못나게 어리석음)하다.
·일주가 약한데 재관이 태왕하면 식상의 기운을 모두 빼기 때문에 자식이 없다.
·관살이 없고 식상이 기신(忌神)에 해당되거나 식상이 인성에 의해 파극되면 자식복이 없다.
·일간이 약한데 관살과 식상이 있고 비겁이 없으면 자식을 얻지 못하기 쉽고, 식상이 강하고 인성이 약하면 자식이 적고 덕이 없으며, 인성이 없고 식상만 태왕하면 자식을 얻지 못한다. 또 인성이 있더라도 파극당하면 자식을 얻지 못한다.
·사주가 식상으로 되어 있거나 일원이 태왕에게 상관과 겁

자가 있으며 관살이 공망당하면 자식을 얻지 못한다.
· 사주의 관살이 혼잡하면 자식이 요사(夭死)하거나 허약하고 불효한다.
· 시지가 형충파해(刑沖破害)되면 자식과 이별하고, 시주에서 편인이 기신이 되면 극자하거나 불효한다.
· 일주와 식상이 약한데 편관이 강하고 비겁이 있으면 아들은 적고 딸은 많다.

⑥ 부모덕이 있는 사주

· 부모덕의 유무는 연월주와 인수가 사주상 어떤 역할을 하고 있는지 살피고 대운과 세운의 길흉을 종합해서 판단한다.
· 정관과 재성, 인수 등이 연월주에 있는데 그것이 길신이며 대운과 세운이 좋으면 부모덕이 있다.
· 인수가 투출되어 나를 생조하면 부모덕이 있고, 신약에서의 일주가 연월에 통근하면 덕이 있고, 신왕에서의 연월이 희신과 용신이면 부모덕이 있다.
· 연월주에서의 인수와 관살이 상생하고 일시에 상관과 재성이 없으면 부모덕이 있다. 또한 연주의 재성과 월주에 인수가 있고 시주에 관살이 있을 때 인수가 길신이면 부친이 자수성가한 사람이다.

·연월주의 12운성 중에 건록과 제왕이 있으면 부모덕이 좋고 좋은 가문이다.

⑦ 부모덕이 없는 사주

·사주상 인수가 약하고 재가 강하거나, 인수가 용신과 상극이 되거나, 월지에 있는 인수가 형충되면 부모덕이 없다.
·사주에 인수가 없고 월주에 기신이 있으며, 초년대운에 기신을 만나면 조실부모하여 고생하게 된다.
·신약이며 인수나 관살이 많으면 부모덕이 없다.
·연월주에 기신이 있고 초년대운이 흉하면 부모덕이 없다.
·인성의 12운성 중에 사와 묘, 절이 붙으면 부모덕이 없다.

⑧ 부모의 선망(先亡)을 아는 법

·비견과 겁재가 너무 많으면 부(父)가 선망하고 재성이 지나치게 많으면 모(母)가 선망한다.
·인수나 편재가 있을 때 그것이 희신인가, 길신인가, 또는 비겁이나 재성의 의해 파극되어 있는가, 형충파해되어 있는가, 절묘병사 등과 함께 있는가를 본다. 편재가 극해되어 있으면 부가 선망하고 인수가 극해되면 모가 선망한다.

· 연월의 기운이 시간과 상극되면 부가 선망하고 연월의 기운이 시지와 상극되면 모가 선망한다.

⑨ 형제덕이 있는 사주

· 비겁이 용신이나 희신에 해당되면 형제덕이 있다.
· 재와 식상이 태왕한데 비겁이 생조할 때와 신약사주에서 비겁이 일주를 생조하면 형제덕이 있다.
· 일원이 약해도 월지에 인수가 있으면 형제가 많다.

⑩ 형제덕이 없는 사주

· 비겁이 기신이거나 식상이 왕성한 사주에서 관살이 약하고 비겁이 식상을 생조하면 형제로 인해 큰 화나 불상사를 당하게 된다.
· 사주에 인성이 없고 식상만 왕성하면 형제덕이 없다.
· 월주의 간지에 비겁이 함께 있으면 이복형제가 많다.
· 비겁과 화개가 동주하면 형제가 고독하거나 형제가 없다.

⑪ 부자가 되는 사주

부자가 되는 사주는 재운이 통해야 된다. 즉 재(財)가 목

(木)이면 수(水)와 화(火)가 있어야 한다.
  ·사주에서 천간과 지지에 식상이 중첩되어 있는 것을 재성이 유통시켜야 한다.
  ·신강사주인데 재성이 왕성하며 식상이 있거나 관살이 있어야 한다.
  ·신약사주로서 재성이 왕성하고 인성 및 관살이 없고 비겁이 있어야 한다.
  ·사주에 일주가 왕성한데 식상은 약하고 월주에 재성이 생조해 주어야 한다.

⑫ 가난한 사주

 사주에서 인수와 편인이 희신일 때 재성이 희신을 파괴한다.
 사주에서 재성은 약한데 겁재(劫財)가 왕성하고 식상이 없다.
 신약사주로 재성(財星)은 약한데 관살은 많을 때, 신약사주인데 비견과 겁재가 약하고 재성이 없다.

⑬ 음천한 사주

 ·일주가 강왕하면서 관성과 재성이 없다.

·관살이 약하고 비견·겁재가 왕성하면서 재성이 없다.
·일주가 강왕하고 용신이 약하면서 재성이 약하다.
·일주가 강왕하고 형·충·파·해가 많다.
·일주가 강왕하고 비견과 겁재가 양인이 많으면 파란이 많고 천하다.

제9장

사주의 살(煞)과 합(合)

여러 가지 신살(神煞)

 형살, 충살, 파살, 해살과 같은 여러 가지 신살은 사주의 길흉을 판단하는 데 있어서 많은 비중을 차지한다.
 일간을 중심으로 한 타간지와의 상호간 합을 이루면서 변화 작용을 하여 기쁨을 안겨 주는 길신이 있는가 하면 슬픔과 눈물을 안겨 주는 흉신이 있어 인생 행로에 희비가 엇갈려지게 만든다.

① 형살(刑煞)

 형살은 살들 중에서 제일 강한 살로 알려져 있다. 하지만 모든 살은 대부분 지지에 의해 발생되기 때문에 자기가 타고난 운명에 따라 차이가 생긴다.
 따라서 형살도 역시 사주의 운명적인 흐름이라는 상호 작용을 응용해서 판단해야 더욱 정확성이 있을 것이다. 형살의 특성은 다음과 같다.

 ·지세지형(持勢之刑) : 사주 속에 인사신(寅巳申)이 있는 사람들은 대체적으로 성격이 급하고 저돌적이어서 때로는 남

성답지만 비굴하거나 교활하여 큰 인물이 되지 못한다는 특징이 있다.

· 무은지형(無恩之刑) : 사주 속에 축술미(丑戌未)가 있는 사람들은 대체적으로 성격이 냉랭하다. 또한 본인의 생각과는 전혀 다르게 가끔 은인이나 자기를 돕는 사람에게 배은망덕한 짓을 저지르기도 한다.

· 무례지형(無禮之刑) : 사주 속에 자묘(子卯)가 있으면 예절 면에서 타인에게 불쾌감을 주며 성격이 차가워 보인다. 항상 남의 충고를 듣지 않고 자기 주장만을 내세워 상대방의 기분을 잡치게 만들고는 한다. 이 형살과 함께 십이운성에 약한 절이나 사가 있으면 형제와 자매, 심지어는 부모까지도 해칠 수 있다.

여자는 남편의 관재 구설로 인해 시달릴 수 있으며 모자간에도 화목하게 지내지 못한다.

· 자형살(自刑煞) : 사주 속의 지지에서 자진오유해(子辰午酉亥)가 같은 짝끼리 만나는 것을 자형살이라고 한다. 이 자형살의 특징은 용두사미격이다. 일을 벌여 놓기는 잘 하는데 마무리를 제대로 하지 못한다.

② **충살(沖煞)**

충살은 십이지지의 자오묘유(子午卯酉), 인신사해(寅申巳

亥), 진술축미(辰戌丑未)간에 서로 극이 되는 것으로 조합을 이루고 있다. 예를 들자면「자오」는「물」과「불」로서 서로 극이 되는 관계이지만 서로 없어서도 안 되는 사이이다.

사주상에서 이와 같은 지지가 서로 충하면 다음과 같은 운명적인 작용이 생기게 된다.

· 일과 시가 서로 충살이 되면 자식이나 아내를 해롭게 한다.
· 월에「자」가 있고 연에「오」가 있어 서로 충살이 되면 일찍 고향을 등지고 객지생활을 하며 조상이 물려준 땅을 지키지도 못한다.
· 연지와 시지에 서로 충살이 있고 십이운성에서 「병」이 동주하면 만년에 많은 질병이 생기게 된다.
·「자」와「오」의 충살은 어디를 가나 사람이 불안해지게 만든다.
·「인」과 「신」의 충살은 너무나 다정다감하기 때문에 남과 거래를 할 때 자기가 손해를 보는 경향이 있다.

③ **파살(破殺)**

파살은 남녀가 결혼해서 사는 동안 가정을 깬다든가 금전적으로 손해를 보아 가산을 탕진시킨다는 매우 강한 살이다. 이것도 역시 자(子), 오(午), 묘(卯), 유(酉), 인(寅), 신(申),

사(巳), 해(亥), 진(辰), 술(戌), 축(丑), 미(未)에서 아래와 같이 짝을 이룬다.

| 子-酉 | 卯-午 | 巳-申 | 寅-亥 | 丑-辰 | 戌-未 |

사주 중에 위와 같은 파살이 있으면 그의 운명에 다음과 같은 작용을 하게 된다.

· 일지와 월지가 같은 파살이 되면 아내와 헤어질 수 있으니 조심해야 한다.
· 일지와 연지에 파살이 있으면 양친과 일찍 헤어지게 된다.
· 월지와 다른 지지간에 파살이 있으면 직장이나 자택의 이동이 심하다.
· 일지와 시지가 파살이면 자식과 인연이 없으며 말년에도 고달파진다.

④ 해살(害煞)

해살은 자기 자신이나 남의 몸을 해롭게 만든다.

| 子-未 | 卯-午 | 巳-申 | 寅-亥 | 丑-辰 | 戌-未 |

 해살은 위오 같이 짝을 이루어서 작용하고 있는데 자(子)와 미(未), 축(丑)과 오(午)는 원진살(怨嗔煞)이다. 원진살은 가족에게 해를 입히는 살이다.
- 태어난 「일지」와 「월지」에 해살이 있으면 그로 인해 처의 건강이 나빠진다.
- 「일」과 「시」에 해살이 있으면 말년운으로 접어들면서 간질병이 생긴다. 「십이운성」에서 병이 동주하면 더욱 그렇다.
- 사주에서 「일주」와 어느 「지지」에서라도 「인」과 「사」의 해살이 있으면 폐질환이 따를 수 있고, 경우에 따라서 관절에 이상이 생기거나 수술 등으로 인해 불구가 될 수도 있다.

십이신살(十二神煞)

 십이신살 중에서 좋은 것은 장성살, 번안살, 화개살이고, 나쁜 것은 겁살, 재살, 망신살, 육해살이며 중간은 천살, 지살, 연살, 월살, 역마살이다.

 12신살은 지지를 바탕으로 해서 살이 일어난다. 하지만 12운성은 천간을 바탕으로 해서 지지를 대조하여 일어난다. 때문에 12신살의 겁살이나 12운성의 절(絶)은 작용이 비슷하다.

① 겁살(劫煞)

 겁살은 겁탈을 의미하며 주색에 빠지기 쉽고 범법자가 될 수 있으며 재물이 빠르게 들어와도 빠르게 나간다. 사기나 부도를 당하게 되면 부부간에 불화가 생겨 이별할 수 있게 되기도 하니 각별히 주의해야 한다. 12운성의 절과 내용이 같다

- ·연에 있을 때는 조실부모하고 재운이 많아도 고향을 떠날 준비를 분주하게 해야 하고, 조상의 유산을 받아도 보존하는데 실패할 수 있다.
- ·월에 있을 때는 조실부모하고 관재 구설이 있고 대액을

초래하며 이사해서 집안을 이루면 의식걱정을 하지 않게 된다.
· 일에 있어서는 육친의 덕이 없고 고향을 떠나면 풍파가 많고, 물이나 불에 놀라게 되고 세 번 결혼하게 되는 운이다.
· 시에 있을 때는 처자에게 액이 있고 초년 풍파가 있으며 길거리에서 헤매게 된다.
· 12운성 중에서 장생과 광대를 만나면 이름을 떨치고 지위가 높아진다. 겁살을 형, 충, 파, 원진하기 때문이다.

예) 연 : 임인(壬寅)지살
    월 : 경술(庚戌)화개
    일 : 갑오(甲午)장설
    시 : 을해(乙亥)겁살

12운성의 갑(甲)에서 해(亥)는 장생인데 12신살의 인(寅)에서의 해(亥)는 겁살이다. 장생이 겁살을 만났으니 나빠지지만 인과 해의 합이므로 나쁜 것이 감소된다. 시지(時支)에서 장생과 겁살을 만났으므로 아들보다 딸이 많다.

② **재살**(災煞)

일명 수목살(囚獄煞)이라고도 한다. 이 살을 만나면 송사로 인한 일이 발생한다. 따라서 납치를 당하거나 교도소에 감금되는 흉살이니 매사에 있어서 정면으로 대립하는 것을 피하고 한 걸음 뒤로 물러서서 다시 한 번 생각한 후에 대처해야 할 것이다.

· 12운성 중의 태(胎)와 같다. 납치나 감금, 구속, 수사 등의 관재 구설을 당할 수 있다. 하지만 인수에 재살이 있으면 유명해지는 수가 있다. 독립투사나 혁명가 등에 있고 재살이 두 개면 권력기관에서 일할 수 있다.
· 연에 있을 때는 육친의 덕이 없고, 형제가 있다고 해도 병이 있고 금슬이 좋지 않으며 외롭다.
· 월에 있을 때는 육친의 덕이 없고 남자는 중, 여자는 무당이 되며 몸에 흉터나 큰 점이 있으면 도둑으로 인해 한 번 놀랄 것이다. 12운성 중의 하나인 제왕을 만나면 복이 되고 사업을 능히 지킬 것이다.
· 일에 있어서는 질병이 많고 배우자의 상을 당하며 관재 구설을 면하기 어렵다. 산신기도를 많이 하면 면할 수 있다.
· 시에 있을 때는 공명은 있어도 재산에 풍파가 있고 파란이 많다. 태(胎)를 만나면 공명할 수 있고 재운은 불길하다. 신체에 재앙이 있지 않으면 노상에서 횡액을 당한다.

③ **천살(天殺)**

 천살은 하늘이 내리는 자연적인 재앙을 의미한다. 겨울에는 한파로 인한 한해와 냉해가 있으며 여름에는 수해와 해일 등으로 인한 재앙이 있을 것이다.

· 12운성 중 양(養)에 해당된다.
· 연에 있을 때는 고향을 일찍 떠나야 재수가 있고 12운성 중의 양, 또는 장생을 만나면 크게 길하다. 또 관대를 만나면 나쁜 수를 피할 수 있다.
· 월에 있을 때는 처음에는 어렵지만 나중에는 크게 좋아진다. 간혹 재액이 있을 수 있어 일신이 고단하며 69세나 77세 때는 큰 병을 조심하고 폐나 심장병에 걸리지 않도록 조심해야 한다.
· 일에 있어서는 평생 동안 인덕이 없고 구설수가 간혹 있다. 하지만 천덕귀인을 만나면 자손이 영화롭고 부부가 화목하며 백 가지 일들이 대길하다.
· 시에 있을 때는 자손궁이 불길하고 병자가 끊임없이 생길 수 있다. 낙상이나 교통사고를 주의해야 한다. 독학을 하면 대성할 것이며 말년의 재복도 좋고 장수한다.

④ **지살**(地殺)

지살은 땅에서 생기는 살로서 역마살과 비슷하지만 역마살보다는 좁게 해석한다. 이 살을 만나면 주로 땅에서 움직이는 차량이나 낙석, 장애물 등으로 인해 사고를 당할 수 있으니 조심해야 한다.

- 12운성 중의 장생(長生)과 같다.
- 연에 있을 때는 조실부모하거나 두 어머니를 받들어야 하며 고향은 불리하니 타향으로 가야 크게 길하다.
- 월에 있을 때는 부모의 정이 적고 양모를 모셔야 한다. 후손이 없는 사람의 제사를 지내 주면 길하다. 초년에는 병이 많지만 운은 길하고 중년 후는 부자의 명이다.
- 일에 있어서는 문장가로 예술에 대한 재능이 많다. 하지만 남녀의 성격 차이가 많이 나고 의사 소통이 잘 되지 않아 이별할 수가 있다. 농업을 해야 길하며 자수성가를 해야 한다.
- 시에 있을 때는 재산과 귀인이 주는 복이 있다. 농사와 장사를 겸해서 하면 크게 길하다. 연살을 만나면 눈병을 조심해야 한다. 사주 안에 원진살이 있으면 50대에 사망한다.

⑤ 연살(年殺)

 연살은 도화살(桃花煞), 또는 함지살(咸池煞)이라고도 하는데 음류와 풍류를 의미한다. 그러므로 여색으로 인해 패가망신하거나 도박이나 예술을 좋아하는 사람들이 많다. 이 운을 만나게 되면 심신이 산란해져 마음이 안정되지 않고, 허영심과 향락에 빠져들게 되니 그로 인한 치정에 얽혀 패망하게 된다.

·주색에 빠질 수 있다.
·남자는 풍류와 여색을 즐기고 방탕하며 여자는 사치를 즐기고 인정은 있지만 부정하기 쉽다.
·역마가 도화와 합이 되면 음란하여 정을 통하고 도주하기 쉽고 편관과 함께 있으면 박복하고 천하다. 하지만 천관과 함께 있으면 귀부인이다.

⑥ 월살(月煞)

 월살은 고초살(枯焦煞)이라고도 하는데 뼛속에 마디마디 파고드는 악살이다. 즉 농가에서 고초일에 씨앗을 뿌려도 싹이 트지 않으며, 닭이 알을 품어도 부화가 되지 않는 악살이다.

- 일시가 월살이면 장자가 절름발이가 되고, 자손으로 대를 잇기가 어렵다
- 월시가 월살이면 접신자(무당, 목사, 신부)가 많고 종교인이나 철학인들에게 많다.
- 연에 있을 때는 관재 구설이 간간이 있고 부모궁에 근심이 있다. 풍질(중풍같은 것) 횡액을 조심해야 한다.
- 월에 있으면 조업을 지키기 어렵고 조실부모하고 관재 구설이 있을 수 있다.
- 일에 있을 때는 출타해야 유익하다. 접신자(무당이나 박수)가 될 팔자이며 옛터는 불길하고 횡사를 조심해야 한다.
- 시에 있을 때 농업이나 상업은 유리하다. 육친은 덕이 없으며 말년에 풍병이 있고 중봉(또 한 번 월살이 겹치면)이 되면 형제들이 분리되고 12운성 중 절(絶)을 만나면 풍병을 면하기 어렵다.

⑦ 망신살(亡身煞)

망신살은 만초손(滿招損)을 의미한다. 전진할 줄은 알지만 후퇴할 줄은 모르는 단점이 있으며 과욕으로 인해 하는 일마다 실패한다.

- 역마살, 지살을 함께 만나면 교통사고 등의 노상 횡액을

조심해야 한다.
- 연에 있을 때는 관재 구설을 조심해야 한다. 제왕을 만나면 재앙이 없어지고 장생을 만나면 귀인이 나타나 도와준다.
- 월에 있을 때는 급한 성질을 억제해야 한다. 관재 구설로 인해 교도소에 갈 수 있다. 장생을 만나면 귀인을 만나고 삼형살을 만나면 귀양을 가서 장탄식을 한다.
- 일에 있을 때 사람으로 인해 피해를 보며 낙상과 교통사고를 주의해야 한다. 일찍 결혼하면 이별하게 되며 연상의 여인과 결혼하거나 늦게 결혼하면 길하다.
- 시에 있을 때 고향을 일찍 떠나면 자립해서 성공한다. 옛 것을 지키면 태평하고 필성기도(자손을 위한 기도)를 많이 하면 자손이 액을 면할 것이다.

⑧ 장성살(將星殺)

장성살은 개성이 강하고 용두사미격이어서 처음이나 시작은 열성적이고 포부가 커서 대단한 것 같지만 곧 시들해져서 결과가 항상 미약하다.

- 문무겸전하여 권위를 양양하는 길성으로 공무원이나 군인으로 크게 성공한다. 편관이나 양인과 함께 있으면 관계에

서 고관으로 출세하며, 재계에서 일하면 국가의 재정을 장악하게 된다.
· 연에 있을 때는 성질이 고상하고 위엄이 있다. 목욕을 만나면 손재가 있다.
· 월에 있을 때는 문학계에서 성공하고 인을 베풀어 영화를 누릴 수 있어 몸과 마음이 귀함을 얻는다.
· 일에 있을 때는 문예로 사방에 이름을 떨치게 되며 권세도 쥐게 된다.
· 시에 있을 때는 초년에 출세하며 평생 동안 행복하다.

⑨ 반안살(攀鞍煞)

반안살은 사람이 높은 말 위에 앉아서 가는 격이다. 말을 타면 말에서 떨어질 수도 있다는 이치를 생각하지 못하고 아랫사람들을 무시한다. 그러다가 추락하게 만드는 것이 이 반안살이다.

· 말의 안장이 편히 앉았다는 뜻을 가진 말로 「출세」라는 의미를 가지고 있다.
· 연에 있을 때는 존경을 받고 봄에 꽃과 새를 희롱하는 것처럼 편하고 안락하다. 하지만 자수성가를 해야 하고 약간의 횡액이나 구설이 따르게 된다.

· 월에 있을 때는 성격이 착실하고 온후해 존경을 받는다. 하지만 등과하지 못하면 평생 동안 탄식한다. 자손의 영광이 있으며 관대와 함께 있으면 커다란 공을 세운다.
· 일에 있을 때 천을귀인을 만나면 관계에 일찍 나갈 수 있다. 만약 공명을 얻지 못하면 형제의 경사가 있다.
· 시에 있을 때 사주에 역마와 화개가 함께 있으면 문장으로서 복과 귀함을 얻는다. 50~60세 쯤에 간혹 액이 있을 수 있으며 천을귀인을 만나면 자손의 영화와 귀함이 있다.

⑩ 역마살(驛馬殺)

역마살이 있는 사람은 직업의 특성상 해외생활을 하며 재물을 모을 수 있다. 하지만 역마살이 흉살과 함께 있으면 바쁘게 움직여도 이득이 별로 없다.

· 역마가 정재(正財)와 함께 있으면 재물복이 있으며 연주(年株)에 있으면 매사가 분주하다. 월주(月株)에 있으면 객지에서 고생을 하고 일주(日株)에 있으면 객지에서 고생을 하고, 시주(時株)에 있으면 자손과 이별한다. 타주(他株)와 합이 되면 하는 일이 잘 되지만 발전이 더디고 공망(空亡)을 당하면 주거가 불안해진다.
· 생일지가 유년에서 역마를 만나면 자식을 잃거나 무단 가

출하게 된다.
- 역마는 천을귀인을 만나면 크게 길하고 진급이나 승진을 하거나 재산을 모을 수 있다.
- 연에 있을 때는 여기저기 돌아다녀야 한다. 그렇게 하지 않으면 상처할 수 있다.
- 월에 있을 때는 순하고 후한 군자이다. 관록을 얻지 못하면 형제들이 서로 헤어지고 헛되게 세월을 보내게 된다.
- 일에 있을 때는 이익과 이름을 얻는다. 아버지는 하나인데 어머니는 둘이 된다. 금슬이 좋지 못해 처와 이혼을 하여 사해팔방으로 돌아다니며 사업을 하면 이득을 본다
- 시에 있을 때는 초년에 풍파가 많고 고독하여 의지할 곳이 없다. 중봉이면 남자는 분주하고 여자는 음탕하며 장생이나 관대를 만나면 녹을 먹는 신하가 될 것이다.

⑪ 육해살(六害煞)

육해살은 12운성으로 사(死)가 되며 자기의 몸에 병이 생기거나 육친에게 해를 주는 일에 휘말릴 수 있다.

- 연에 있을 때는 타인에 의해 피해를 당하고 위탁할 곳이 없어 고독하며 사방으로 분주하다. 12운성 중의 제왕을 만나면 크게 길한다.

・월에 있을 때는 모든 일이 다 불리하고 일찍 고향을 떠난다. 외부내빈이지만 혼자서 노력하면 극복할 수 있고 자손이나 형제와의 생사 이별이 있다.
・일에 있어서는 인덕과 재복이 없다. 사람으로 인해 손재와 피해를 당하고 모든 것을 다 버리니 승도의 길을 걷는 것이 마땅하다.
・시에 있을 때는 먹을 것을 적고 할 일은 많다. 형제가 흩어지고 하는 일마다 모두 실패하여 외롭게 지내야 하는 상이다.

⑫ 화개살(華蓋殺)

꽃방석을 뜻한다.

・총명하고 준수하며 문장이나 예술에 능하다. 화개살이 너무 많으면 승려나 목사가 되는 수가 있고 풍류와 예술을 즐긴다. 공망이 되면 큰 성공을 하지 못하며 객지에서 풍파가 많다. 머리가 총명하여 정통 신앙인이 될 수 있다.
・연에 있을 때는 사회적으로 명망을 떨치고 사방에 이름이 난다. 세운에서 반안을 겸비하면 소년 등과를 하고, 인수를 만나면 귀한 자식을 얻게 된다.
・월에 있을 때는 초년 풍파가 많고 조업을 지키기 어려우며

자수성가해야 한다. 형제가 불화하고 자식덕이 없으며 예술을 하거나 상업에 종사하면 이익을 얻을 것이다. 이따금 형제들 중에서 출세하는 이가 있다.

· 일에 있을 때는 총명한 재사로서 문예 계통에서 성공하며 상업에 종사하면 길하다. 부부간에 화목하고 현명한 배우자를 얻는다. 만일 목욕을 만나면 상대자와 이별하거나 사별하게 된다.

시에 있을 때는 천재적인 두뇌를 가지며 자손까지 출세하는 사주가 된다. 문필지명으로서 역마를 만나면 큰 부자가 되고 몸도 귀하게 된다.

길신은 나를 도와주거나 나를 귀하게 만들어 주는 신이다. 하지만 길신이 항상 나를 도와줄 수는 없다. 사주 전체에서 미치는 영향이 길신이 도와 주는 영향력보다 클 경우에는 길신이 상극을 당해 파괴되기 때문이다.

① **천을귀인**(天乙貴人)

이 귀인살은 인덕이 있고 하늘의 도움을 받을 수 있어 하늘이 스스로 복을 준다하여 천을귀인살이라고 부른다. 이 살을 가진 자는 위기에 처하면 귀인이 나타나 위기를 벗어나게 해주고 화를 복으로 바꾸어 준다. 하지만 사주에서 타주(他株)에 의해 형, 충, 파, 해살을 당하면 길살의 힘이 감소된다.
  또한 천간에서 간합이 되거나 귀인살이 합해지면 사회의 신용과 신망을 얻어 출세가 빠르고 평생 동안 형벌을 받지 않는다.

〈천을귀인 조견표〉

일간(日干)	갑무경	을기	병정	신	임계
귀인살	축미	자신	유해	인오	사묘

천을귀인은 일간만 가지고 본다. 즉 갑무경(甲戊庚) 일주에 있어서는 축미(丑未)에 천을귀인이 있는 것이다.(사주와 대운, 소운 어디에 있어도 상관없이 작용한다)

·연과 월주에 있으면 조상과 부모와 형제덕이 좋다.
·일주에 있으면 처덕이나 남편덕이 있다.
·시주에 있으면 자식덕이 있고 관록과 횡재수가 있다.
·천을귀인은 합을 즐거워하고 형충파해를 꺼리며 귀인을 파하면 고생이 많다.
·장생이나 제왕, 건록과 천을귀인이 함께 있으면 평생 동안 복록과 관록이 길하며 사와 절 공망이 함께 있으면 길이 감소하고 복록도 적어진다.
·12운성 중에 사와 절이 있으면 천을귀인이 있어도 복이 없다.
·건록과 함께 있으면 총명하여 글을 잘 하고 관록도 얻는다.
 천을귀인과 건록이 함께 있고 역마가 있어서 충을 당한다면 출세하며 명성을 얻는다.
·괴강과 함께 있으면 사리에 밝아 세인들의 존경을 받는다.

성격이 쾌활하고 의기가 있는 사람이다.
·사주의 네 지지에 모두 천일귀인이 있으면 사주 격국의 구성을 불문하고 부귀한다. 정(丁)일과 계(癸)일생에 많이 있다.

② 장성살(將星煞) 및 화개살(華蓋煞)

일지	인	오	술	신	자	진	사	유	축	해	묘	미
장성살		오			자			유			묘	
화개살			술			진			축			미

위의 장성이나 화개살이 있으면 다음과 같은 변통성 운명이 작용하게 된다.

·사주에 장성살이 있으면 공직자가 되어 출세하는데 일반적으로 장성살과 육친에서 편관살과 양인살이 동주(同株)하면 살생지권을 쥐고 권력을 휘두르게 되며 재성과 동주하면 국가의 재정을 관장할 정도로 출세한다.
·화개살이 있으면 학문이나 예술에 소질이 있고 뛰어난 지혜가 있다.
·화개살과 인수가 동주하면 학자나 교수가 된다. 하지만 화개살이 공망을 만나면 출세하기 힘들어진다.

③ 문창성(文昌星)

 이 살이 있으면 머리가 총명하고 지혜로워 문장력이 좋고 공부도 잘한다. 소년 시절부터 학문에 심취하게 만드는 길신이다. 하지만 이 길신도 공망의 영향을 받으면 길조의 힘이 감소된다.

일간	갑	을	병	정	무	기	경	신	임	계
문창성	사	오	신	유	신	유	해	자	인	묘

④ 문곡귀인(文曲貴人)

일간	갑	을	병	정	무	기	경	신	임	계
문곡성	해	자	인	묘	인	묘	사	오	신	유

 문곡성은 육친으로는 「인수」에 해당되며 암기력이 좋다. 문장력도 뛰어나 학문에 있어 깊이가 있으며 학문과 인연이 있어 평생동안 학문에 전념하면서 산다.

⑤ 관귀학관(官貴學舘)

일간	갑을	병정	무기	경신	임계
지지	사	신	해	인	인

 관귀학관은 일주를 기준으로 해서 관성, 즉 정관과 편관의

장생궁이 된다. 사회생활이나 직장 등에서 승진이 빠르고 시험운도 좋은 길성(吉星)이다. 그러나 역시 형추, 파, 해, 공망을 꺼린다.

⑥ 황은대사(皇恩大赦)

생월	인	묘	진	사	오	미	신	유	술	해	자	축
지지	술	축	해	기	유	묘	자	오	해	진	사	미

 황은대사는 태어난 달을 기준으로 하여 각각의 지지와 서로 성립시켜서 본다. 즉, 인월(寅月)생은 견술(見戌)이라고 하여 본인의 실수로 어떤 중죄를 범해도 곧 사면되는 길살이지만 용신문이나 일간에 생이 들어오는 시기가 더욱 좋다.

⑦ 역마살(驛馬煞)

일지	인	오	술	신	자	진	사	유	축	해	묘	미
문곡성	신			인			해			사		

 역마살은 일지를 중심으로 해서 판단하지만 연지를 참고로 하며 다음과 같은 작용을 한다.

·사주 중에서 역마살과 길신이 연관되면 비약적으로 발전하게 되며 매사가 순조롭게 이루어진다.

- 반대로 흉신이 역마살과 연관되면 풍파를 만나게 되고 이득도 없이 바빠지기만 한다.
- 길할 때에는 더욱 길해지고 흉할 때는 더욱 흉해진다.
- 역마살이 정재와 동주하면 현명하고 정숙한 처를 얻게 된다.

⑧ 천덕귀인(天德貴人)과 월덕귀인(月德貴人)

· 천덕귀인살

월지	인	묘	진	사	오	미	신	유	술	해	자	축
천덕	정	신	임	신	해	갑	묘	인	병	을	사	경

· 월덕귀인살

월지	인	오	술	해	묘	미	신	자	진	사	유	축
천덕	병			갑			임			경		

　위의 천덕과 월덕은 자기가 태어난 달을 가리키는 것으로서 정월(寅月)에 태어났다면 천간의 정은 「천덕」, 병은 월「덕」으로 구성된다. 위의 조건표에서처럼 천덕과 월덕이 사주 중에 있으면 길한 사주를 더욱 길해지고, 흉한 사주는 나쁜 것을 감해 준다. 하지만 이 같은 길살도 형살이나 파살에 파극이 되면 길조가 사라진다.

　일주나 사주에서 이 천덕과 월덕이 형, 충, 파, 해살로 인해 손상되지 않으면 평생 동안 형벌이나 도난을 당하지 않으며,

여자는 이 두 가지 적을 구비하면 평생 동안 정조를 유지하며 산액을 받지 않는다.

- 인월(寅月:1월)에 출생한 사람이 사주에 정(丁)이 있으면 천덕(天德)이 되고 병(丙)이 있으면 월덕(月德)이 된다.
- 묘월(卯月:2월)에 출생한 사람이 사주에 신(申)이 있으면 천덕이 되고 갑(甲)이 있으면 월덕이 된다.
- 진월(辰月:3월)에 출생한 사람이 사주에 임(壬)이 있으면 천덕이 되고 다시 임(壬)은 월덕이 된다.
- 사월(巳月:4월)에 출생한 사람이 사주에 신(辛)이 있으면 천덕이 되고 경(庚)이 있으면 월덕이 된다.
- 오월(午月:5월)에 출생한 사람이 사주에 해(亥)가 있으면 천덕이 되고 병(丙)이 있으면 월덕이 된다.
- 미월(未月:6월)에 출생한 사람이 사주에 갑(甲)이 있으면 천덕이 되고 다시 갑(甲)은 월덕이 된다.
- 신월(申月:7월)에 출생한 사람이 사주에 계(癸)가 있으면 천덕이 되고 임(壬)이 있으면 월덕이 된다.
- 유월(酉月:8월)에 출생한 사람이 사주에 인(寅)이 있으면 천덕이 되고 경(庚)이 있으면 월덕이 된다.
- 술월(戌月:9월)에 출생한 사람이 사주에 병(丙)이 있으면 천덕이 되고 다시 병(丙)은 월덕이 된다.
- 해월(亥月:10월)에 출생한 사람이 사주에 을(乙)이 있으면 천덕이 되고 갑(甲)이 있으면 월덕이 된다.

·자월(子月:11월)에 출생한 사람이 사주에 사(巳)가 있으면 천덕이 되고 임(壬)이 있으면 월덕이 된다.
·축월(丑月:12월)에 출생한 사람이 사주에 경(庚)이 있으면 천덕이 되고 다시 경(庚)은 월덕이 된다.

천덕과 월덕은 길신(吉神)이 되지만, 형충(刑沖) 공망(空亡)이 되며 그 같은 길함이 감소된다. 천덕과 월덕이 사주에 있으면 길한 사주는 더욱 길해지고 흉한 사주는 그 흉함이 감소된다.

⑨ 태극귀인(太極貴人)

태극귀인은 일간을 중심으로 연지만 본다.
뜻밖의 복이 와 횡재 및 귀인의 조력과 복을 받을 수 있는 것을 태극귀인이라고 한다. 경우에 따라서는 일간을 중심으로 하여 생일지를 볼 때가 있다.

⑩ 천수귀인(天壽貴人)

천수귀인은 일간을 중심으로 월지만 본다.
천수귀인은 식록(食祿)을 말하는 것인데, 천수귀인이 되는 사주는 일생 동안 기복이 없는 재산을 가지고 복된 삶을 보낸다. 즉 일생 동안 의식이 풍족해진다는 길성이다.

⑪ 금여성(金輿星)

· 금여성이 일주에 있으면 처가 미인이고, 처가덕도 있으며 출세운도 크게 길하다.
· 시주에 금여성이 있으면 근친자의 도움이 있으며 자손이 번창하고 효도한다.

일반적인 살(煞)

① 급각살(急脚煞)

이 살은 본인의 신체나 신체로부터 어떤 인자가 전달되는 형태의 과정에서 일어날 수 있는 살이다. 예를 들자면 아이를 출산했을 때 신체적인 장애를 받아 난쟁이나 언청이, 소아마비가 되어 고생을 하는 매우 강한 운이다. 더 심한 경우에는 반신불수, 수족마비, 고혈압, 저능아 등이 되도록 작용 받는 살이다.

생 월	1 2 3 (인 묘 진)	4 5 6 (사 오 미)	7 8 9 (신 유 술)	10 11 12 (해 자 축)
지 지	해 자	묘 미	인 술	진 축

즉 태어난 달은 항상 1월이 인(寅)월임으로 월지와 사주 안에 구성되어 있는 타지(他支)와의 대조 때 1월의 인목 중에 해(亥)와 자(子)가 있으면 급각살이 되는 것이다.

② 귀문관살(鬼門關煞)

 귀문과살은 성격 자체가 까다롭다. 약간 신경질적이며 엉뚱한 면도 있다. 심하면 정신 쇠약이나 정신박약, 간질환 등을 일으킬 수 있으며 잡귀와 연관되는 경우도 있다. 또한 혼인하기 전에 같은 성씨의 이성과 연애하여 번민하기도 하고 이유도 없이 머리가 아플 때가 있다.

자 유	축 오	인 미	묘 신	진 해	사 술

 자기가 태어난 날짜를 기준을 기하여 사주의 지지(地支) 중에서 연관되면 귀문관살이 된다.
 예를 들자면 귀문관살이 일지와 연지에 닿으면 조상에 대한 문제로 신경을 쓰다가 원망하게 되고 동성동본이기 때문에 고민하는 문제가 생기게 된다.

③ 괴강살(魁罡煞)

 괴강살은 경진, 경술, 임진, 무술을 말하며 임술과 임진은 반괴강살이라고 한다..
 총명하고 지혜는 많지만 살생의 심기가 있다. 남자는 결백하고 이론에 밝으며 여자는 고집이 세어 과부가 되거나 생이

별을 한다. 특히 얼굴이 아름다우며 여자는 얼굴이 흰 미인들이 많다.

괴강살은 일주(日株)에 있는 것이 제일 강하다. 일주에 있을 때 진(辰)과 술(戌)은 12운성상으로 보면 진은 하늘이며 화(火)의 창고이다. 진은 땅을 상징하며 수(水)의 창고이다. 괴강살이 여러 개 있으면 크게 부귀하다. 괴강살에 충이나 형살이 붙으면 이중인격자가 된다.
여자의 일주에 적용해서 쓸 때는 고집이 세어 과부가 되거나 생이별을 하는 남편덕이 없는 흉살이다. 즉 양일주(陽日柱)가 되어 여자답지 못하고 남성적인 기질로 남편을 누른다고 해서 흉하다고 보는 것이다.

④ 고신살(孤辰煞)

고신살은 상처살(喪妻煞)이라고 말하기도 한다. 이 살은 남자에게 해당되는 살인데 이 살이 있는 사람은 아내를 심하게 괴롭히면서 살다가 사별하여 홀아비로 사는 경우가 많다.
따라서 이 살이 있는 남자는 관대하게 아내를 감싸고 옹호해 주는 미덕을 길러야 할 것이다.
괴숙살과 마찬가지로 인묘진년에 태어났으면 사화(巳火)가 괴신살이고, 사오미년에 태어났으면 해수(亥水)가 고신살이 되며 해자축년에 태어났으면 인목(寅木)이 고신살이 된다.

연 지	인 묘 진	사 오 미	신 유 술	해 자 축
지 지	사	신	해	인

⑤ 고란살(孤鸞煞)

갑인일	을사일	정사일	무신일	신해일

 고란살은 태어난 날(일주:日柱)에 국한되며 여자의 사주에만 해당된다.

 이 살이 있으면 남편이 첩을 얻거나 약물 중독 등이 되어 해를 입게 된다. 또한 결혼에 실패하면 재가하지 않고 혼자서 사는 것이 특징이다.

 난조(鸞)는 잉꼬나 기러기 원앙새처럼 부부간의 금슬이 좋기로 이름난 새다. 따라서 관성이 사주에 있으면 매우 좋은 사주라고 볼 수 있다.

⑥ 과숙살(寡宿煞)

연 지	인 묘 진	사 오 미	신 유 술	해 자 축
지 지	축	진	미	술

 이 살은 "사주 중에 과숙살이 있으면 남편을 잃는다"라는 말이 있어 상부살(喪夫煞)이라고도 한다. 여자의 사주에 이

살이 있으면 남편과 사별해 독수공방하게 되든가, 생이별하게 된다는 아주 강한 살이다.

 연지를 기준으로 해서 월지, 일지, 신지 순으로 각각 살펴보아서 이 살에 해당되면 초년, 중년, 장년, 말년 등으로 구분해서 보면 되는데 특히 여자에게 이 살과 화개살이 함께 있으면 평생 동안 독수공방하거나 비구니가 되는 경우가 많다.

⑦ 낙정관살(落井關煞)

일 간	갑 기	을 경	병 신	정 임	무 계
지 지	사	자	신	술	묘

 갑(甲)일이나 기(己)일에 태어난 사람이 사화(巳火)를 만나든가 을(乙)일이나 경(庚)일에 출생한 사람이 자수(子水)를 만나면 이 살에 해당되는데 글자 그대로 물에 빠지게 된다는 흉한 살이다. 즉, 강물이나 맨홀, 아니면 위층이나 벼랑에서 떨어지게 된다는 흉살이니 경진(庚辰)일 경진 시에 태어난 자식이 있다면 조심해서 보살피기 바란다.

 예 1) 연 : 계미(癸未)
　　　　월 : 병진(丙辰)
　　　　일 : 경자(庚子)

시 : 무인(戊寅)

어릴 때 인분통에 빠졌다.

예 2) 연 : 신사(辛巳)

　　　월 : 신축(辛丑)

　　　일 : 기사(己巳)

　　　시 : 무진(戊辰)

진사는 지망이다. 어렸을 때 개천에 빠져 팔이 부러졌다.

예 3) 연 : 임진(壬辰)

　　　월 : 임자(壬子)

　　　일 : 경술(庚戌)

　　　시 : 을유(乙酉)

어렸을 때 수액(水厄:물에 빠짐)이 있었고 남들의 모략을 많이 받았다. 6해살이 있어서 가중되었다.

⑧ 농아살(聾兒煞)

생년	인오술	신자진	해묘미	사유축
생시	묘	유	자	오

　인오술(寅午戌)년생인 사람이 묘시에 출생했고, 신자진(申子辰)년생인 사람이 유시에 출생했고, 해묘미(亥卯未)년생인 사

람이 자시에 출생했고, 사유축(巳酉丑)년생인 사람이 오시에 출생했다면 귓병이 생기거나 심하면 귀머거리가 될 수 있다.

⑨ 단교관살(斷橋官煞)

생월	인	묘	진	사	오	미	신	유	술	해	자	축
지지	인	묘	신	축	술	유	진	사	오	미	해	자

 이 살은 내용 급격사로가 동일하게 적용되지만 지지 적용 구성만 다르다.

⑩ 도화살(桃花煞)

생월의 지지	인 오 술	사 유 축	신 자 진	해 묘 미
지지	묘	오	유	자

 도화살은 원칙적으로는 일지를 기준으로 해서 정하지만 때로는 연지와 타주(他柱)와의 구성으로 보기도 하는 사례가 있다. 도화살을 가진 사람들은 남녀를 불문하고 모두 풍류를 좋아하며 호색지객이다.
 도화살이 있는 남자는 이루지 못한 한이 마음속에 서려 있는 것처럼 강개지심을 품고 살아가며, 여자는 풍류를 좋아하기에 패가할 수 있다.

⑪ 단명살(短命殺)

아래와 같은 사람들은 단명살이 있으며 수명이 짧다.

- 1월생 : 사(巳)일 출생자
  2월생 : 자(子)일 출생자
  3월생 : 축(丑)일 출생자
  4월생 : 인(寅)일 출생자
  5월생 : 묘(卯)일 출생자
  6월생 : 진(辰)일 출생자
  7월생 : 해(亥)일 출생자
  8월생 : 술(戌)일 출생자
  9월생 : 유(酉)일 출생자
  10월생 : 신(申)일 출생자
  11월생 : 미(未)일 출생자
  12월생 : 오(午)일 출생자

- 봄 출생자 : 1, 2, 3,월 유술진시
  여름 출생자 : 4, 5, 6,월 축묘자시
  가을 출생자 : 7, 8, 9,월 인오미시
  겨울 출생자 : 10, 11, 12,월 해자신시

⑫ 맹인살(盲人煞)

생월	인 묘 진	사 오 미	신 유 술	해 자 축
생시	유 유	진 진	미 미	해 해

맹인살은 월령(月令)을 기준으로 하여 일지와 사지를 합해 성립된다. 즉 인월(寅月)의 계유일(癸酉日)의 신유시(辛酉時) 일 경우 맹인살이 되는 것이다.

이 살이 있으면 안질로 인해 고생하게 되든가 눈을 다치거나 눈을 수술하거나 하며 앞을 못보게 될 수도 있다.

⑬ 백호대살(白虎大煞)

백호대살은 매우 강한 살이다. 60갑자 중에서 중궁(中宮)에 해당되며 무진, 정축, 병술, 을미, 갑진, 계축, 임술의 7가지 간지를 말하는데, 핏빛 재앙과 흉사, 악사 등의 재앙이 있고 이별이나 질병 등도 있다. 충이나 파가 있으면 살이 없어지고 합이 오면 작용이 좀 약해진다. 궁합을 볼 때 백호살끼리 만나야 흉이 감소된다. 구궁법에 의한 백호라는 용어는 〈역경〉의 6수(六獸) 중에서 나온 것이다. 즉
· 갑목(甲木)은 청룡으로서 그것의 작용은 기쁘고 애사 등에 해당되고,
· 병화(丙火)는 주작(朱雀)으로서 구설과 달변, 투쟁 등에 해

당되며 무토(戊土)는 구진(句陳)으로서 비만과 비대, 구금 등에 해당되고, 경금(庚金)은 백호(白虎)로서 횡액과 급변, 숙살 등에 해당되고, 임수(壬水)는 현무(玄武)로서 도난과 실패, 그리고 비밀 등에 해당된다.

이 다섯 가지 수호신들 중에서 백호인 금은 서쪽에 해당되고 계절은 가을에 해당된다. 가을은 칼이나 낫으로 곡식을 베고 베어진 곡식들을 햇볕에 말려 물기를 제거하는 숙살지권에 해당되는 계절이다. 때문에 매우 강한 살이라고 표현하는 것이다.

무진	정축	병술	을미	갑진	계축	임술

백호대살은 지지가 모두 토이기 때문에 추명하기가 매우 쉽다. 신생아가 갑진년에 태어났다면 그 때에 이미 백호살을 가지고 있는 것이니 각종 살과의 유추에 대응해야 할 것이다.

⑭ 부벽살(釜劈煞)

자오묘유월생	인신사해월생	진술축미월생
사	유	축

부벽살은 자오묘유(子午卯酉)월생, 즉 11월생과 5월, 2월, 8

월에 태어난 사람이 사주 중에서 사화(巳火)를 만나고, 인신사해(寅申巳亥)월생, 즉 1월과 7월, 4월과 10월에 태어난 사람이 유금(酉金)을 만나고, 진술축미(辰戌丑未)생, 즉 3월과 9월, 12월, 6월에 태어난 사람이 사주 중에서 축토(丑土)를 만나면 이 살이 성립된다. 이 살은 재산을 낭비하게 만들거나 분쟁이나 시비 등으로 고생하게 만드는 특성을 가지고 있다.

⑮ 상문살(喪門煞), 조객살(弔客煞)

연지	자	축	인	묘	진	사	오	미	신	유	술	해
상문	인	묘	진	사	오	미	신	유	술	해	자	축
조객	술	해	자	축	인	묘	진	사	오	미	신	유

 이 2개의 살은 쥐띠(자년생)의 사주 지지에 인목(人木)이 있으면 상문살이 되고, 술토(戌土)가 있으면 조객살이 된다.
 이 운이 사주에서 연운과 닿으면 상문살이나 조객살로 인해 상운(喪運)을 만나거나 부모나 친인척 등으로 인해 상복을 입을 일이 생긴다. 때문에 아기가 태어난 지 일주일이 지나지 않았는데 부모나 가까운 친척이 상갓집에 다녀오는 것을 꺼린다. 자식이 불구가 되거나 탈이 생기는 사고가 발생하기도 하기 때문이다.

⑯ 생이별살(生離別煞)

갑인	을묘	을미	병술	무진	무신	무술	기축	경신	신유	임자

 이 살은 일주에 직접 해당되는 살로서 이 날 출생한 사람에게 해당된다. 부부간의 부부궁이 부실하여 이별이나 별거, 사별 등 살의 영향을 받게 되는데 특히 대운에서 같은 대운(무진)일주인데 무진 대운을 만났을 때를 만나면 더욱 심해진다고 한다. 그러니 일주 자체만 가지고 대비하면 미약한 면이 있게 된다.

⑰ 수액살(水厄煞)

생월	인 묘 진	사 오 미	신 유 술	해 자 축
지지	인	진	유	축

 이 살은 생월과 생시로 이루어져 있다. 즉 인묘진(寅卯辰)월에는 인(寅)시에 출생한 사람이 해당되고 사오미(巳午未)월에는 진(辰)시에 태어난 사람이 해당된다. 신유술(申酉戌)월에는 유(酉)시에 태어난 사람이 해당되고 해자축(亥子丑)월에는 축(丑)시에 태어난 사람이 해당된다. 하지만 이 살은 낙정관살처럼 물에 의한 피해를 당하기는 하지만 해일이나 풍수해로 전답을 잃거나 장맛비의 급류에 떠내려가 죽을 고비를 당하게 되는 큰 살이라는 특징을 가지고 있다.

⑱ 살극살(殺剋煞)

· 남자는 처를 극하고 여자는 지아비를 극한다.
· 충이나 공망, 합이 되면 살이 없어진다.

⑲ 오귀살(五鬼煞)

생 년	해 묘 미	인 오 술	사 유 축	신 자 진
지 지	자축	묘진	오미	유술

 이 살은 삼합년생(三合年生)을 기준으로 해서 본다 가령 사유축(巳酉丑)년생이 사주 중에서 오미(午未)를 만나면 이 살이 해당되게 된다. 이 살을 가지고 있는 사람은 일생 동안 살아가면서 많은 풍파를 겪게 된다. 우환이나 관재 구설수가 생기고 심하면 독수공방을 하게 된다.

⑳ 원진살(怨嗔煞)

원진살	축오	자미	진해	사술	신묘	인유

 원진살은 주(柱) 중의 어느 지지에 있는 간에 상관없이 서로 연관되어서 구성되면 제 역할을 하게 된다. 이 살의 특징은 이유도 없이 남을 미워한다는 것이다. 말하자면 이유 없이 남을 미워했기에 죄업이 다시 돌아온다는 살이다.

이 원진살은 부부간에 궁합을 볼 때도 적용이 되는데, 아내와 함께 평생을 살아가면서 풍파를 많이 겪고, 경우에 따라서는 부부가 이별하게까지 되는 나쁜 살이기 때문이다.

㉑ **양인살**(羊刃煞)

일간	갑	을	병	정	무	기	경	신	임	계
지지	묘	진	오	미	오	미	유	술	자	축

 양인살은 양일주(陽日柱)의 비겁(比劫)인데 지지에 있는 비겁만 해당되는 것이 아니라 천간(天干)에 있는 비겁도 해당된다.
 양인살을 가진 사람은 자연적으로 일주가 강하고 왕성해져 신강이나 극신강 사주를 갖게 된다. 때문에 성격이 매우 강렬하고 잔인한 사람이 될 수 있다. 뿐만 아니라 양인살이 주 중 중첩되어 있으면 남의 집에서 고용살이를 하거나 물과 연관된 직업을 갖게 되기도 한다.
 하지만 중화가 잘 되어 있는 사주를 가진 사람들 중에는 군인이나 경찰이 되어 명성을 떨치는 사람들이 있으며 때로는 보기 드문 괴걸이나 열사가 나오기도 한다.

㉒ **절로공망**(截路空亡)

일주	갑기일	을경일	병신일	정임일	무계일
지지	신유공망	오미공망	진사공망	인묘공방	자축공망

절로공망은 길을 가다가 납치를 당해 구금을 당할 수 있는 살이다. 특히 겨울에는 길에서 횡사할 수 있는 액운이 항상 따라다니니 조심해야 한다.

㉓ 천라지망살(天羅地網殺)

술해(戌亥)는 천문성, 또는 천라라 하고 진사(辰巳)는 공업성이며 지망이라고 한다.

하늘과 땅에 망을 씌우는 것과 같은 것으로 감금이나 구속을 의미한다. 병화(丙火)에서 볼 때 술해(戌亥)는 12운성 중의 임수(壬水)에서 볼 때 진사(辰巳)는 묘절지로서 불쾌한 흉살이 되는 것이다.

·천라지망은 감금이나 구속되는 시비, 송사를 당하게 되며 전신이 마비되는 증세가 생길 수도 있다.

㉔ 철직살(鐵職殺)

·남자는 바람을 많이 피우고 첩을 둘 팔자이며 브로커가 많다.
·여자는 세상 남자들이 첩이나 기생이 될 팔자이다.
·연주가 일주를 극하거나 공망이 되면 작용력이 없어진다.

㉕ 천전살(天轉煞)

생월	인 묘 진 (1, 2, 3)	사 오 미 (4, 5, 6)	신 유 술 (7, 8, 9)	해 자 축 (10, 11, 12)
생일	을묘	병오	신유	임자

 천전살은 인묘진월의 을묘일생, 사오미월의 병오일생, 신유술월의 신유일생, 해자축의 임자일생으로 구성되어 있다. 이처럼 사주가 구성되어 있는 사람은 항상 일정한 직업이 없고 사방으로 떠돌아다닌다. 자연의 방해를 받기 때문에 되는 일이 없는 흉살이다.

㉖ 탕화살(湯火煞)

 인(寅)과 오(午), 축(丑)이 사주 중에 있거나 연운에서 만나 인, 오, 축 세 개가 성립되면 탕화살이라고 한다.
 이 살은 매우 강한 살로서 화재로 인한 위험이 도사리고 있다. 특히 해당되는 때가 삼재 중일 때는 더욱 심하다. 신이나 부처에게 기도하거나 항상 근심해야 탕화살을 피할 수 있다.

㉗ 홍염살(紅艶煞)

일간	갑	병	정	무	경	경	신	임
지지	오	인	미	진	신	술	유	자

이 살은 일간을 기준으로 하여 사주 중의 지지를 대비해서 본다. 하지만 일지에 있는 것이 제일 큰 작용을 받고 연지나 월지 시지에 있는 것이 미치는 영향은 아주 작으니 판단할 때 참고해야 한다. 이 살이 있는 남자는 술과 여자를 좋아하는 풍류지객이며 낭만적인 성격을 가지고 있다. 또한 여자는 남편이 있는데도 다른 남자와 놀아나고 정부와 함께 달아나기도 한다.

㉘ 효신살(梟神煞)

해당일자	갑 자	을 축	병 인	정 묘	무 오	기 미
상동일	경 진	경 술	신 축	신 미	임 신	계 유

 효신살은 일주에 인수가 닿은 일진으로서 육십갑자 중에서 12개가 해당된다. 이 살이 있으면 어머니와 인연이 없으며 그렇지 않으면 아내와 어머니가 화합하지 못 하는 경향이 많다. 효(梟)는 올빼미를 말하는데 올빼미는 예부터 「어미새를 쪼아서 죽게 만드는 흉조」라고 여기고 있다.
·계모나 서모가 없으면 객지에서 간장을 도려내는 것처럼 고독한 생활을 한다.

㉙ 현침살(縣針殺)

 글자가 침처럼 생겼다고 해서 현침살이라고 한다.

갑, 신, 묘, 오, 신, 미를 말한다.

예) 연: 계미(癸未)
　　월: 계해(癸亥)
　　일: 신미(辛未)
　　시: 갑오(甲午)

·특히 갑(甲)과 신(辛)을 가진 사람들은 신침(神針)이 많다.
·성격이 예리하고 잔인하여 관재와 사고를 많이 당한다.
·언변이 좋지만 자기 꾀에 자기가 넘어갈 때가 많다.

지지합(地支合)

 합이란 음양이 서로 다른 간지들이 동일한 기세로 결합이 되어 작용하는 것을 말한다.
 음약의 합 중에는 천간합과 지지간에 음양과 속성이 다른 지지가 상호 결합하는 삼합(三合)과 육합(六合)이 있다.

① **삼합**

 지지삼합은 십이지지 중에서 세 개의 띠들이 서로 합을 이루며 자기 고유의 오행을 만들어 내는 것을 말한다. 여기서 주의하며 새겨 두어야 할 사항은 각각의 천간지지에 있어서 지니게 된 오행의 성격은 사람이 성씨를 부여받은 것과 같지만 세 개의 지지들이 합해져 오행을 만들어 낸 것은 시냇물들이 모여 강물이 되고 강물들이 모여 커다란 바다를 이루듯이 커다란 국을 이루었다는 것이다. 때문에 오행에서도 목국(木局), 화국(火局), 토국(土局), 금국(金局), 수국(水局)이라는 명칭을 붙였으며 오행 자체에도 큰 뜻이 내포되어 있다는 것을 알아야 한다.

```
목국(木局) = 해묘미(亥卯未)
화국(火局) = 인오술(寅午戌)
금국(金局) = 사유축(巳酉丑)
수국(水局) = 신자진(申子辰)
```

② **육합**

 천간에서 음과 양이 합을 이루듯이 지지에서도 음과 양이 합을 이룬다. 그것의 작용은 길신이 합해지고 흉신이 합해지면 더욱 흉해진다. 만일 합을 이룬 지지가 공망살이 되면 합력도 공망력도 다 함께 약화된다.

〈상합(相合)〉
```
자축합(子丑合)
인해합(寅亥合)
묘술합(卯戌合)
진유합(辰酉合)
사신합(巳申合)
```

생 합	극 합
인해합(木)	묘술합(火)
진유합(金)	사신합(水)
오미합(불변)	자축합(土)

③ **방합**(方合)

 동서남북을 포함한 24방위를 만들어 놓고 보면 각각 방위의 특성이 정해져 있다. 예를 들면 동쪽은 목(木), 남쪽은 화(火), 서쪽은 금(金), 북쪽은 수(水)이다.

동쪽에는 4개의 목이 있다. 즉 인목(寅木), 갑목(甲木), 묘목(卯木), 을목(乙木) 네 개이다. 동서남북에는 사우방(四隅方)이라고 하여 동북, 동남, 남서, 서북 방에 똑같이 네 개의 토(土:흙)를 분배하여 공평을 유지하도록 토(土)가 하나씩 들어 있다.

때문에 인목과 묘목가 진토(辰土)를 합해 동방목(東方木)이라고 하며 계절로는 춘절(春節)이라고 한다.

```
인묘진합(목국 - 동방춘절)
사오미합(화국 - 남방하절)
신유술합(금국 - 서방추절)
해자축합(수국 - 북방동절)
```

공망살(空亡殺)

 천간과 지지가 조합을 이루어 진행되면서 육십갑자를 엮어 나갈 때 천간의 숫자는 10개이고 지지의 숫자는 12개이다. 때문에 양과 양, 음과 음의 숫자를 맞추다 보면 두 개가 남게 되는데 그것을 공망살이라고 한다.

〈공망 조견표〉

갑자	을축	병인	정묘	무진	기사	경오	신미	임신	계유	술해 공망
갑술	을해	병자	정축	무인	기묘	경진	신사	임오	계미	신유 공망
갑신	을유	병술	정해	무자	기축	경인	신묘	임진	계사	오미 공망
갑오	을미	병신	정유	무술	기해	경자	신축	임인	계묘	신사 공망
갑진	을사	병오	정미	무신	기유	경술	신해	임자	계축	인묘 공망
갑인	을묘	병진	정사	무오	기미	경신	신유	임술	계해	자축 공망

 이것은 사주의 일주를 중심으로 한 월지나 연주, 시주에 공망살이 닿으면 「공(空)」은 비어있다는 뜻을 가진 글자이니 공망살이 행세를 하지 못한다는 것이다.
 예를 들어 갑자(甲子)일에 태어난 일주가 태어난 달이 을축(乙丑)월이라면 일의 자(子)와 축(丑)월의 축이 만나 자축(子丑) 공망이 된다는 이야기이다.

따라서 사주의 어느 지지에 공망살이 있느냐에 의해 운명의 작용은 많은 영향을 받게 되는데 그것을 살펴 보면 대체적으로 다음과 같다.

- 일지와 연지가 공망살이 되면 항상 고생하면서 일을 하기는 하지만 바쁘기만 하고 성과는 없다.
- 일지와 월지가 공망살이 되면 형제들간에 도움을 받지 못하며 배척당한다.
- 일지와 시지가 공망살이 되면 자식운이 없거나 자식이 있어도 도움이 되지 않는다.
- 연지와 월지가 공망살이 되면 아내와 이별하게 된다.
- 공망살이 육합이 함께 들어도 별다른 작용을 하지 못한다.
- 삼기, 학당, 화개가 공망이 되면 사람이 총명하고 학자로 대성하게 된다.

덧붙여서 설명하면 다음과 같다.

- 사주에 있어서 주로 일주를 가지고 공망을 따지지만 일주가 공망인지 아닌지를 따지기 위해서는 연주를 가지고 본다.

예) 연 : 갑술(甲戌)
　　월 : 계유(癸酉)
　　일 : 기사(己巳)
　　시 : 무진(戊辰)

일주가 기사이므로 기사는 갑자순중(甲子旬中)에 있으며, 갑자순중은 술(戌), 해(亥)가 공망이므로 연주가 공망이 된다. 또 일주가 공망인가를 따지기 위해서는 연주가 갑술순중이어서 신(申)과 유(酉)가 공망이라 일주가 기사(己巳)이므로 일주공망은 없다.

예)연 : 기사(己巳)
　월 : 무진(戊辰)
　일 : 기해(己亥)
　시 : 을해(乙亥)

일주가 기해(己亥)이며 기해는 갑오순중(甲子旬中)이므로 진(辰)과 사(巳)가 공망이다. 일주를 놓고 볼 때는 연주 기사(己巳)와 월주 무진(戊辰)이 공망이고, 일주가 공망인지를 보기 위해서 연주를 보면 기사는 갑자순중이므로 술(戌)과 해(亥)가 공망이 되어 일주가 기해(己亥)이므로 공망이다. 때문에 공망이 세 개가 든 사주이다. 즉 공망은 일주(日柱)를 가지고 연, 월, 시, 대운, 세운을 보고 연주(年柱)를 가지고는 일주만 보는 것이다.

·연주공망은 조상덕이 없고, 조상의 묘를 잃기 쉬우며 제사에 성의가 없다. 평생 동안 고생하며 빈궁하고 하는 일마다 잘 이루어지지 않는다. 또 고향을 떠나 객지에서 살지

않으면 부모에게 흉한 일이 생긴다.
· 월주공망은 부모와 형제덕이 적고 고향을 떠나서 살아야 한다.
· 일주공망은 본인과 배우자에게 흉한 일이 생긴다. 결혼은 늦게 하고 부부의 인연이 박약해 불화가 많다.
· 시주공망은 처자에게 흉한 일이 생기고 자식덕이 없으며 자손을 출산해도 양육하기가 힘들다.
· 연주와 일주가 함께 공망을 당하면 처자와 생이별을 할 수가 있다.
· 연월일시가 함께 공망을 당하면 크게 부귀해지는 길격이다. 다음의 경우가 그렇다.

예) 연 : 기사(己巳)
    월 : 무진(戊辰)
    일 : 기해(己亥)
    시 : 무진(戊辰)

사주는 연월일시가 공망을 당했어도 대운에 의해 길함과 흉함이 있게 된다.
· 지지의 합이나 지지의 상충은 공망으로 간주하지 않는다.

예1) 연 : 기사(己巳)
　　월 : 을해(乙亥)
　　일 : 기사(己巳)
　　시 : 을해(乙亥)
예2) 연 : 기사(己巳)
　　월 : 을해(乙亥)
　　일 : 기해(己亥)
　　시 : 정묘(丁卯)

·대운 및 유년이 공망을 당하면 재수가 없고 모든 일이 이루어지지 않으며 친인척에게 배신을 당한다.
·유년과 세운이 일지를 공망하면 가정 풍파와 부부간의 이별, 형제간의 언쟁사 등이 발생한다.
·길신이 공망당하면 흉해지고, 흉신이 공망당하면 흉이 변해 길해진다.
·공망이 형, 충, 합이 되면 풀어진다.
·부부의 공망지지가 같으면 함께 해로하고 서로 공망이 되면 결합이 깨지기 쉽다. 예를 들자면 남자가 갑술(甲戌)일 때 여자가 계유(癸酉)이면 함께 공망이 된다. 남자가 경자(庚子)년 갑진(甲辰)일생이고 여자가 경자년 갑진일생이면 결혼한 후 평생 동안 해로한다.
·인성이 공망이면 부모와의 인연이 박해 셋방살이를 하게

된다.(단, 공망이 충을 당하면 공망이 깨진다)
· 생일과 생년이 서로 공방이 되고 충이나 파, 혹은 양인이 있으면 여자는 색정으로 인해, 남자는 신병으로 인해 고생을 많이 하게 된다.

제10장

육친(六親)과 십신(十神)

육친(六親)

육친이란 나와 가장 가까운 부모와 형제, 처자 등을 이르는 말이다. 일천간(日天干)은 나를 의미하며 모든 제반사는 나를 중심으로 하여 일어나기 때문에 나와 상대를 대조해 보는 것을 육친이라고 한다.

① **육친해설**

· 비견(比肩)은 자매(여자형제)와 남자형제를 말한다. 예를 들어 자신이 기토(己土)라면, 음양이 같고 오행이 같은 기토가 비견이 된다. 오행이 같은 것을 겁재(劫財)라고 하는데 예를 들어 자신이 기토라면 여자형제는 무토가 되고 겁재가 음양이 다른 형제가 된다.
· 아버지는 편재(偏財)이며 어머니는 인수(印綬)이고, 남자쪽에서 아들은 편관(偏官)이고 딸은 정관(正官)이고 여자쪽에서 아들은 상관(傷官)이고 딸은 식신(食神)이다.
· 고모부는 아버지의 여동생의 남편이므로 내가 갑목(甲木)일 때 아버지는 무토(戊土)가 되고, 고모는 음양이 다른 기토(己土)가 되며, 고모의 남편은 기토의 정관이므로 갑목(甲

木)이 된다. 따라서 나(甲木)에서 갑목을 볼 때 비견이 되므로 고모부도 비견이 된다.
- 이모부는 어머니의 동생의 남편이므로, 내가 갑목일 때 어머니는 계수(癸水)이고 어머니의 동생도 계수가 되고 계수의 정관은 남편인 무토(戊土)가 되므로 갑목에서 무토를 보면 편재가 된다. 따라서 편재는 이모부가 되는 것이다.
- 시아버지는 남편의 아버지를 말하는 것이다. 내가 을목일 때 남편은 경금(庚金)이 되고, 남편의 아버지는 편재인 갑목(甲木)이 되므로 나에서 볼 때 갑목을 겁재가 되니 겁재는 시아버지이고, 시어머니는 겁재의 정재이므로 기토(己土)가 시어머니가 되며 나에서 볼 때 기토는 편재가 된다. 그러므로 편재는 시어머니이다.
- 며느리는 아들의 처를 말한다. 즉 아들은 음양이 같으면서 나를 극하는 것이고, 아들의 처는 아들이 극하면서 음양이 다른 것이다. 예를 들어 내가 병화(丙火)일 때 아들은 임수(壬水)가 되고, 그 임수가 극하면서 음양이 다른 것은 정화(丁火)가 된다. 때문에 병화에서 볼 때 정화는 겁재(劫財)가 되는 것이다. 그러므로 며느리는 겁재가 된다.
- 사위는 내 딸의 남편을 말한다. 즉 딸은 나를 극하면서 음양이 다른 것이고, 그것을 극하면서 음양이 다른 것이 사위이다. 예를 들어 내가 갑목이라면 사위는 신금(申金)이 되고 신금을 극하면서 음양이 다른 병화(丙火)가 사위이다.

나 갑목에서 병화를 보면 식신(食神)이므로 식신은 사위가 된다.
· 조부는 아버지의 아버지를 말한다. 아버지의 아버지는 편재의 편재를 말하는 것인데, 내가 갑목(甲木)일 때 편재는 무토(戊土)가 되고 무토의 편재는 임수(壬水)가 되므로 갑목에서 인수를 보면 편인이 된다. 또 편재의 정재는, 즉 임수의 정화(丁火)는 조모이니 조모는 나 갑목에서 볼 때 상관(傷官)이 되는 것이다. 그러므로 조부는 편인이 되고 조모는 상관이 된다.
· 증조부, 증조모, 고조부, 고조모는 위와 같이 육친을 뽑아 보면 된다.
· 손자와 손녀는 아들의 자손이므로 관성(官星:편관, 정관)의 관성으로서 나(甲木)에서 볼 때 관성은 금(金)이고, 금의 관성은 화(火)이므로 갑에서 볼 때 화는 식신(食神), 상관(傷官)이다. 때문에 식신과 상관은 손자와 손녀이다.

십신(十神)과 음양

· 비견(比肩) : 일간과 오행이 같고 음양이 같은 것이다. 일간이 갑목(甲木)일 때 갑목을 만나면 비견이다.
· 겁재(劫財) : 일간과 오행은 같으나 음양이 다른 것이다. 일간이 갑목일 때 을목을 만나는 경우다.
· 식신(食神) : 일간이 어떤 오행을 생조하는 것으로 음양이 같은 것, 즉 목생화(木生火)에서 갑목이 병화(丙火)를 만났을 때 식신이라고 한다.
· 상관(傷官) : 일간이 어떤 오행을 생조하는 것으로 음양이 다른 것, 즉 갑목이 정화(丁火)를 만났을 때 상관이라고 한다.
· 정재(正財) : 일간이 어떤 오행을 극하고 음양이 다른 것을 말한다. 일간이 갑목일 경우 기토가 정재가 된다.
· 편재(偏財) : 일간이 어떤 오행을 극하고 음양이 같은 것을 말한다. 일간이 갑목일 경우 무토가 편재가 된다.
· 편인(偏印) : 어떤 오행이 일간을 생조해 주는데 음양이 같은 것을 말한다. 일간이 갑목일 경우 갑목을 살려주는 임수(壬水)가 편인이 된다.
· 인수(印綬) : 정인(正印)이라고도 하며, 어떤 오행이 일간을

생조해 주는데 음양이 다른 것을 말한다. 일간이 갑목일 경우 계수(癸水)가 인수가 된다.
· 편관(偏官) : 일명 칠살(七殺)이라고도 하며 어떤 오행이 일간을 극할 때 음양이 같은 것을 말한다. 일간이 갑목일 경우 경금(庚金)이 편관이 된다.
· 정관(丁官) : 어떤 오행이 일간을 극하고 음양이 다른 것을 말한다. 일간이 갑목일 경우 신금(辛金)이 정관이 된다.

〈10신과 육친 조견표〉

비견	남	형제, 친우, 동서, 동창생
	여	동서간, 형제, 친우, 동창생
겁재	남	동생, 누나, 여동생, 동서
	여	동생, 남동생, 동서, 시아버지
식신	남	손자, 조카, 장모
	여	아들, 딸
상관	남	장인, 외손자, 처가 식구, 조모
	여	딸, 아들, 조모
정재	남	처, 아버지, 형제
	여	시어머니, 형제
편재	남	부친, 첩, 처의 형제
	여	부친, 시어머니
정관	남	아들, 딸, 질녀
	여	남편
편관	남	아들, 사촌 형제
	여	남편, 남편 친구, 간부(奸夫)
인수	남	모친
	여	모친
편인	남	계모, 이모, 유모, 조부
	여	계모, 이모, 유모, 조부

〈10신 통변표〉

통변\일간	갑(甲)	을(乙)	병(丙)	정(丁)	무(戊)	기(己)	경(庚)	신(辛)	임(壬)	계(癸)
갑(인)	비견	겁재	편인	정인	편관	정관	편재	정재	식신	상관
을(묘)	겁재	비견	정인	편인	정관	편관	정재	편재	상관	식신
병(사)	식신	상관	비견	겁재	편인	정인	편관	정관	편재	정재
정(오)	상관	식신	겁재	비견	정인	편인	정관	편관	정재	편재
무(진술)	편재	정재	식신	상관	비견	겁재	편인	정인	편관	정관
기(축미)	정재	편재	상관	식신	겁재	비견	정인	편인	정관	편관
경(신)	편관	정관	편재	정재	식신	상관	비견	겁재	편인	정인
신(유)	정관	편관	정재	편재	상관	식신	겁재	비견	정인	편인
임(해)	편인	정인	편관	정관	편재	정재	식신	상관	비견	겁재
계(자)	정인	편인	정관	편관	정재	편재	항관	식신	겁재	비견

〈10신의 상생 상극〉

상	생	상	극
비견(比肩)은	식신(食神)생	식신(食神)은	편관(偏官)극
겁재(劫財)는	상관(傷官)생	상관(傷官)은	정관(正官)극
식신(食神)은	편재(偏財)생	편재(偏財)는	편인(偏人)극
상관(傷官)은	정재(正財)생	정재(正財)는	인수(印綬)극
편재(偏財)는	편관(偏官)생	편관(偏官)은	비견(比肩)극
정재(正財)는	정관(正官)생	정관(正官)은	겁재(劫財)극
편관(偏官)은	편인(偏人)생	편인(偏人)은	식신(食神)극
정관(正官)은	정인(正印)생	정인(正印)은	상관(傷官)극
편인(偏人)은	겁재(劫財)생	겁재(劫財)는	정재(正財)극
정인(正印)은	비견(比肩)생	비견(比肩)은	편재(偏財)극

① 비견(比肩)

· 사주에 비견이 많으면 평생 동안 고생이 많고 형제와 남편, 처의 덕이 없으며, 이별하는 수가 있고 사주 전부가 비견이고 재성 하나만 있으면 거지가 된다.
· 사주의 천간지지(天干地支)가 비견(比肩)이면 집안을 관장하게 되며 양자(養子)로 가거나 부친과 인연이 박하다.
· 공망(空亡)이 되면 부친과 인연이 없고 형제간에도 불화로 함께 살지 못한다.
· 비견이 강하고 관살이 없으면 부부간에 애정이 희박하다.
· 월간지가 비견이면 양자가 많고 일지가 비견으로 흉신이나 기신일 때 부부 사이가 나쁘거나 결혼이 늦다.
· 연간(年干)에 비견이 있으면 손위 형님, 누님이 있고 양자로 갈 수 있는 팔자이다.
· 비견이 많으면 독립적인 사업 즉, 변호사, 의사 등 자유업이 적당하다.
· 여자의 사주에 비견이 있으면 관성이 없거나 약한 경우 색정으로 인해 가정 불화가 생기며 독신이나 첩이 된다.

② 겁재(劫財)

- 운질로는 비견과 같은데 교만함과 자존심이 특히 강한 흉성을 나타낸다.
- 특히 비견, 겁재가 대부분을 차지하면 풍류를 즐기는 처를 맞이할 수 있다.
- 사주에 어느 기둥의 천간지지가 비견, 겁재로 되어 있으면 부친과 일찍 사별한다.
- 사주 중 한 기둥의 간지가 모두 겁재이면 조실부모하고 사주에 겁재가 많은데 정관이 있으면 난폭한 성질을 억제할 수 있다.
- 사주 중 일주와 사주에 겁재와 양인살이 동주하면 혼담 또한 파하기 쉬우며 재물로 인하여 화를 종종 입는다.
- 사주 중 어디든지 겁재가 중중하면 혼담이 한 번에 이루어지지 않으며 이복형제가 있다.
- 사주 중 이주(二柱)가 겁재와 양인이 동주하면 겉은 화려해도 안은 곤고하며 가정이 적막하다.
- 사주가 비견과 겁재로 되었고 재성이 1개만 있으면 거지가 되고 대운이나 소운에 재운을 만나면 사망한다.
- 겁재와 상관(傷官), 양인살이 동주하면 옥계검난(玉溪劍難), 변사(變死), 재화(災禍)를 당하거나 단명(短命)기가 있다.

- 겁재와 상관(傷官)이 같은 기둥에 있으면 무뢰한이 되며 시주는 자손에 해롭다.
- 비겁이 많으면 공동사업에 불리하고 부부간에 불화가 잦다. 남자 사주에 비겁이 많으면 연상의 여인이나 과부를 정처로 맞이하는 경우가 있다.

③ 식신(食神)

운질의 특성은 의식주, 가산, 복록, 풍만함을 나타내는 길성이다. 성질이 총명하고 예의가 있고 인덕은 있으나 호색가로서의 경향이 있다.
- 식신이 편인에게 극해되면 곤고하며 단명하고 성사되는 일이 적다.
- 월주에 식신이 있고 시주에 정관이 있으면 크게 출세한다.
- 일지가 식신이면 편인이 없는 한 처가 비대하며 관후(寬厚)하다.
- 월주에 식신이 있고 신강하면 식성이 좋고 명랑하며 식신이 일지에 있으면 현처를 맞는다.
- 식신과 정재, 편재가 있으면 여러 사람의 어려운 일을 도맡아 성공시키며 염복(艶福)이 있다.
- 식신과 편관(偏官)이 있으면 노고가 많고 편인(偏印)이 있으면 큰 재해(災害)를 입는다.

- 식신에 편관(偏官)이 있고 양인살(羊刃煞)이 사주에 있으면 비범한 인물이 된다.
- 연간에 식신과 비견이 있으면 왕왕 부잣집에 양자로 갈 수 있으며 경제적 재능이 있고 타인의 도움을 받는다.
- 연간에 식신과 지지가 겹재면 타인의 흉사(凶事)로 인해 이득이 있게 된다.
- 식신이 공망이 되거나 기신이 되면 직업이 없고 한직 등으로 돌아다니고 재물에는 관심이 없다.
- 여자의 경우 사주에 식신이 과다하면 호색하여 과부가 되거나 첩 노릇을 한다.
- 식신이 편인을 많이 만나면 늙어서 먹을 것이 부족하거나 음식물 중독이나 아사(餓死)하는 경우가 있다.
- 시주에 식신과 건록(建祿), 제왕(帝旺)이 동주하면 자식이 크게 발전한다.
- 식신과 정재, 편재가 있으면 자식에 효자(孝子)가 있다.
- 식신이 과다한데 양일 생일은 첩 노릇을 하고, 음일 생일은 기생 또는 천박한 여성이 되기도 한다.
- 식신이 편관(偏官)에 의해 극해되면 산액이 있으며 규방(閨房)이 적막하다.

④ 상관(傷官)

- 운질로는 방해나 소송, 반대, 교만 등의 흉조를 나타내는 흉성이다.
- 사주에 상관(傷官)이 많고 정관(正官)이 없으면 관골이 높고 눈썹이 거칠며 눈빛이 예리하다. 그러나 인품(人品)은 교만하다.
- 상관, 겁재가 같이 있으면 재물(財物)을 목적으로 결혼하는 탐욕(貪慾)에 찬 사람이다.
- 사주에 상관이 많으면 자식을 극한다. 그러나 신강(身强)사주이면 종교인, 예술가 또는 음악가 등으로 명성을 떨친다.
- 연주와 월주에 상관이 있으면 부모와 처자가 완전치 못하며 또 겁재가 있으면 생가가 빈천(貧賤)하고 노고가 많다.
- 연주에 상관이 있고 월주에 재가 있으면 복록이 있다.
- 연주와 시주에 상관이 있으면 남녀 불문하고 그 자식에게 해롭다.
- 상관과 겁재 및 양인이 있고 다시 상관, 삼합이 있으면 조상의 이름을 더럽히는 수가 있다.
- 연주의 천간지지가 모두 상간이면 단명(短命)하며 오래 살지 못한다.
- 연간이 상관이면 부모덕이 많지 않으며 생가(生家)에 오래 머물지 못한다.

· 일지에 상관이 있으면 처와 자식이 완전하지 못하며 비록 뜻은 높으나 예술적 재능은 얻지 못한다. 그러나 사주에 편재, 정재(재성)가 있으면 소년 시절에 영달(榮達)한다.
· 사주에 상관이 있으면 자식이 해롭다.
· 월주의 천간과 지지가 모두 상관이면 형제의 버림을 받고 부부이별(夫婦離別)수가 있다.
· 상관과 양인이 동주하고 편재가 없으면 남달리 아름다운 것을 좋아하며 사물에 대하여 영민(英敏)하다.
· 상관이 십이운성에 사(死)와 동주하면 성품이 우유부단하고 질투심(嫉妬心)이 강하다.
· 상관이 정관과 동주하면 호색다음(好色多淫)하다.
· 상관과 양인이 동주하면 남의 집 하인 노릇이나 하고 또한 부친에게 해롭다.
· 상관만 있고 관성이 없는 여자는 정조관념이 강해 남편이 죽더라도 수절한다.
· 상관이 많으면 혼담(婚談)에 장애가 있으며 결혼 후 이별수가 있으나 상관이 공망(空亡)되면 이를 면한다.
· 상관과 편인(篇印)이 동주하면 자식과 남편복이 없는 경향이 있다.
· 연주에 상관이 있으면 산액(産厄)이 따른다.
· 일지에 상관과 양인이 동주하면 남편이 횡사(橫死)하는 수가 있다.

⑤ 정재(正財)

· 연지나 월지에 정재가 있을 때는 재산이나 명예, 사업의 흥왕 등의 길상을 나타낸다.
· 운질로는 자산, 또는 신용을 말하며 언행이 명랑하고 검소하며 저축형이다.
· 어머니와 이별(離別)하기 쉬우며 신약사주(身弱四柱)이면 재산(財産)을 모으기 힘들고 비록 배운 것은 많으나 빈한(貧寒)하게 된다.
· 연간에 정재가 있으면 조부(祖父)가 부귀(富貴)한 집안이다.
· 연주와 월주에 정재(正財)와 정관(正官)이 있으면 부귀(富貴)할 집안에 태어난다.
· 월간에 정재가 있으면 부지런하다.
· 정재와 정간이 가까이 있거나 정재와 식신이 가까이 있어도 현처를 얻게 되며 처덕이 많고 좋은 평을 받는다.
· 정재는 월지에 있는 것이 제일 좋으며 다음은 일지에 있는 것이 좋다.
· 정재는 천간에 있는 것보다 지지에 있는 것이 더 좋다.
· 일지에 정재가 있으면 처의 내조가 있다.
· 시간에 정재가 있으면 자수성가(自手成家)하나 그 성품이 조급하고 정재가 형(刑)·충(沖)·파(破)·해(害) 없이 겁재(劫財) 또한 없으면 처자(妻子)가 길하다.

- 천성(天星)이 정관(正官)이고 지성(地星)이 정재(正財)면 고귀(高貴)하다.
- 신왕사주에 정재가 있으면 처첩과 더불어 향락을 누리고 신약사주에 정재가 있으면 부귀한 집에서 태어나 빈천하게 산다.
- 정재와 겁재가 동주하면 부친덕(德)이 없거나 빈곤(貧困)하며 인수(印綬)와 동주하면 뜻한 희망을 성취(成就)하기 어렵다.
- 정재가 공망(空亡)이 되면 재화(財貨)를 얻기 힘들며 처와 인연(因緣)이 박(薄)하다.
- 사주 중에 정재와 비견이 있고 도화살이나 십이운성에서 목욕과 동주하면 처가 다정하여 부정하고 정재가 쇠(衰)·묘(墓)·절(絶) 등과 동주하면 처의 신체가 허약하거나 거동이 느리고 그렇지 않으면 재가한다.
- 여자의 사주에 정재가 많으면 가난하고 정재와 정관 인수가 있으면 재물은 많으나 색정가이다. 특히 사주 안에 있으면 심하고 정재나 편재가 많으면 화류계에서 일하게 된다.
- 여자 사주에 정재·정관·인수가 있으면 어여쁨을 겸비한다.
- 여자 사주에 정재가 과다하면 반대로 빈천하다.
- 여자 사주에 정재와 인수가 너무 많으면 음란하거나 천부(賤婦)가 된다.

⑥ 편재(偏財)

- 운질로는 성격이 청렴결백하고 재물의 출납이 심해 잘 벌기도 하고 잘 쓰기도 한다.
- 편재는 남자에게는 아버지와 첩 또는 처의 형제들을 의미하고 여자에게는 아버지와 시어머니를 의미하며 외간 남자로도 사용되고 시주에 있는 편재는 손자를 의미한다. 또한 남녀 누구나 편재가 일주나 월지에 있으면 사업과도 관련이 있는 것을 명심해야 한다.
- 남자는 풍류심(風流心)이 많아 첩을 두거나 여난(女難)을 당하기 쉬우며 한편 여자는 아버지 또는 시어머니로 인하여 고생하는 수가 많다.
- 의로운 일에는 돈을 아끼지 않고 돈복과 여자복은 많으나 반대로 이로 인하여 재난과 화도 많이 따른다.
- 남녀 불문하고 타향에 나가서 출세하는 경향이 많다. 식신, 상관이 있으면 이와 같은 일들은 더욱 강해지나 비견이 있으면 약화된다.
- 신약사주의 세운에서 편재를 만나면 죽는 수가 있다.
- 편재가 월주에 있고 일주에 겁재가 있으면 처음엔 부귀하나 말년에는 빈천해지기 쉽다.
- 편재가 시간에 있고 주 중에 비견, 겁재가 과다하면 처와 인연이 없고 상처도 따르며 파산하게 된다.

· 편재가 천간에 있으면 의로운 일에 재산을 희사(喜捨)하며 술 또는 계집을 좋아한다.
· 천간지성(天干地星)이 모두 편재면 재복과 여복이 많으며 경제적 수완이 있다. 이것이 월주에 있으면 고향을 떠나 크게 성공한다.
· 신강사주(身强四柱)로서 편재 또한 왕성(旺盛)하면 사업가로서 크게 성공한다.
· 편재가 왕성하고 사주에 천덕(天德)·월덕(月德)·이덕(二德)이 있으면 그 부친이 현명하고 명망이 높으며 유복한 사람이다.
· 편재와 십이운성에서 목욕이 동주하면 부친이 풍류를 즐긴다.
· 편재가 공망이면 부친덕이 없으며 여자 관계도 오래 가지 못한다.
· 편재와 십이운성에서 장생이 동주하면 부자(父子)가 화목하다.
· 편재와 십이운성에서 묘(墓)가 동주하면 부친과 일찍 사별한다.
· 여자가 편재가 많으면 재복이 없다.
· 편재가 시간에 있고 일주가 왕성하면 본처에게 학대를 심하게 받는다.
· 편재가 시간에 있고 일주와 시주가 서로 상충하면 부부 해

로하기가 힘들다.
· 일주에 편재와 십이운성에서 쇠(衰)가 동주하면 남편과 일찍 사별한다.

⑦ 편인(偏印)

· 성질로는 변태성과 권태성이 많아 매사가 용두사미격이다.
· 월지에 편인이 있으면 의사, 배우, 운명가, 이용사, 미용사 등의 편업적인 직업이 유리하고 십이운성에서 쇠(衰), 병(病), 사(死), 절(絶) 등의 운과 동주하면 인기가 없고 식신이 사주에 있으면 손윗사람의 방해를 받는다.
· 편인은 파괴의 운질로서 이별, 고독, 박명 등의 수복을 해치는 흉운으로 작용한다. 때문에 게으르며 부모덕과 처덕이 적다.
· 연주에 편인이 있으면 조업을 파(破)하는 경향이 있으며 십이운성에서 양(養)과 동주하면 계모(繼母)에 의해서 양육된다.
· 편인과 비견이 동주하면 타인의 양자로 가거나 계모가 있을 수 있으며 겁재와 동주하면 타인으로 인하여 실패가 많으며 혼담에 장애가 있다.
· 월지에 편인이 있고 재(財)와 관살(官煞)이 있으면 부귀한다(단, 편재가 있으면 편인의 흉조는 없어진다).

· 일주에 편인이 있으면 남녀를 불문하고 결혼운이 나빠진다.
· 편인과 식신이 사주에 있으면 유아 시절에 젖이 부족했던 일이 있다.

　사주에 편인과 인수가 있으면 두 가지 직업을 가지게 된다.
· 편인과 십이운성에서 장생이 동주하면 생모와의 인연이 박복(薄福)하고, 목욕과 동주하면 계모의 양육을 받을 수 있는데 그 계모가 부정한 경향이 있다.
· 편인과 십이운성에서 건록이 동주하면 비록 부귀한 집안에 태어났더라도 삼십 세 전후하여 부친과 이별하며 집안이 영락(零落)한다.
· 사주 중에 편인이 많으면 부모와 일찍 이별하고 처자식도 인연이 박해 재화를 당하거나 명예를 해치는 일이 있게 된다.
· 여자의 사주에 식신이 있고 편인이 많으면 산액이 있어 자식에게 해로우며 천간과 지지가 모두 편인이거나 상관과 함께 있을 경우 남편과 자식과의 인연이 없다.

⑧ 정인(正印:印綬)

· 정인의 운질은 재산이 풍부하고 수복이 대길하여 건강하고 사업도 흥왕하여 행복한 생활을 하는 것이다. 성격도 온후하고 자비심이 있으며 사람됨이 총명하여 지혜와 어학이 출중함을 나타내는 특성도 있다.

· 인수가 사주에 있으면 재주가 있고 자식복이 있다. 또 사주에 인수가 있고 관살이 없으면 예술로 이름을 떨친다.
· 연간에 인수가 있고 초년 대운이 양호하면 양가의 자손이다.
· 연간에 인수가 있고 월간에 겁재가 있으며 인수가 십이운성에서 쇠, 병, 사 등의 쇠약(衰弱)한 십이운성과 동주하면 비록 상속인의 자격은 있으나 동생이 대신 상속하게 된다.
· 정관과 관성이 함께 있으면 유복하나 편인과 함께 있으면 결단성이 없다.
· 인수가 사주에 있으면 재주가 있고 자식복도 있다. 또 사주에 인수가 있고 관살이 없으면 예술가로 이름을 떨친다.
· 시주에 인수가 있으면 자식덕이 있으며 자식은 교묘한 재주가 있다.
· 신강사주에 인수가 많으면 자식이 적고 빈고하다.
· 인수가 있는 사주에 정재가 있으면 어머니와 이별수가 있으며 매사에 막힘이 있고 재운을 만나면 악사(惡死)하는 경향이 있다.
· 인수와 식신이 같은 주에 있거나 편재와 함께 있으면 사업이 번창하고 가정생활도 원만하여 타인들에게서 존경을 받는다.
· 인수와 상관이 동주하면 어머니와 의견 충돌이 있으며 정재와 동주하면 처와 어머니의 사이가 나쁘다.
· 인수와 비견이 동주하면 형제 또는 친구들의 일로 진력(盡

力)하는 경향이 많고, 겁재와 동주하면 진력하더라도 결과가 좋지 않다.
·인수가 편인이나 양인과 함께 있으면 심신이 허약해지고 과단성이 없으며 괴로운 일도 많이 생긴다.
·인수와 십이운성에서 건록이 동주하면 가운이 좋을 때 출생하였으며 제왕과 동주하면 부친이 처가살이를 할 경향이 있다.
·인수와 십이운성에서 사(死), 묘(墓), 절(絶)이 동주하면 부모덕이 적다.
·인수가 왕성하고 신강이 사주이면 주색을 좋아한다.
·인수와 상관이 함께 있으면 어머니와 사이가 나쁘고 인수와 정재가 함께 있으면 남자는 처덕이 좋고 어머니와의 사이도 좋다.
·인수가 십이운성에서 관대(冠帶)와 동주하면 양가의 자손이며 목욕과 동주하면 직업상 과실이 많고 어머니가 청상과부로 지내는 수가 많다.
·신간사주에 인수가 많으면 빈곤하고 자식이 적다.
·사주에 인수가 너무 많은 여자는 어머니와 생사별한다.
·사주에 관성(官星)이 경미하고 인수가 왕성하면 남편 대신 생존경쟁(生存競爭)에 시달리며 늙어서도 일할 팔자다.
·인수와 상관 및 양인이 동주하면 부자와 인연이 없으며 여승(女僧)이 될 수 있다.

·인수와 정재, 편재가 있으면 시어머니와 뜻이 맞지 않는다.
·사주의 인수가 양인 및 상관과 함께 있으면 남편이나 자식 덕이 없다. 인수가 있고 정재가 많으면 화류계로 들어가거나 음란하다. 인수가 많으면 일찍 과부가 되고 자식덕도 없다. 관성이 약하고 인수가 왕성하면 남편덕이 없다.

⑨ 편관(偏官)

·편관은 학업으로는 이과(理科)이며 국회의원이나 건축업, 광산업, 기술업 등의 대인관계 직업이 적당하다.
·일주에 편관이 있으면 성질이 조급하나 총명영리(聰明怜悧)하다. 그러나 묘가 동주하면 매사에 걱정이 많으며 즐거움이 적다.
·시주에 편관이 있으면 성품이 강직(强直)하고 불굴(不屈)의 기상이 있다. 반면 아들을 늦게 얻게 된다.
·연주에 편관이 있을 때 장남으로 태어나면 부모에게 불리한 일이 있다.
·월주에 편관과 양인이 동주하면 어머니와 일찍 이별한다.
·사주에 편관과 식신이 있고 신왕사주면 대부대귀하는데 신약사주에 식신이 너무 많으면 도리어 빈곤해진다. 시주에 편관이 있으면 성질이 강인하고 횡포하며 자식이 없거나 늦다.

- 편관이 월주에 있고 양인과 함께 있으면 모친과 일찍 이별하고 연주에 편관이 있을 때 장남이면 부모에게 불리하다.
- 편관과 편재가 동주하면 아버지와의 인연이 박하다.
- 편관과 인수가 사주에 있으면 큰 일을 할 팔자이며 때로는 자기를 중심으로 큰 세력(勢力)을 만든다. 그리고 인수보다 편관이 성하면 무관으로 출세하고 인수가 성하면 문관으로 출세한다.
- 편관, 양인이 동주하고 괴강살이 사주에 있으면 군인으로 크게 성공한다. 또한 편관과 인수가 함께 있으며 인수가 강하면 문관, 편관이 강하면 무관으로 출세한다.
- 편관과 편인이 동주하면 외국을 편력(遍歷)하거나 그렇지 않으면 행상이 될 팔자다.
- 사주에 편관, 정관이 같이 있으며 관살혼잡(官煞混雜)격이라 하여 사람됨이 잔꾀에 능하고 호색다음(好色多淫)하여 의외로 재난과 화를 많이 당한다.
- 여자의 사주에 편관과 장성이 함께 있으면 남편덕이 있다. 하지만 무오(戊午), 병자(丙子), 임자(壬子)년생이 일지에 편관이 있으면 남편과 이별하거나 남의 첩이 된다. 또는 여러 번 개가하거나 화류계로 들어가고 정관과 편관 정재가 함께 있으면 정부를 두기 쉽다.
- 사주에 정관이나 편관은 남편을 의미하는 것이므로 정관이나 편관은 하나 있는 것이 제일 좋으며 관살혼잡이 되면

실절(失節)할 우려가 있다.
· 관살혼잡이 되고 다시 삼합이 있으면 음란하기가 그 정도를 알아보지 못할 정도이다.
· 여자 사주에 편관과 묘가 동주하면 남편과 사별 수가 있다.
· 여자 사주에 편관과 목욕이 동주하면 남편이 풍류호걸(風流豪傑)이다.
· 여자 사주에 편관과 장생이 동주하면 부귀와 인연이 있다.
· 무오, 병오, 임자생으로 사주에 편관이 있으면 남편과 이별할 수가 있는데 첩이 되거나 간호사, 조산원이 되면 면한다고 한다.
· 사주에 정관, 편관이 동주하고 비견, 겁재가 많으면 자매가 한 남편을 서로 다툰다고 한다. 즉 남편이 축첩(蓄妾)한다.
· 사주에 편관이 서 있는 지지가 충이 되면 부부 사이가 좋지 못한다.
· 여자 사주에 편관이 하나 있고 식신과 양인이 있으면 팔자가 좋으며 성질을 강강(强强)하여 남편의 시중을 잘 들지 못한다.

⑩ 정관(正官)

· 운질은 족보가 정통이고 지혜와 재주가 있으며 사회적으로 명망이 있는 길상을 나타낸다. 하지만 정관이 너무 많으면

편관이 되기 때문에 몸이 허약하며 곤궁하다. 여자의 경우에는 개가를 하게 되고 남자의 경우에는 직업이 불안하며 변동이 잦다.
· 정관은 많은데 상관은 없으면 성인군자이며 정인이 없으면 명리를 얻기 힘들다.
· 연주에 정관이 있으면 장남으로 태어나거나 차남으로 태어났어도 일가의 후계자가 되고 학창 시절부터 발달하여 영민하다.
· 월지에만 정관이 있으면 일생 동안 빈곤하지 않으며 인수가 있고 형, 충, 파, 해가 없으면 부귀하고 다시 정관을 만나면 대부(大富)하고 대귀하다.
· 정관과 정재 또는 편재가 있으면 대길해지지만 상관이 있으면 흉해진다.
· 월주에 정관이 있으면 장남이 아닌 경우가 많으며 평생 동안 노고가 적다.
· 일지에 정관이 있으면 자수성가하며 성품이 명민(明敏)하며 임기응변에 뛰어나고 재주가 있고 현량(賢良)한 처와 인연이 있다.
· 시주에 정관이 있으면 주로 말년에 크게 발달하며 현량한 자식을 둔다.
· 정관과 인수가 많으면 공방살이를 하지만 어학에 소질이 있고 달변이다.

・정관이 역마살에 해당하면 근무지에 변동이 많고 연주에 있으면 장남 또는 후계자가 되며 초년부터 발전한다. 정관이 월지에 있고 인수가 있으면 부귀해지고 정관이 일지에 있으면 재주가 있어 자수성가하며 현처를 얻는다.
・정관이 사주에 있더라도 인수가 없으면 명리를 얻기가 힘들다.
・정관이 십이운성에서 장생과 동주하면 학식이 있다.
・사주에 정관이 많으면 학자나 기술자 계통의 직업이 적당하다.
・여자 사주에 정관과 도화살이 함께 있으면 남편이 온순하고 바람기가 있다.
・정관과 역마가 동주하면 신체의 이동(移動)이 심하고 도화살과 동주하면 남편의 성품이 매우 온순하다.
・정관이 합이 되면 어렵고 힘든 일이 많으며 다정하고 인수가 많으면 규방(閨房)이 적막(寂寞)하다.
・정관과 십이운성에서 장생이 동주하면 부귀와 인연이 있으며 목욕과 동주하면 남편이 호색가이고 공망이 동주하면 남편덕이 없다.
・사주에 정관이 너무 많으면 부부간에 불화하며 독신 아니면 무용가가 되거나 심하면 천박한 창녀(娼女)가 된다.

제11장

용신(用神)

용신(用神)

　용신이란 사주를 푸는 데 있어서의 열쇠이며 사주를 중화시키는 데 필요한 신이다. 사주는 항상 중용을 이루어야 인간이 행복하다고 전제할 때 용신은 땅이고 신하이며 정신이다.
　일간은 우주적이요, 하늘을 나타내는 것이니 곧 사회적이요, 임금이다. 개인적으로는 자기 자신이다.
　용신은 정신이며 일간은 육신이다.
　희신(喜神)과 기신(忌神), 구신(救神), 한신(閑神)은 사회를 나타내는 것이니 즉 상대다.
　따라서 월지는 환경이며 세운(歲運)은 시간이며 대운(大運)은 공간이 된다. 때문에 대운보다 세운이 중요하고 세운보다는 월운이 중요하다.
　자신, 즉 육체는 형상이다. 형이상학적으로 볼 때 일간(日干)은 천기를 통하지 못하고 정신은 비물체여서 상이 없기 때문에 형이상학적으로 천기를 관통할 수 있다. 그래서 천지를 통하는 것이 월지의 지장간이므로 지장간을 당천기(當天氣)라고 말하며 대부분 월지(月支)에서 용신을 잡는 것이다.
　만일 월지에 용신이 없다면 시지(時支)나 일지(日支), 연주(年柱)에서 잡을 수 있다. 용신(用神)에서의 「용(用)」자는 정신 능력, 「신(神)」은 정신을 말한다.

즉 용신은 「적응능력의 정신」이라고 말할 수 있는데 문헌학자들은 용신을 다음과 같이 분류한다.

① 희신(喜神) : 용신, 즉 정신을 보좌하는 신으로서 「부(副)용신」이라고 한다.
② 기신(忌神) : 정신을 훼손하는 신으로서 역적신이나 장애관이라고 말할 수 있다.
③ 구신(仇神) : 기신을 도와서 반역하는 신으로서 역조신이며 역모관이다.
④ 구신(救神) : 희신을 도우며 충성하는 신으로서 참모 역할을 한다.
⑤ 한신(閑神) : 아무것도 하는 일 없이 쉬고 있는 신으로서 어디에도 필요가 없는 존재이다.

① 정신 용신은 강해야 능력을 발휘할 수 있으니 건강하고 왕성해야 한다. 용신이 갑(甲)일 때 화(火:태양)를 얻어야 뿌리가 튼튼해질 수 있고, 또한 수(水)를 얻어도 용신이 건왕해진다.

② 용신이 생월에 통근하는 것을 길하고 천간에 노출해야 더 대길하며 서로 소통되어야 한다. (예: 용신이 목(木)일 때 수(水)가 가서 도와주어야 하고 화(火)가 와서 빼 주어야 건왕한 것이며 통근되었다고 한다)

③ 용신이 하나 있으면 대길하다.
·월지장간에 용신이 있을 때 대길하다.
·용신이 2개 있을 때 탁하면 용신이 강하다. 즉 2개가 있으면 계략이 많다.
·용신이 시지장간에 있을 때, 즉 3개 이상의 용신은 청탁잡(淸濁雜)하고 난의무공(어려운 일만 생기고 공이 없다)하다.
·연지장간에 있을 때 군주가 사수상격(四首相格)이라고 해서

일 군주에 관성 내지 인성이 3개 이상 있는 것이다.

④ 체(體)는 약한데 용(用)이 강하면 뜻만 높았지 일이 이루어지지 않고, 체는 강한데 용이 약하면 다계무응이라고 하여 계획만 많았지 일의 능률이 오르지 않는다. 때문에 신강자가 공통적인 심리로 원하는 것은 재(財)나 관(官)이나 식상을 희구하는 것이다. 그리고 신약자가 원하는 것은 비겁이나 양인이다. 따라서 신강자는 빼 주어야 하고 신약자는 보태 주어야 한다.

⑤ 용신은 반드시 생월에 배정하고 근이 있는지 없는지 살펴 보아야 한다. 길신이나 흉신격의 용신들은 모두 통근하는 것을 원칙으로 한다.

⑥ 용신이 길설, 즉 재성(財星)과 관성(官星), 인성(印星), 식신(食神)이면 타동적으로 그것을 생조해 주어야 한다. 즉 희신이 있어야 한다는 것이다.

⑦ 용신이 흉성일 때는 즉 칠살(七殺)이나 편재(偏財), 상관(傷官), 편인(偏印) 등이면 그것을 극제합화하는 것을 희신으로 삼는다. 즉 용신이 길성이면 생조하는 것이 희신이고 용신이 흉성이면 극하는 것이 희신이다.

⑧ 흉성을 용신으로 할 때 이것을 생부(生扶)하는 것을 기신(忌神)으로 삼는다. 기신이 합(合), 충(沖), 공망(空亡)이면 제거할 수가 없다.

⑨ 길성을 용신으로 할 경우, 용신을 극하거나 간합할 때는 이것을 기신으로 삼는다.

⑩ 암신(지장간에 숨어 있는 육친)이 암합시 편왕격을 용신으로 잡을 때는 진실을 기신으로 삼고 왕쇠 상합하는 것을 희신으로 삼는다.

⑪ 충이 되지 않을 때는 모두 숨어 있고 충이 되면 모두 나온다.

⑫ 진실(眞實) : 암실(지장간에 있는 것)으로서 용신을 삼는 것인데 말하자면 용신이 재(財)이면 행운의 재신을 보는 것과 같다. 암신격은 진실을 보면 파격이 되고 암합되는 것은 부격이나 귀격이 된다.

용신의 분류

문헌이나 학자들은 용신을 좀더 세분화하여 다음과 같이 나눈다.

① **억부용신(抑扶用神)**

사주의 신강과 신약을 먼저 살피고 건강할 때는 편관이나 정관, 편재, 정재, 식신, 상관으로 일간을 억제하거난 설기하는 것을 억부용신이라고 한다.

② **병약용신(病藥用神)**

신약사주에 일주(日柱)를 생하여 도와주는 육신이 있으나 이를 파극(破剋)하는 육신이 있으면 이를 사주의 병(病)이라고 하고 파극(破剋)하는 육신을 다시 억제(抑制)하는 육신을 약(藥)이라고 한다.

즉 병이 있는 사주는 약이 용신이 된다.

③ **조후용신(調候用神)**

생월을 기준으로 하여 사계절 기후의 한과 열, 조, 습에 의거하여 정해지는 용신이다. 예를 들어 갑일주가 인월(寅月: 1월)에 출생했다면 건록이 되고 득령하여 신왕하다.

하지만 인월에는 한기가 남아 있으니 이른 봄의 갑목은 병화로 따뜻하게 해 주어야 크게 발전한다. 또 나무에는 물이 필요하기 때문에 생조해 주어야 한다. 이와 같은 이치로 조후용신을 정하는데 사주에 조후용신이 갖추어져야 귀명이 된다고 본다.

④ **통관용신(通關用神)**

통관용신이란 서로 대립하는 육신의 그 강약이 비슷할 때는 두 육신(六神)을 오행의 상생 원리에 의하여 소통(疏通)시키는 육신이 필요한 때가 있다. 이러한 용신을 통관용신이라 한다.

⑤ **전왕용신(專旺用神)**

전왕용신이란 사주의 오행이 일방적으로 편중(偏重)되어 그 세력이 극히 왕성하여 억제하기 곤란할 때는 그 세력에 순응

(順應)하는 육신이 용신이다.

⑥ 종가용신(從假用神)

 종(從)이란 글자 그대로 풀어 보면「쫓아다닌다」,「따른다」로 풀이되듯이 한 마디로 요약하면 강한 세력에 복종하여 따라다니는 존재라는 뜻이다.
 개개인의 사주는 각양각색(各樣各色)으로 나타나지만 오행의 범주를 벗어날 수는 없다. 전체의 흐름에서 보면 한 개 내지 두 개의 오행이 강세이기 때문에 강함이 있고 또한 눈에 띄게 약세로 미약한 경우가 있는데 이러한 사주를 어느 한쪽으로 치우치지 않게 하기 위하여 강세를 억제하고 약세를 도와 균형이 잡히도록 조정한다는 것이다. 앞의 용신법에서 설명한 억부·조부·통관·병약 등의 용신이 있어도 모두가 해결되는 것은 아니므로 단순한 오행의 한두 개가 강세로 치우쳐 있어서 억부(抑扶)나 통관용신으로 해결하지 못할 때 종가용신을 사용하는 것이다.

⑦ 가화용신(假化用神)

 가화용신이란 일주(日柱)를 중심으로 하여 간합(干合)이 있는 경우인데, 예를 들자면 갑기(甲己) 합의 경우 갑목이 일간에 있으면 월간이나 시간에 기토가 있는 경우이고 또한 화(化)가 성립되기 위해서는 월지에 오행이 월과 시간의 간합(干合) 오행과 일치해야 한다. 즉 월지에서 진술축미(辰戌丑未)얼의 오행이 있어야 한다는 것이다. 또한 병신(丙辛) 화(化)의 성립은 월지가 신자진해(申子辰亥)월이어야 한다. 다만 갑금과 진토는 동일한 오행은 아니나 삼합하여 갑자진수로 변하니 무방하다는 것이다. 무계(戊癸)의 화는 인오술사(寅午戌巳)월이며 을경(乙庚)의 화는 사유축신(巳酉丑申)월이어야 하며, 정임(丁壬)의 화는 해묘미인(亥卯未寅)월이어야 한다. 단, 여기에서도 화를 성립하기 위해서는 간합된 오행이 월지에 있을 때가 길한데 반대로 너무 과다하면 불길한 면도 있음을 항시 염두에 두고 가감(加減)하여야 한다.

⑧ 득기용신(得氣用神)

득기용신이란 일주를 중심으로 하여 비견, 겁재가 많은 사주를 말함인데, 즉
- 갑을일(甲乙日)생으로 지지에 인묘진월(寅卯辰月)이나 해묘미(亥卯未)가 모두 있고 금이 섞여 있지 않는 것인데 이런 경우를 곡직인수격(曲直印綬格)이라 한다.
- 병정일(丙丁日)생으로 지지에 사오미월(巳午未月) 또는 인오술(寅午戌)이 모두 있고 수가 섞여 있지 않은 것인데 이

것을 염상격(炎上格)이라 한다.
· 무기일(戊己日)생으로 진술축미(辰戌丑未)가 모두 있고 목이 섞여 있지 않은 것으로 이것을 가색격(稼穡格)이라 한다.
· 경신일(庚辛日)생으로서 지지에 신유술(申酉戌) 또는 사유축(巳酉丑)이 모두 있고 화(火)가 섞여 있지 않은 것인데 이것을 종혁격(從革格)이라 한다.
· 임계일(壬癸日)생으로 지지에 해자축 또는 신자진이 모eb 있고 토가 섞여 있지 않은 것인데 이것을 윤하격(潤下格)이라 한다.

이러한 득기용신에는 비견, 겁재가 왕성하든가 식신. 상관 운이 올 때는 매우 길한 운이 된다.

용신의 능력

① 정격(正格: 길신)의 용신은 생조신이 희신이다.
② 편격(偏格: 흉신)의 용신은 제화신이다. 즉 눌러 주는 것이다.
③ 일주(日柱) : 일간(日干), 즉 자신을 가리키는 육신을 말한다. 따라서 희신을 개인용신이라고 한다.
④ 용신에는 개인용과 사회용이 있는데 둘 모두 희신을 바란다. 그래서 일주에 자신의 희신이 있어도 정신의 희신이 없으면 사회적인 발전이 없다. 즉 내면에 희신이 있어야 하는 것이다.

 예를 들어 용신이 갑목(甲木)이라면 갑목을 살려줄 수 있는 물이 있어야 하는 것이고, 갑목이 살려주는 화(火)가 있어서 용신을 통관시켜야 좋은 것이다. 즉 용신에는 희신이 있는데 자신의 희신이 없다면 사회적인 능력은 있어도 가정적인 능력은 없다. 외면만 화려하고 내면은 없는 것이다.

 즉 일주 자신은 식상(食傷)을 선망하고 사회(정신생활)적인 면에서는 재관(財官)이나 인수(印綬)를 선망하는 것이 마땅하다. 가정에서는 자손과 남편과 아내가 필요하고 사회에서는 명예와 인품과 권력이 필요하기 때문이다.

용신(用神)을 잡는 방법

용신을 잡는 방법은 6가지가 있다.

① 억부법(抑扶法)

많으면 빼 주고 약하면 더해 준다. 일간을 오행상서로 생조하거나 억제시키는 것을 말한다. 억부법에서 목(木)은 왕쇠(旺衰), 화(火)는 유여(有餘), 토(土)는 후박(厚薄), 금(金)은 노눈(老嫩), 수(水)는 대소(大小)를 본다.

예 1) 년 : 정묘(丁卯)
　　　월 : 병오(丙午)
　　　일 : 경오(庚午)
　　　시 : 기묘(己卯)

예 2) 년 : 무자(戊子)
　　　월 : 신유(辛酉)
　　　일 : 갑인(甲寅)
　　　시 : 경오(庚午)

경금(庚金) 일주에 도와주는 것은 기토(己土) 하나이고 정, 묘, 오, 병, 오, 묘(丁卯午丙午卯)는 나를 극한다. 또한 오화(午火)월에 태어났으며 매우 신약하므로 경(庚)을 도와주어야 한다. 따라서 시간(時干)의 기토(己土)가 용신이 된다.

② **전왕법(專旺法)**

사주의 육신 오행이 모두 또는 대부분 오행 일색으로 편중되어 있을 때, 또는 그 세력이 서로 왕래하여 억제할 수 없을 때(즉 그 세력이 극히 왕성해 억제하기가 곤란할 때) 그 세력에 순응하는 육신이 용신이 되는 것인데 종격과 외격, 화격 등을 들 수 있다.

예) 년 : 계묘(癸卯)
　　　월 : 을묘(乙卯)
　　　일 : 갑인(甲寅)
　　　시 : 을해(乙亥)

일간 갑목이 12월에 낳았고 목(木)과 수(水)가 많아 신강사주이므로 격은 양인격, 종왕격으로도 되며 용신은 목과 수가 된다. 이런 사주는 목수운(木水運)을 만나면 길하다.

③ 병약법(病藥法)

사주에 일간을 생조해 주는 또는 육신을 극해하는 육신이 있게 되는 경우 이것이 사주의 병이며 그것을 파괴하는 육신을 약이라고 한다. 그 육신이 용신이 된다.

예) 년 : 무신(戊申)
　　월 : 정기(丁己)
　　일 : 갑진(甲辰)
　　시 : 기사(己巳)

갑목(甲木) 일주가 4월에 태어났으므로 수(水)가 필요한데 진신(辰申)이 합이 되어 수가 되었으니 기토(己土)와 무토(戊土)가 있어 토극수하므로 수가 살려면 토를 쳐 주어야 한다. 때문에 토를 쳐 주는 진(辰) 중의 을목이 용신이 된다.

④ 통관법(通關法)

사주의 육신이 양대 세력을 이루어 그 세력이 같을 때 두 세력을 조화시켜 소통되게 하는 것이 용신이다.

예 1)
　　년 : 정축(丁丑)
　　월 : 갑진(甲辰)
　　일 : 임술(壬戌)
　　시 : 임자(壬子)

예 2)
　　년 : 갑자(甲子)
　　월 : 임신(壬申)
　　일 : 정사(丁巳)
　　시 : 병오(丙午)

예 3)
　　년 : 갑자(甲子)
　　월 : 임신(壬申)
　　일 : 무오(戊午)
　　시 : 병진(丙辰)

예 1)은 신강사주로 토(土)와 수(水)의 싸움을 말리는 목(木)이 용신이다. 예 2)와 예 3)은 두 오행이 싸우는 격으로 싸움을 말리는 오행이 용신이 된다.

⑤ **원류법**(援流法)

사주의 오행이 서로 상생하며 쉬지 않고 도와주는 것, 즉 생회불식하며 오행이 주류무체(끊이지 않고 흐르는 것)한 것이다.

예) 년 : 갑자(甲子)
　　　월 : 병인(丙寅)
　　　일 : 기축(己丑)
　　　시 : 갑자(甲子)

신약사주 1월 기토(己土)에 갑(甲)과 자(子)가 있고 인(寅)이 있으니 용신은 병화(丙火)이다.

⑥ **조후법(調候法)**

오행이 한랭, 온완, 조습으로 사주가 이루어지는 것을 말하며 조화를 이룰 수 있는 육신이 용신이 된다. 더울 때는 차게, 찰 때는 덥게, 마를 때는 습하게… 대운도 그런 운을 만나야 길해진다.

예 1) 년 : 신축(辛丑)
　　　월 : 신축(辛丑)
　　　일 : 계축(癸丑)
　　　시 : 계축(癸丑)

이 사주는 습한 사주이다. 금(金)의 기운이 강하니 자연히 수(水)의 기운도 강하므로 화(火)가 필요하다. 목화(木火)가 용신이다.

예 2) 년 : 신축(辛丑)
　　　월 : 신축(신축)
　　　일 : 임인(壬寅)
　　　시 : 신축(辛丑)

신강사주 축(丑) 중에 신금(辛金)이 많아 수(水)를 받쳐 준다. 차고 습하기 때문에 인(寅)이 있어야 하며 인목(寅木)이 용신이다. 인 중의 병화(丙火)가 더워지게 해 준다.

사주조후 용신론(四柱調候 用神論)

기후에 따른 용신론으로 특히 나무와 물은 생성 과정이 있으므로 많이 쓴다.

① 인월(寅月 :1월생)

「인」월은 이른 봄이라 초기는 「무토」가 되고 중기는 「병화」, 정기는 「갑목」이다

- 갑·을일주 : 갑·을일주의 인월생은 건록·제왕이 되고 비견·겁재·득령을 하여 갑·을이 함께 신왕하다. 여한이 있는 이른 봄이라 병화로 따뜻하게 하고 계수로 생조해 주면 대길하다. 사주에서 병화가 있고 재관·부기 토와 경신 금이 함께 있으면 대성 발복한다. 갑일생은 병화와 계수를 용신으로 하고 을일생도 병화와 계수를 필요로 한다.
- 병·정일주 : 병·정일주의 1월생은 인수격이 되어 관성수를 원한다. 병화일생은 임수와 경금을 용신으로 하고, 정화일생은 갑목과 경금을 필요로 한다.
- 무·기일주 : 무·기일주의 1월생은 편관·정관격이 되어 신왕

하여야 한다. 제복이 되면 합을 원하지 않고 병화와 계수를 원한다. 무토일 생은 병화와 계수로 돕고 기토일 생은 병화를 용신으로 하는데 토다신왕하면 갑목이 있어야 발복한다.

- 경·신일주 : 경·신일주의 1월생은 재성이 되어 신왕하면 발복하고 신약하면 인수운이 발복한다. 경금일 생은 병화와 임수를 필요로 하고 신금일 생은 기토를 사랑하며 임수를 원한다. 생일의 일지에 인·묘가 자리하면 복분이 더욱 중후하다.
- 임·계일주 : 임·계일주의 1월생은 식신, 상관격이 되어 사주에서 재관 화·토를 만나야 발복을 한다. 임수일 생은 경금으로 수원을 삼고 병화로 조후를 하면 대길하다. 계수일 생은 병화와 신금이 있어야 귀하게 된다.

② **묘월(卯月:2월)생**

- 갑·을일주 : 갑·을 일주의 2월생은 제왕, 건록이 되어 갑·을 모두 신왕하고 재관 토·금을 원한다. 만일 사주에 재관이 없으면 장수는 하지만 부귀는 이룩하기 어렵다고 본다. 갑일 2월생은 양인이 되므로 경금이 있어야 하고 병정 화가 있으면 대길하다. 을·옥 2월생은 계수로 돕고 병화로 설기를 해야 발복한다.

- 병·정일주 : 병·정일의 2월생은 인수격이 되어 사주에 관인수목이 있어야 발복한다. 병일 2월생은 임수와 기토를 용신으로 하고 정일 2월생은 갑목과 경금을 필요로 한다.
- 무·기일주 : 무·기일의 2월생은 관살격이 되어 사주에서 재성수가 정관 목을 생조해 주고 신왕하면 길명이 된다. 그리고 관살 목이 강왕하면 화를 만나 살인상생이 되어도 부귀 발복한다. 무일의 2월생은 병화와 계수가 있어야 하고, 기일의 2월생은 갑목과 계수·병화를 다함께 필요로 하고 있다.
- 경·신일주 : 경·신일주의 2월생은 재성격이 되어 신왕하고 재왕하면 부명이 된다. 경일 2월생은 정화와 갑목이 있어야 하고, 신일 2월생은 임수와 갑목을 필요로 한다.
- 임·계일주 : 임·계일의 2월생은 식신·상관이 된다. 식상이 왕절을 만났으니 경신금으로 수원을 도와야 대길하다. 사주 가운데 재·관·화·토가 있으면 재산이 불어나고 귀하게 된다. 임일 2월생은 경신금과 무토를 필요로 하고, 계일 2월생도 경신금이 있어야 한다.

③ 진월(辰月:3월)생

진월은 봄의 끝달 3월로서 「을목」의 여기와 「계수」의 중기, 「무토」의 정기로 이룩되어 있다.

· 갑·을일주 : 갑·을일주의 3월생은 관인·금수가 함께 있으면 풍성하게 발복하고 재·관·인이 사주천간에서 투출되지 않았다면 월지를 충·형해 창고문을 열어야 발복한다. 갑일 3월생은 경금과 정화·임수가 있어야 길하고, 을일 3월생은 병화와 계수·무토를 필요로 한다.
· 병·정일주 : 병·정일의 3월생은 식신·상관격이 사주천간에서 관설 수가 투출되어야 길하다. 만일 투출되지 않았으면 월지를 충하여 개고해야 발복한다. 병일 3월생은 임수와 갑목을 원하고, 정일 3월생은 경금과 갑목을 필요로 한다.
· 무·기일주 : 진·술·축·미는 사고지라 무·기일생은 사주천간에서 재성수가 투출되어야 대길하다. 만일 투간되지 않았다면 월지를 충하여 개고를 해야 발복한다. 무일 3월생은 갑목과 병화·계수가 있어야 기쁘고, 기일 3월생도 병화와 갑목·계수를 필요로 한다.
· 경·신일주 : 경일·신일생은 인수격이 되어 사주에서 비견과 겁재가 없어야 크게 발복한다. 때문에 경일생은 갑목과 임계수를 필요로 하고, 신일생은 임수·갑목을 용신으로 한다.
· 임·계일주 : 임·계일의 3월생은 정관·편관격에 해당되어 신왕해야 한다. 인수를 만나 살인상생이 되면 권위 있는

귀명이 되고, 식신으로 제토를 해도 부귀, 발복한다. 임일생은 갑목과 경금이 있어야 하고, 계일생은 병화와 신금·갑목을 필요로 한다.

④ 사월(巳月:4월)생

사월은 여름의 첫달로서 초기는 「무토」이고, 중기는 「경금」이며 정기는 「병화」이다.

- 갑·을일주 : 갑·을일의 4월생은 식신·상관격이 된다. 화기의 왕절이라 임계수의 도움을 필요로 한다. 4월의 갑일생은 계수로 제화하고 경금으로 계술의 근원을 삼으면 대길하다. 4월의 을일생도 계수로 조후하고 경금과 신금을 만나야 발복한다.
- 병·정일주 : 병·정 일의 4월생은 화가 화를 만나 비견·겁재가 된다. 임계수로 화기를 억제하고 경신금으로 수원을 삼으면 크게 발복한다. 4월의 병일생은 임계수와 경금을 필요로 하고 정일생은 갑목과 임수를 원하며 경금이 있어야 한다.
- 무·기일주 : 무·기일의 4월생은 초·화와 상봉하여 인수격이 된다. 임계수로 염열을 억제하고 관성갑목을 용신으로 하면 크게 발복한다. 4월의 무일생은 임계수와 갑목을 필

요로 하고 기일생은 계수와 병화가 있어야 한다.
- 경·신일주 : 경신일의 4월생은 정관·편관격이 되어 수를 기뻐하고 목을 꺼리며 신왕해야 길하고 제합이 되어야 발복한다. 합이 있으면 제극은 하지 않아도 무방하며 임수를 만나 수화가 조화되어야 귀명이다. 4월의 경일생은 임수와 무토, 병화를 쓰고, 신일생은 임계수와 경신금을 필요로 한다.

임·계일주 : 임·계일의 4월생은 정재와 편재에 해당되며 수기의 절지이므로 경신금으로 수원을 돕고 비견과 겁재를 만나면 발복한다. 4월의 임일생은 경신금과 임계수가 있어야 하고 계일생은 경신금으로 수원을 돕고 아울러 임수의 조후가 필요하다.

⑤ 오월(午月:5월)생

5월은 여름의 화왕절로 초기는 「병화」, 중기는 「기토」, 정기는 「정화」가 된다.

- 갑·을일주 : 갑·을일의 5월생은 식신·상관격이 된다. 5월은 염열기이니 수로써 목을 생조해 주고 경신금으로 수원을 도와야 발복한다. 5월의 갑일생은 계수로 조후하고 경금으로 수원을 도와주면 대길하고 을일생은 계수와 병화

를 필요로 한다.

- 병·정일주 : 병·정일의 5월생은 비견·겁재가 되어 신강하다. 화기가 극왕하니 임수로 화기를 억제하고 경신 금으로 수원을 도와야 한다. 제합이 있어야 좋고 재성이 왕성하면 대길하다. 5월생 병일은 양인격이 되어 인수나 칠살을 만나야 발복하고 임수와 경금으로 용신을 하며 정일생은 임계수와 경금을 필요로 한다.

- 무·기일주 : 무·기일의 5월생은 정인·편인이 되고 화·토가 염열하여 임계수로 제복해야 발복한다. 5월의 무일생은 양인이 되어 임수와 갑목이 있어야 하고 기일 5월생은 건록격이 되어 자왕하니 임계수를 용신으로 한다.

- 경·신일주 : 경·신일의 5월생은 관살격이 되어 정관 또는 편관을 용신으로 하고 식신과 상관으로 조후해야 귀명이 된다. 편관이 용신이 되면 신왕제합을 기뻐하고 신왕하면 발복한다. 5월의 경일생은 임계수를 용신으로 하고 수가 없으면 무기토로 화기를 설기. 상생시켜야 좋다. 신일 5월생은 임계수를 필요로 하고 기토가 있어야 좋다.

- 임·계일주 : 임·계일의 5월생은 재성격이 되어 재성이나 관성 어느 것을 용신으로 해도 신왕운에는 발복한다. 단 실령을 했으니 비견·겁재나 경신금으로 수원을 도와야 좋으며 일간과 재살이 강왕한 행운에는 개운을 한다. 5월의 임월생은 계수로 용신을 삼고 경신금의 도움이 있어야 귀

명이 된다. 계일 5월생은 재성이나 관성, 어느 것을 용신으로 하여도 신왕해야 발복한다. 이는 실령하여 뿌리가 약하니 경신금으로 수원을 삼고 임계수의 도움이 있어야 좋다.

⑥ 미월(未月:6월)생

6월은 여름의 끝달로서 초기는 「정화」가 사령하고, 중기는 「을목」, 정기는 「기토」가 되어 토기가 가장 왕성하다.

· 갑·을일주 : 갑·을일생의 6월은 묘고가 되어 몸은 건강하고 병은 적다. 사주천간에서 거듭 토를 보면 재왕하고 재왕, 신왕하면 대길하다. 6월의 갑일생은 정화와 경금이 있어야 하고, 을일 6월생은 계수와 병화를 필요로 한다.
· 병·정일주 : 병·정일의 6월생은 잡기인 성격이 되어 사주에서 정관과 정인이 투출되어야 대길하다. 관인이 투출되지 않았으면 축토의 충을 필요로 한다. 대서전은 임계수를 용신으로 하고 경신금으로 수원을 도와야 발복하는데 6월의 병일생은 임수와 경금을 필요로 하고 정일의 6월생은 정화와 경금이 있어야 좋다.
· 무·기일주 : 무·기일의 6월생은 사주천간에서 재·관·인이 투출되어야 대길하다. 만일 재·관·인의 투출이 없으면

충·형이 있어야 발복한다. 6월의 무일생은 계수와 병화가 있어야 하고 기일 6월생 역시 계수와 병화가 있어야 한다.

· 경·신일주 : 경·신일의 6월생도 잡기격이 되어 사주천간에 재·관·인이 있어야 길명이 된다. 재·관·인이 없으면 축토의 충을 반기고 비견·겁재·양인을 꺼린다. 6월의 경금일 생은 갑목과 정화가 있어야 부귀하고, 신금일 6월생은 임수와 경금갑목을 필요로 한다.

· 임·계일주 : 임·계일의 6월생은 토·수 관살이 되어 상관 및 겁재를 만나지 않으면 길명이 된다. 경신금으로 수원을 돕고 갑목이 생재하거나 사주에 재와 관이 있고 신왕하면 부귀의 명이 된다. 6월의 임일생은 신금과 계수갑목이 있어야 하고, 계일의 6월생은 임계수와 경신금을 필요로 한다.

⑦ 신월(申月:7월)생

신월은 7월로서 가을의 첫달이 되고 초기는 「무토」이며 중기는 「임수」가 왕성하고, 정기는 「경금」이 된다.

· 갑·을일주 : 갑·을일의 7월생은 정관·편간이 된다. 목이 금왕지절에 출생하여 금이 화를 만나 금을 제압하면 대길한

명이 된다. 7월의 갑일생은 편관격이 되어 신왕하고 제합이 있으면 길명이다. 정화를 반기고 정화가 없으면 임수로 신금을 설기하여 갑 일주를 생조하면 살인상생이 되어 부명이 된다. 을일 7월생은 병화로 신금을 억제하고 계수로 설기, 생조하면 대길하다.

· 병·정일주 : 병·정일의 7월생은 정재와 편재에 해당된다. 사주에 재관이 있고 신왕하면 발복한다. 7월의 병일생은 임수를 기뻐하고 임수가 많으면 무토를 제지해야 좋다. 정일생 7월은 갑목과 경금을 반긴한다.

· 무·기일주 : 무·기일의 7월생은 식신·상관격이 되어 병화와 계수가 있어야 부귀한다. 무일 7월생은 병화를 용신으로 하고 수가 많으면 갑목으로 설기해야 좋다. 기일 7월생은 병화와 계수를 필요로 한다.

· 경·신일주 : 경·신일의 7월생은 금이 금을만나 비견·겁재에 해당된다. 화로 제지하고 수로 설기를 하면 길명이다. 7월생 경일은 정화와 갑목을 필요로 하고 신일의 7월생은 임수와 갑목과 무토가 있어야 좋아진다.

· 임·계일주 : 임·계일의 7월생은 인수격이 되어 재성이 강왕하면 재산이 풍성하게 늘어난다. 7월의 임일생은 무토로 용신을 삼고 정화로 돕는다. 계일의 7월생은 정화와 갑목이 있써야 좋다.

⑧ 유월(酉月 : 8월)생

 유월은 8월로서 초기도 「경금」이고, 정기도 「신금」이라 금의 전왕기로 구성되어 있다.

- 갑·을일주 : 갑·을일의 8월생은 정관·편관이 되어 신왕하면 발복한다. 칠살과 상관을 꺼리고 제합이 있으면 길명이다. 8월의 갑일생은 경금과 병정 화가 있어야 기쁘고 을일의 8월생은 계수와 병화를 필요로 한다.
- 병·정일주 : 병·정일의 8월생은 재성이 되어 신왕하고 재·관·금·수가 함께 있으면 크게 발복한다. 8월의 병일생은 임수와 계수를 용신으로 하고, 8월의 정일생은 갑목과 경금·병화를 필요로 한다.
- 무·기일주 : 무·기일의 8월생은 식신 상관격이 된다. 가을의 토는 화의 따뜻함을 반기하고 목이 성하면 제복하고, 수가 많으면 비견의 조력으로 제지해야 한다. 토금상관격은 상지귀명이라 한다. 8월의 무일생은 병화와 계수가 있어야 하고, 기일 8월생은 병화계수와 신금을 필요로 한다.
- 경·신일주 : 경·신일의 8월생은 비견과 겁재에 해당된다. 정화와 임수를 용신으로 하면 상격이다. 8월의 경일생은 정화와 갑목·병화가 있어야 하고 신일의 8월생은 임수와 병화를 필요로 한다.

· 임·계일주 : 임·계일의 8월생은 인수격이 된다. 사주에서 정관과 정인이 다 있어야 복분이 두텁고 정재를 꺼린다. 8월의 임일생은 갑목으로 용신을 삼고 병화로 따뜻하게 해 주면 대길하다. 계일의 8월생은 신금과 병화가 있어야 한다.

⑨ 술월(戌月:9월)생

술월은 9월로서 가을의 끝달이다. 초기는 「신금」이 왕성하고, 중기는 「정화」가 고지되며 정기는 「무토」가 된다.

· 갑·을일주 : 갑·을일의 9월생은 정기는 성격이 되고 초기는 관살격이다. 초기 및 중기 출생자는 형·충을 반기지만 정기 출생자는 꺼린다. 임계수로 돕고 경금·신금이 사주천간에서 투출하면 발복한다. 9월의 갑일생은 경금과 계수와 정화를 필요로 하고 을일의 9월생은 계수와 신금이 있어야 한다.

· 병·정일주 : 병·정일의 9월생은 식신·상관이 정기가 되고 자묘지가 되어 신왕하면 장수 하고 사주에서 재성(금)을 만나면 발복한다. 병화일의 9월생은 갑목과 임수·계수를 필요로 하고, 9월의 정일생은 갑목과 경금·무토가 있어야 한다.

- 무·기일주 : 무·기일의 9월생은 토가 토를 만나 토기가 왕성하니 갑목으로 제지하고 계수로 갑목을 생조하면 명성과 재물을 얻고 재·관·인수를 용신으로 하면 발복한다. 9월의 무일생은 수왕·신왕해야 귀명이 되고 갑목과 병화와 계수를 필요로 한다. 기일의 9월생도 갑목과 병화·계수가 있어야 좋다.
- 경·신일주 : 경·신일의 9월생은 초기는 비겁이 되고, 중기는 관성이 되며 정기는 인성이 되어 잡기격이 된다. 초기, 중기를 용신으로 하면 충을 반기고 주중에 진이 있으면 발전을 하며 임수와 갑목이 있으면 귀명이다. 9월의 경일생은 갑목과 임수가 있어야 하고 신일의 9월생도 임수와 갑목을 필요로 한다.
- 임·계일주 : 임·계일의 9월생은 초기는 인성이 되고, 중기는 재성이 되며, 정기는 관살격이 되어 잡기력이 된다. 9월의 임일생은 갑목과 병화가 있어야 부귀하고 계일의 19월생은 갑목과 신금·임계수를 필요로 한다.

⑩ 해월(亥月:10월)생

해 10월은 겨울의 첫달이라 초기는 「무토」이고, 중기는 「갑목」 정기는 「임수」로 구성되어 있다.
- 갑·을일주 : 갑·을일의 10월생은 수왕지절에 출생하여 인

수격이 되는데 기후가 한냉하니 병정화로 따뜻하게 해 주어야 발전한다. 10월의 갑일생은 경금을 용신으로 할 때는 정화로 제살 하면 귀명이 되고, 을일의 10월생은 병화와 무토를 필요로 한다.

· 병·정일주 : 병·정일의 10월생은 편관·정관이 되어 신왕하고 제합이 되면 귀명이 된다. 10월의 병일생은 수왕하면 갑목으로 돕고 무토와 경금으로 용신을 한다. 정일의 10월생도 갑목과 경금이 있어야 부귀, 발전할 수 있다.

· 무·기일주 : 무·기일의 10월생은 사주에서 병화로 따뜻하게 하고 갑목으로 도우면 부귀의 명이 된다. 10월의 무일생은 갑목과 병화가 있어야 하고, 기일의 10월생도 갑목과 병화·무토를 용신으로 한다.

· 경·신일주 : 경·신일의 10월생은 금한수냉하니 갑목과 병정화를 만나 조후를 해야 부귀,번영한다. 경일의 10월생은 병정화와 갑목을 필요로 하고, 10월의 신일생도 역시 병화와 갑목을 필요로 한다.

· 임·계일주 : 임·계일의 10월생은 건록·제왕이 되고 득령하여 신왕하다. 수기가 왕성하면 무토로 제지하고 목화로 조후해야 부귀의 명이 된다. 임일 10월생은 무토와 병화·갑목을 필요로 하고 계일 10월생도 무토로 제수하고 갑목·병화가 있어야 한다.

⑪ 자월(子月:11월)생

자월은 11월로서 임계수만으로 형성된 겨울의 왕월이다.

· 갑·을일주 : 갑·을일의 11월생은 수목이 상생하여 정인·편인이 되는데 사주에 경신관살이 있어도 원명을 생조하여 길명이 되고 무기재성은 도리어 인성을 파하여 명운이 기울어진다. 기후가 한냉한 11월은 병정화로 따뜻하게 해 주어야 발복하고 귀명이 된다. 11월의 갑일생은 경금과 병정화가 있어야 하고 을일생은 병화를 용신으로 한다.

· 병·정일주 : 병·정일의 11월생은 관살격이 되어 신왕하여야 한다. 만일 신약하면 인수가 있어야 부귀하고 신왕하면 재관금수를 만나야 귀명이 된다. 11월의 병일생은 갑목과 임수를 용신으로 하고 수기가 왕성하면 무토로 제지해야 하고 정일생은 갑목과 경금을 필요로 한다.

· 무·기일주 : 무·기일의 11월생은 정재·편재가 되어 양인과 비견·겁재는 꺼리고 갑목·병화로 따뜻하게 하면 발복한다. 11월의 무일생은 병화와 갑목이 있어야 하고, 기일 11월생도 병화와 갑목으로 돕고 수기가 왕성하면 무토로 제지해야 발복한다.

· 경·신일주 : 경·신일의 11월생은 식신 상관격이 되고 금한수냉하니 목화로 따뜻하게 해 주어야 발복, 부귀한다. 사주에 재성이 있고 신왕하면 발복하고 신약하거나 재성이

없으면 발복하지 못한다. 11월의 경일생은 정화와 갑목과 병화를 필요로 하고, 신일생은 병화와 무토·갑목이 있어야 발전한다.

· 임·계일주 : 임·계일의 11월생은 양인·건록이 된다. 수다하면 제수를 해야 하고 또한 한냉한 물은 병화로 따뜻하게 해 주어야 부귀, 발복한다. 일주천간이 득령하여 신왕하므로 재관·화토가 있으면 명리를 함께 갖추는 길명이 된다. 11월의 임일생은 수기가 왕성하면 무토로 제지하고 갑목과 병화로 온화하게 해 주어야 하며, 계일의 11월생은 갑목과 병화·무토가 있어야 발복한다.

⑫ 축월(丑月:12월)생

축12월은 겨울의 끝달이라 초기는 「계수」, 중기는 「신금」, 정기는 「기토」가 되어 모두 월지 원명격을 달리한다.

· 갑·을일주 : 갑·을일의 12월생은 정기기토 재격을 취하고 관성은 천간에 투출됨을 좋아한다. 12월은 기후가 한냉하니 병화로 따뜻하게 해 주어야야 부귀발복한다. 12월의 갑일생은 정화와 경금과 병화가 있어야 상지길명이 되고, 을일의 12월생은 오직 병화로 용신을 한다.

· 병·정일주 : 병·정일의 12월생은 잡기재관격을 취하는데 사주천간에 재성금이 있으면 복력이 풍후하고 또한 갑목

이 있어도 길명이 된다. 병일의 12월생은 임수와 갑목을 용신으로 하고, 정일의 12월생은 갑목과 경금을 필요로 한다.

- 무·기일주 : 무·기일의 12월생은 초기·계수·재격에 출생하면 명리와 목록이 다함께 풍성하다. 12월은 기후가 한냉하여 갑목과 병화의 도움이 있어야 부귀, 발복한다. 12월의 무일생은 병화와 갑목이 있어야 하고, 기일의 12월생도 기토와 병화·갑목을 필요로 한다.
- 경·신일주 : 경·신일의 12월생은 일간이 고지(창고)를 만나 신체는 강건하고 병이 적으며 갑목과 병정 화를 만나면 발복, 부귀한다. 경일의 12월생은 정화와 갑목·병화가 있어야 하고, 신일의 12월생은 병화와 임수·무토를 필요로 한다.
- 임·계일주 : 임·계일의 12월생은 잡기관인격이 되어 사주천간에 관인토금이 있고 월지를 형·충하면 복분이 좋아진다. 한냉한 12월을 병과 정화로 따뜻하게 하고, 갑목의 도움이 있으면 대성, 발복, 부귀한다. 임일의 12월생은 병화와 갑목을 용신으로 하고 계일의 12월생은 병,정,화를 필요로 한다.

제12장

격국(格局)

격국론(格局論)

　격국이란 일주 천간을 월지와 대조하여 10신과의 관계를 보고 기세를 기준으로 정하는 것이다. 때문에 격국은 정격(正格)과 변격(變格)으로 나뉘어지게 된다.
　따라서 정관과 편관, 정재, 편재, 정인, 편인, 식신, 상관의 격은 정격에 속하고 종재, 종관, 종식상, 종강, 종왕, 종세, 일행득기 등은 변격에 속한다.

① 정관격(正官格)

 정관객이 성립되면 문관이 되거나 정치계에 진출하여 성공하게 됨으로 귀(貴)를 얻은 뒤에 부(富)를 얻게 되니 평생 동안 부귀할 것이다. 하지만 대운이나 세운에서 형(刑)이나 충(沖), 파(破), 해(害)가 되면 명예 손상이 있게 된다. 정관격은 형.충.파 해와 상관·비견·겁재를 만나도 불길하며, 특히 편관운에 관살이 섞이면 더욱 불길하고 관제구설수가 많이 발생한다.

② 편관격(偏官格)

 편관격은 월지의 장간 본기가 편관이 되고, 그 편관이 천간에 투출됨으로써 격이 성립되는 것을 말한다. 편관은 일명 칠살(七殺)이라고도 한다. 때문에 일간이 왕함을 필요로 하고 정관과 혼잡됨을 싫어한다.
 편관을 용신으로 하는 경우 관살이 혼잡되면 사주 안에 상관이 동주하여 전관을 극제해 주어야 하고, 정관을 용신으로 할 때는 식신이 편관을 제복해 주어야 규격이 된다.

 시주에 한 자리의 편관이 있으면 귀격으로 본다. 신왕하고 제복이 되면 만년에 부귀 발복하고, 월지에 양인 있으면서 합을 이루면 더욱 큰 귀격이 되어 자손도 크게 번창한다.

 일지에 편관이 있으면 천원좌살이라 하여 꺼리기는 하나 일주가 강왕하고 인수의 도움을 받으면서 제복이 되면 문장이 빛나고 대귀발전하여 귀명이 된다.

 사주에 관살이 섞이거나 교차되었을 경우 관을 제지하고 살을 머물게 하면 편관으로 보고, 반대로 살을 제지하고 관을 머물게 하면 정관으로 본다. 이 때 천간에 투출된 것은 극제하기가 쉽지만, 월지에 소장된 것은 제복하기가 어렵다. 대체로 관성이 합이 되는 것은 귀함이 없어도 칠살이 합을 이루는 것은 흉하지 않고 도리어 발복한다.

③ 정인격(正印格)

 정인격이 성립되면 덕망이 있고 자혜가 총명하여 문관으로 진출하거나 교육, 연구, 출판, 문화 등의 직업으로 성공한다.
 정인은 정도(政道)가 되어 형이나 출, 파, 해나 합거(合去)를 싫어한다.
 정인은 형·충과 공망이 되어도 파격이 되고, 또한 간합을 하여도 인수의 그 귀한 작용은 약화되어 파격이 된다. 이리하여 정인은 정관을 보면 일생 동안 복분이 풍후하고 명예를 떨치는 귀명이 된다. 또한 편관을 만나도 살인상생하여 명성을 떨치게 된다. 정인격이 정재로 기인하여 파격이 될 때 겁재가 있어 제어해 주면 성격이 된다.

정인격에 관살의 생조가 지나쳐도 불미하다. 이 때는 식신과 상관으로 관살을 제지해야 좋아진다.

정인격이 대운이나 세운에서 삼합하여 다른 격으로 화하면 커다란 변화가 생긴다. 이 때 귀격은 흉운이 되고 흉격은 의외로 길운이 전개되기도 한다.

④ 편인격(偏印格)

편인격은 일간을 생하여 주는 오행으로 음, 견, 음과 양, 견, 양으로 음양의 조화를 이루지 못하고 월지의 장간에 정기, 중기, 여기 중의 하나인 편인 하나가 투출하여 성립되는 격을 말한다.

편인격은 재치와 수완이 있고 학문을 좋아하며 임기응변이 능하다. 그러나 행동면에서는 언행이 일치하지 못하고 모든 일에 있어서 시작은 화려해도 끝맺음이 없으니 허점이 많은 유시무종의 타입이라고 말할 수 있다.

편인은 기신이므로 형·충·공망이 되는 것이 좋지만, 편인격이 되어 편인이 용신이 될 때는 파격이 된다. 다만, 간합하여 길신으로 화하거나 제어를 하면 성격이 되는데 이를 다시 다른 간지에서 합을 하거나 파하면 흉으로 되돌아간다.

편인이 강왕하게 되면 편재를 제어하든가 아니면 식신과 상관으로 설기를 해야 좋은 명이 된다. 일시에 칠살과 편인이 있는데 다시 편인을 만나도 흉화는 크고 연· 월· 시에 편인이 있는데 행운에서 다시 편인을 만나면 재난과 수명에 재앙이 발생하는 것으로 본다. 단, 편인을 일간이 필요로 하는 용신으로 정할 경우에는 대성발전하여 큰 부자가 된다고 한다.

⑤ 식신격(食神格)

식신격은 일간이 행하는 오행이며 월지의 장간에 식신이 투간하여 이루어지는 격을 말한다. 식신격은 나의 재성을 생성하고 칠살을 제어하여 일생 동안 흉재 없이 의식주가 풍부하다고 본다. 이 격의 당주는 성정이 온후하여 대인관계가 원만하고 인물이 풍만하여 부유하게 보이며 식성이 좋고 대화를 즐긴다는 특성이 있다.

식신은 한 자리가 있어야 좋고 많으면 상관으로 본다. 본래 월지 식신은 천주귀인·복덕귀인라 하여 식록이 풍후한 복덕격으로 보고 있다. 또한 일지에 식신이 있어도 식신이 생왕하고 길성이 서로 도우면 재록과 식록이 풍성하고 식신 왕상운에 이르면 크게 발복한다.

　식신은 신왕함이 좋아하고 재성을 반기며 편인과 신약한 것을 가장 꺼린다. 만일 편인의 파극이 있으면 범사에 제대로 성취되는 것이 없이 유시무종격이 되어 성공하기가 어렵고 가난하지 않으면 단명한다. 또한 충·파나 공망을 만나도 파격이 되어 주거에 변동이 많고 의식주에 어려움이 따르게 된다.

⑥ 상관격(傷官格)

　상관격이란 일간이 생(生)하는 오행으로 월지의 장간에 상관이 있고 그 상관이 천간에 투출하여 이루어지는 격을 말한다.
　정기가 천간에 투출하여 격이 성립되면 최상이 되고, 중기가 천간에 투출하여 격이 성립되면 차(次)가 되며 여기(餘氣)가 투출하여 격이 성립되면 최하가 된다.
　상관격에 재성이 없으면 재주는 있지만 가난하다. 이 격은 재성과 신왕함을 필요로 하고 신약하면 인수를 반긴다. 이리하여 상관은 재운이 가장 좋고 다음은 인수 신왕운이며 관성운은 불길하다. 상관격에 관성이 있으면서 상진이 되지 않고 관성운을 만나거나 사주에 형·충·파·해 양인 칠상이 있으면 좋은 사주가 되기는 극히 어렵다고 본다.

여자에게도 상관격은 크게 꺼리는 것이지만 관성이 없으면 현숙하고, 만일 사주에 관성이 있으면 고집이 있고 남편덕이 없다. 한편 의협심이 많고 재복이 있어 독자적으로 사업을 경영한다. 재성이 강왕하고 인수의 도움이 있으면 남편도 영화롭고 자녀들도 효도를 한다.

상관격은 모름지기 재성을 만나야 좋다. 재성은 상관의 기운을 설기하여 관성을 생성·소통시키는 역할을 하기 때문이다. 사주에서 비록 신왕하고 상진이 되었다 해도 한점의 재기가 없으면 가난한 박명이 된다고 본다.

⑦ 정재격(正財格)

정잭격이란 일간이 극하는 오행으로 월지 장간의 정재가 천간에 투출하여 성립되는 격을 말한다. 정재란 일간이 극하는 오행이기 때문에 일간이 왕(旺)함을 필요로 한다. 정기가 투간하여 격이 성립되면 최상이 되고, 중기가 천간에 투간하여 격이 성립하게 되면 차(次)가 되며, 여기에 투간하여 격이 성립되면 최하가 된다.

원래 정재는 소중한 재산을 관장하는 길신으로서 신약한 것을 꺼리고 신왕한 것을 반기며 정재와 편재가 함께 섞이지 않아야 한다. 관성과 재성이 손상됨이 없이 식신이 정재를 갱조하고 인수가 일주를 도와 건왕하면 부귀를 함께 누리는 대길한 명이 된다.

 정재격은 재산의 혜택이 있고 처덕이 있으며 투기를 모르고 정당한 노력의 대가로 벽돌을 쌓아 올리듯이 순차적으로 차근차근 성취를 한다.

 정재가 너무 많거나 부족해도 복을 받지 못하니 신약한 중에 재성이 왕성하면 비견과 겁재로 용신을 정하고, 신왕한 가운데 재성이 쇠약하면 식신과 상관으로 용신을 정하는 것이 좋다. 대개 부귀의 명은 재성이 강왕하면서 관성을 생조하고 있다. 이래서 정재는 신약하거나 비견·겁재·양인·공망·형·충과 합을 꺼리고, 반대로 신왕하고 인수·식신·정관을 가장 반긴다. 그리고 재왕신약하면 아내가 남자의 권리를 장악하고 남자는 여자의 지배를 받으며 지내게 된다고 본다.

⑧ 편재격(偏財格)

 편재격은 정재격처럼 일간이 극하는 오행으로 월지에 암장된 편재가 천간에 투간하여 격이 성립되는 것이다. 정기가 투간하여 격이 성립되면 최상이 되고 중기가 투간하여 격이 성립되면 차(次)가 되며, 여기가 투간하여 격이 성립되면 최하가 된다.

 편재격이 성립되면 사업에 성공하여 일약 부호가 된다.

원래 편재는 부모의 유산이거나 세업으로 얻는 재물이 아니기 때문에 일찍이 타향에서 독자적으로 투기와 모험, 횡재 등으로 성공을 한다.

 편재는 비견을 두려워하고 공망을 꺼리는데 비견이 있으면 편관이 비견을 제어해야 부명이 된다. 그리고 정재는 정관만 반기지만, 편재는 정관과 편관을 다 함께 반기고 특히 시주 천간의 한 자리에 편재가 강왕하고 신왕하면 묘하게 대길한다.

 정재·편재는 다 같이 신왕하면서 정인이 생조해 주는 것을 기뻐하고 편인과 비견·겁재·신약한 것을 꺼리며 특히 대운과 세운에서 비견과 겁재운을 만나면 재산에 파탄이 있고 부인이 상해를 당하는 등 불미한 화액이 생기게 된다.

변격(變格)

① 강왕격(强旺格)

사주의 일간을 돕게 하는 비견이나 겁재, 인수, 편인이 많은 사주.

② 가색격(稼穡格)

토성(무기:戊己)일에 태어나 지지에 진술축미(辰戌丑未)의 토국(土局) 방합을 이루었을 때 사주에서 기운을 빼 주는 목성이 없을 때.

③ 금수상생격(金水相生格)

금수(金水), 수금(水金)의 두 간지가 있을 경우.

④ 금목상극격(金木相剋格)

금목(金木), 목금(木金)의 두 간지가 함께 있으면 서로 극할 때.

⑤ 금신격(金申格)

 일간이 갑목이고 계유, 을축, 기사 시주에 출생했을 경우, 밝고 민첩하며 과단성이 있는 사주로 금신격이라고 한다.
 원래 금신은 재성을 극파하는 신이므로 제복이 되어야 한다. 이리하여 금화의 기운이 왕성해야 기쁘고 또한 사주에서 칠살과 양인을 만나야 참된 귀격이 된다고 본다.
 사·오 화왕절에 출생하고 남방 화운으로 운행하면 크게 발복하는 부귀의 명조이다. 상반된 북방수운으로 운행하면 불길하다.

⑥ 곡직격(曲直格)

 갑과 을의 생일이 해와 묘나 인, 묘, 진을 모두 갖추어 성립되는 격을 말한다. 곡직격은 금(金)을 크게 싫어한다.

⑦ 가종격(假從格)

 일주가 지극히 약하지만 지지(地支)에 미약한 뿌리가 있어 일주를 생조하므로 진종을 이루지 못한 것을 말한다.

⑧ 건록격(建祿格)

갑목이 인에, 을목이 묘월에 태어나 월지에 정록이 있는 것이다.

⑨ 귀록격(貴祿格)

일간에서 시지를 대조하여 12운성에서 건록에 해당되면 재관과 식신, 인수 등이 시간에 따라올 때 그것에 따라 명칭이 붙여진다. 이 밖에도 일간에서 보아 시지가 건록이고, 시간에서 보아 일지가 건록일 경우, 그리고 사주의 연월일시 전반에 건록이 들어 있을 경우 이런 사주를 귀록격이라고 한다.

⑩ 도충록격(倒沖祿格)

병오(丙午)나 정사(丁巳)일에 태어난 사람이 여름철(사오미월)에 태어나 사주 중에 오화(午火)나 사화(巳火)가 3개 이상 들어있을 때 이 격을 적용한다.

⑪ 목토상극격(木土相剋格)

목토와 토목이 두 간지에 함께 있고 서로 극할 때

⑫ 목화상생격(木火相生格)

목화와 화목의 두 간지가 있을 경우

⑬ 비천록마격(飛天祿馬格)

 태어난 날짜가 경자, 신해, 임자, 계해로서 사주의 생일지와 같은 지지가 3개 이상 있을 때 격이 성립된다.
 경일생인 경우 오중 정화로 관성을 삼는데 단 사주에 관살이 없어야 하고 정화와 오화가 있으면 복분은 반감된다고 본다. 임일생인 경우 자충해 온 오중의 기토로써 관성을 삼는데 사주에 기토와 오화가 있으면 이 또한 복력이 반감되며 대운이나 연운에서도 모두 동일하다.

⑭ 비재격(飛財格)

 일간과 월간의 오행이 같은 경우이며 일주와 시지가 같은 경우에 성립된다. 이 때 서로 상충하는 지지를 찾아내어 그 십이지 중의 장간이 재성에 해당될 때 그것을 중심으로 삼는다.

⑮ 수목상생격(水木相生格)

수와 목, 목과 수가 천간지지에 2개가 있을 경우.

⑯ 시상편재격(時上偏財格)

시의 천간에 편재가 있고, 이것이 격으로 성립되는 것을 말한다.

⑰ 시상일귀격(時上一貴格)

시의 천관에 편관이 있고 이것이 격으로 성립되는 것을 말한다.

⑱ 수화상극격(水火相剋格)

수와 화, 화와 수의 두 간지가 함께 있고 서로 극할 때.

⑲ 시묘격(時墓格)

사주의 시지에서는 진,술,축,미의 고(庫), 또는 묘(墓)라고도 하며, 사주에서는 주로 묘를 사용한다. 즉 이들이 따라붙을 경우에 격이 성립되는데 잡기격이나 시묘격 같은 경우는 대부분 말년운이 좋아지는 경향이다. 이 시묘격도 신왕함을 필요로 하고 형·충·파·해를 좋아한다. 사주에서 제복됨이 없이 형·충·파·해운이 오면 높은 벼슬에 오르고 이름을 떨치는 귀명이 된다. 단, 발복이 늦은 것이 아쉽다. 차 격은 사주의 귀천을 불문하고 자신은 영화롭게 발전 해도 육친에는 불리하고 또한 자식을 얻기가 어렵다고 한다.

⑳ 임기용배격(壬騎龍輩格)

태어난 일간이 임수(壬水)인 사주에 진토(辰土)가 많은 경우 이 격을 적용한다. 임진일에 진이 많으면 진이 술중에 있는 정무를 충래하여 재관을 얻는 귀격이라 대귀하고 또한 인은 술을 삼합하여 화국을 이루고 화국 재성을 암합하므로 재성이 대발하여 대부하게 된다. 이 격은 사회에 이름과 권위를 떨치는 대귀의 명이 된다. 그러나 사주에서 병정을 보거나 행운에서 형·충을 만나는 것을 크게 꺼린다. 사주에 병정이 있으면 파격이 되고 행운에서 형·충을 만나면 손명을 하게 된다.

㉑ 육갑추건격(六甲趨乾格)

일간이 갑목(甲木)이고 시지에 해수(亥水)가 있는 경우를 조건으로 하는 격이다. 해는 「갑」의 녹위인 인을 암합하여 「갑」이 다시 그 사이에서 생성됨으로써 귀격이 되었다고 한다. 사주에 관살과 인·사충이 없어야 하며, 또한 재성을 꺼린다. 세운이나 대운에서도 동일하다.

㉒ **육임추간격(六壬趨艮格)**

일간이 임수(壬水)이고 시지가 인목(寅木)에 출생한 경우를 말한다. 인목은 해수와 암합하고 해수는 임수에 대해서 건록이기 때문이다. 임일주가 인을 많이 만나면 인주·갑목이 기토를 암합하여 임의 관성으로 하고, 인중병화가 신금을 암합하여 인수를 삼고 인은 또 해를 암합하여 임의 녹이 되어 귀격을 이룬다고 한다. 사주에 형·충과 관성이 없어야 귀격이 되며 만일 형·충이 있으면 재화가 범신하여 일생이 가난하다고 보며 대운과 세운도 동일하다.

㉓ **염상격(炎上格)**

병화나 정화의 일주가 인, 오, 술의 화국(火局)을 만나고 사주 중에 반드시 인자의 인수가 있으면 격이 성립된다.

㉔ 윤하격(潤下格)

 임계의 일주가 신,자,진이나 해,자,축 전체가 있어야 이루어지는 격이다.

㉕ 육을서귀격(六乙鼠貴格)

 일간이 을목이고 시지가 인목에 출생한 경우를 말하며 을목을 자수의 장간인 임수를 보고 인성이 되며 천을귀인이 해당된다. 때문에 이런 사주를 귀인의 도움을 받는 사주로 여긴다.

㉖ 육음조양격(六陰朝陽格)

 일간이 신금(辛金)이며 시주가 무자시(戊子時)에 출생하여 사주의 지지에 오화(午火)가 없어야 하는 조건이다. 신금은 병화에 정관이고 계수는 식신이 된다. 때문에 시간의 무토(戊土)는 해수(亥水)와의 간합 상대로서 일간 신금이 인수이고, 신금은 자수가 장생이 되어 음과 양이 서로 도와주는 격이 되는 것이다.

㉗ 종혁격(從革格)

 경신일에 출생하여 신,유,술이나 사,유,축 전체가 있어야 성립되는 격이다. 종혁격이 성립되면 삼공의 권세를 얻고 남쪽의 화가 많으면 싫어한다. 그러나 하나나 둘이 있는 것은 흉하지 않고 맑고 높게 된다.

㉘ 종재격(從財格)

 종재격은 일간이 지지에 뿌리가 없어야 성립된다. 따라서 인수나 비견, 겁재가 하나도 없어야 되며 지지가 재의국이 되거나, 또 천간에 정인과 편인이 왕하므로 인해 일간이 지극히 약하고 도와주는 오행이 없으면 종재격이 되는 것이다. 때문에 종재격은 왕한 재성이 용신이 되는 것이다.

㉙ 종살격(從殺格)

 종살격은 일간이 지지에 뿌리가 없고, 또 인수나 비견, 겁재의 도움이 업으며 지지가 서로 합해 관살의 국을 이루고 천간에 정관과 편관이 나와 있어 관살의 세력이 강한데, 일간을 도와주는 신이 없으며 이루어진 격을 말한다.

㉚ **종왕격**(從旺格)

 종왕격은 일간이 월지의 정기를 얻고 또 시(時)를 얻거나 지지에 비견과 겁재가 국을 이루고 천간에 비견과 겁재가 나와 있으며, 다시 인수가 일간을 생하여 주고, 관살의 극제나 식신, 상관이 일간의 기를 누설시키지 않으면 격이 이루어진다.

㉛ **종기격**(從氣格)

 종기격은 강왕한 기세를 따라가는 것을 말한다. 즉 두 가지 오행이 서로 상생하여 강한 오행을 쫓아가는 것을 종기격이라고 한다.

㉜ **종아격**(從兒格)

 종아격은 사주의 일간이 지주에 뿌리가 없고 또 인수나 비견, 겁재가 일간을 도와주는 것이 없으며 지지에 식신과 상관의 국이 있고 천간에 식신과 상관이 나와 있거나 사주에 식신과 상관이 많으므로 식신과 상관의 기가 왕성하여 일간의 기운을 누설시키는 것이 매우 많고, 일간의 기운을 도와주는 오행이 없으면 성립된다.

㉝ 정란사격(井欄斜格)

 태어난 날짜가 경신(庚申), 경자(庚子), 경진(庚辰)에 해당되고 사주의 지지에 신자진(申子辰) 삼학국이 들어 있을 때 이 격에 해당된다.

㉞ 자요사록격(子遙巳祿格)

 갑자일, 갑자일에 출생한 사람이 사주 중에 경,신,금(庚辛金)과 신,유,축,오(申,酉,丑,午)가 없는 조건이 되어야 한다. 자,수와 편재와 사화와 식신이 녹을 함께 얻을 기묘한 형태의 격이다. 견신·신유 관살과 축오를 크게 꺼리고 일주가 건왕해여 하며 대운이 관왕운으로 행운하면 반드시 부귀 현달한다고 한다.

㉟ 잡기재관인수격(雜氣財官印綬格)

 진,술,축,미의 토성 중 어느 것이든 월지로 하여 숨겨진 암장의 재,관,인에 해당되는 오행을 살려내는 격이다. 잡기라 함은 진·술·축·미에 재성과 관성과 인수가 함께 비장되어 있다고 하여 잡기 재·관·인수격이라 한다. 이는 상충 작용에 의하여 충출이 되어야 하며, 사주천간에 인수가 있으면 잡기 인수격이 되고 재성이 있으면 잡기 재성격이 되며 관성이 있으면 잡기 관성격이 된다.
 진중에는 을·계무의 장간이 있고,
 술중에는 신·정·무의 장간이 있으며,
 축중에는 계·신·기의 장간이 있고
 미중에는 정·을·기의 장간이 소장되어 있다.

㊱ 축요사록격(丑遙巳祿格))

 일간이 신축이나 계축으로서 사주의 지지에 축토가 많고, 정관과 편관이 없는 조건이어야 한다. 「축」이 많으면 「사」를 요합하고 사중 병무로써 신계일의 관성을 삼아 귀격이 된다. 그러난 사주에 자가 있으면 요합이 불가피하여 파격이 된다.
 사주에 신우가 있으면 부귀 현달할 수 있으나 정병이 있으면 파격이 되고, 무기가 있으면 충파되어 꺼리지만 비견과 겁재·인성을 거듭 만나는 것은 기쁘다. 이는 일주가 신왕하여 한층 영귀하게 된다.

㊲ 충합록마격(沖合祿馬格)

 사주중에 관성이 전혀 없고 암충(暗沖)이 실제로는 없는데 있는 것처럼 충하는 것을 말한다.

㉘ **토금상생격**(土金相生格)

금과 수, 수와 금의 두 간지가 있을 경우.

㉙ **토수상극격**(土水相剋格))

금과 수, 수와 금의 두 간지가 함께 있으며 서로 극할 때.

㊵ **파관격**(破官格)

사주의 특성상 어느 격에도 해당되지 않을 때 일지의 장간이 극하는 12지지를 구해서 관성을 성립시켜 중심으로 삼는다.

㊶ **파재격**(破財格)

원칙은 파관격과 같으며, 암장된 재성을 찾아내 중심으로 삼는다.

㊷ 화토상생격(火土相生格)

화와 토, 토와 화의 두 간지가 있을 경우.

㊸ 화금상극격(火金相剋格)

화와 금, 금와 화의 간지가 함께 있으며 서로 극할 때.

㊹ 형합득록격(刑合得祿格)

일간이 계수이고 갑인(甲寅)시에 태어났으며 사주 속에 무기(戊己)의 정관과 편관이 없는 경우에 이 격이 성립된다.

㊺ 화토격(火土格)

갑목(甲木)이 일주일 경우 월간이나 시간에 기토(己土)가 있어 간합이 될 경우와 월지와 시지에도 진술축미(辰戌丑未)의 토(土)가 있을 경우에 간합이 오행으로 바뀌게 되는데 이런 경우를 화토격이라고 한다.

㊻ 화수격(火水格)

일간이 병화(丙火)일 경우 월간이나 시간에 신금(辛金)이 있거나 또는 일간이 신금(申金)이거나 월간이나 시간에 병화가 있으면 월지나 시지에 수기(水氣)나 해자(亥子)가 있을 경우 이것을 화수격이라고 한다.

⑰ **화목격**(火木格)

일간이 정화(丁火)일 경우, 월간이나 시간에 해당되거나 일간이 임수(壬水)이거나, 월간이나 시간에 정화(丁火)가 있을 때 월지나 시지에 목성(인묘)가 차지하고 있는 경우 이것을 화목격이라고 한다.

⑱ **화금격**(火金格)

을목(乙木)이 월간이나 시간에서 경금(庚金)을 만나거나 월지나 시지에서 신금(申金)이나 유금(酉金)을 만나거나 아니면 지지 중에서 세 개의 지지가 사유축(巳酉丑) 삼합을 이루고 있는 금국(金局)이 되어 있는 경우를 화금격이라고 한다.

⑲ **화화격**(化火格)

일간이 무토(戊土)일 경우 월간이나 시간에 계수(癸水)가 있고, 일간이 계수일 경우 월간이나 시간이 무토(戊土)일 경우,

월지나 시지에 화성(火星)인 사오(巳午)가 있을 경우 화화격이라고 한다.

형상격국(刑象格局)

형상격국은 오행의 많고 적음을 따지지 않고 월지를 중심으로 그 기세가 가장 왕성한 오행에 따라 분류한 것으로서 사람이 옷(의상)을 입는 것과 같은 것이다.

① 월지에 있는 지장간의 정기가 사주 천간에 나타나 있으면 그것이 표시하는 육신에 의해 격을 취한다.

예) 연 : 임신(壬申)
    월 : 정미(丁未) → 정을기(丁乙己)
    일 : 임술(壬戌)
    시 : 기유(己酉)

월지의 미(未) 중에는 정을기(丁乙己)가 있는데 정기(正氣·)는 기(己)이고 기는 정관이므로 정관격이 된다. 지장간 중의 정(丁)은 기(己)보다 힘이 약하며 통관이 안 되어 격국을 쓰지 않는다.

② 월지의 정기가 사주 천간에 나와 있지 않을 때, 여기나

중기가 투출해 있으면 그것에 의한다.(신강사주나 신약사주를 따지지 않고 형상만 따지기 위함이다.)

예) 연 : 신사(辛巳)
　　월 : 신축(辛丑) → 계신기(癸辛己)
　　일 : 기사(己巳)
　　시 : 무진(戊辰)

이 사주는 월지의 정기가 천간에 나타나 있지 않고 중기가 나타나 있기 때문에 기토(己土)에서 보면 식신격이 되는 것이다.

예) 연 : 무신(戊申)
　　월 : 정사(丁巳) → 무경병(戊庚丙)
　　일 : 임진(壬辰)
　　시 : 임인(壬寅)

이 사주는 지장간의 정기가 나타나 있지 않고 여기인 무(戊)가 나타나 있으므로 편관격이라고 한다. 또한 인사신(寅巳申) 삼형살이 있기 때문에 삼형격이라고도 한다. 이와 같이 월지의 지장간이 사주 천간에 나타나 있지 않거나 나타나 있더라도 다른 육신에 의해 깨어져 소용이 없게 되면 월지의 정기가 표시하는 육신에 기준한다.

예) 연 : 경오(庚午)
　　월 : 정해(丁亥) → 무갑임(戊甲壬)
　　일 : 무자(戊子)
　　시 : 무술(戊戌)

이 사주에서 무(戊)는 비견이므로 격국을 이룰 수 없고 갑(甲)과 임(壬)도 사주 천간에 나와 있지 않으므로 격국을 따질 수 없으며 월지에 정기가 표시하는 육신인 편재격이 된다. 아니, 편재격이 되지만 가짜 편재격이라고 해서 가(假)편재격이라고 한다. 즉 남의 옷을 빌려서 입는 것과 마찬가지이다.

③ 이 외에도 외격이 있는데 이것은 월지 지장간의 여하를 막론하고 그 세력에 따른다.

여자 예) 연 : 기유(己酉)
　　　　월 : 신축(辛丑) → 계신기(癸辛己)
　　　　일 : 무신(戊申)
　　　　시 : 정사(丁巳)

이 사주는 월지 축(丑)이 금(金)의 창고로서 금의 기운이 강하기 때문에 금을 따라가야 한다. 따라서 강한 기운을 따라가는 척하지만 정화(丁火)가 있어서 가짜로 쫓아간다고 하여 가종격(假從格)이라고 한다.

　남자　예)　연 : 병술(丙戌)
　　　　　　　월 : 무술(戊戌) → 신정무(辛丁戊)
　　　　　　　일 : 기미(己未)
　　　　　　　시 : 무진(戊辰)

　이 사주는 전격적으로 가색격(稼穡格)이 되고 무토(戊土)가 많아 병(丙)이 빛을 잃고 토(土)로 쫓겨가야 한다. 그래서 종왕격(從旺格)도 된다.

　④ 건록과 양인은 불성격(不成格)으로, 함께 있으면 격이 되지 않고 재성이 강해 사용할 때는 식상격에, 관성이 강해 사용할 때는 관살격에 속한다. 양간일 때는 양인격이 성립되고 음간일 때는 성립되지 않는다.

　예1)　연 : 계미(癸未)
　　　　월 : 계해(癸亥)
　　　　일 : 임자(壬子)
　　　　시 : 을사(乙巳)

이 사주는 건록과 양인이 함께 있기 때문에 격을 이룰수 없어 잡격이 된다.

예2)　연 : 병오(丙午)
　　　월 : 기해(己亥)
　　　일 : 임자(壬子)
　　　시 : 병오(丙午)

이 사주는 건록과 양인이 함께 있고 재성이 강하므로 편재격이 된다.

예3)　연 : 무술(戊戌)
　　　월 : 무오(戊午)
　　　일 : 정미(丁未)
　　　시 : 기유(己酉)

이 사주는 건록과 양인이 함께 있고 식신과 상관이 강하므로 식상격이 된다.

예4)　연 : 신유(辛酉)
　　　월 : 신묘(辛卯)
　　　일 : 을묘(乙卯)

시 : 경진(庚辰)

이 사주는 양인이 건록과 함께 있으면서 관성이 강하기 때문에 관살격이 된다.

예5) 연 : 경진(庚辰)
      월 : 임오(壬午)
      일 : 병오(丙午)
      시 : 계사(癸巳)

이 사주는 양인과 건록이 함께 있지만 양인의 힘이 강하고 양일주(陽日柱)이므로 양인격이 된다.

⑤ 월지의 지장간 속에 추출된 간(干)이 없으면 시간(時干)에서 격을 취하고, 만약 월지의 시간에도 격이 없으면 연간에서 취한다. 또한 월지 속에 지장간이 여러 개 나와 있을 때 오행을 잘 파악하여 강한 것을 취하고 약한 것은 버린다.

예) 연 : 무오(戊午)
     월 : 병진(丙辰)
     일 : 을사(乙巳)
     시 : 계미(癸未)

이 사주는 월지 지장간에 을계무(乙癸戊)가 있고 무계(戊癸)가 투출되었으나 무(戊)를 도와주는 것은 강하고 계(癸)를 도와주는 것은 약하기 때문에 무(戊)로서 격국을 잡는다. 정관격이다.

통변(通變)의 원리

·통변백변(通變百變)이란

주객(主客), 즉 주(柱:일간)를 체(體)로 하고 객(客)을 용(用)으로 하여 새로운 변화를 만드는 것이다.

일간이 월지장간과 만나 어떤 통변이 정해지게 되는데, 즉 일간을 체로 해서 만나 정해진 통변을 용으로 하는 용신을 얻게 된다. 그러나 이 용신이 선하게 작용하는가, 악하게 작용하는가는 다른 통변을 보아서 길흉을 결정한다. 즉 사길신과 사흉신을 잘 살펴야 한다는 것이다.

명식(命式)의 용신(日柱:일주)을 체로 하고 타주의 통변을 가용신으로 하여 체의 간에서 용의 지장간을 보아 어떤 통변이 되는지를 알 수 있다.

월지용신(月支用神) 또는 명중(命中)의 용신을 체로 하고 대운, 세운, 월운 등을 용으로 한다. 대운을 체로 하고 세운을 용으로 한다. 그리하여 체의 천간에서 용의 천간을 보아 어느 통변에 해당하는가를 결정한다.

예를 들어 갑일생(甲日生)의 도식이 월지 해(亥)라고 하면 용신 도식으로부터 대운 정(丁)을 보면 정재(正財)가 된다. 갑일(甲日)에서 정(丁)을 보면 상관이 되는데 자시 변해도 도식과 상관은 정재가 된다. 도식과 상관은 원래 흉신 사이인데 변화하여 정재가 되므로 흉이 길로 바뀌어지는 것이다.

이 사상(事相)을 말할 때는 먼저 원인을 살펴 도식과 상관에 대한 해석을 하고 나서 결과는 정재의 사상을 말하면 된다. 변화한 통변의 일을 결과론으로 하는 것이다.

명중(命中)의 길흉도 그 결과는 통변의 재변으로 선악을 결정하는 것이다.

· 체가 흉신일 때 재변하여 비견이나 겁재가 되면 흉으로 해석한다.
· 체가 흉일 때는 제신이 재변되어야 좋다.(도식이 정재가 될 때)
· 비겁이 제신이 되지 못할 때 사길신으로 재변되면 길해지고 사흉신으로 재변되면 흉하다.
· 체가 길신일 때 재변하여 비겁이 되면 길해지고 사흉신으로 재변되면 좋지 않다.

통변백변의 변화

① 비견(比肩)

· 비견이 비견을 만날 때는 비견이다.
· 비견이 겁재를 만날 때는 겁재가 된다.
· 비견이 인수를 만날 때는 인수이다.
· 비견이 편인을 만날 때는 편인이 된다.
· 비견이 정재를 만날 때는 정재이다.
· 비견이 편재를 만날 때는 편재이다.
· 비견이 정관을 만날 때는 정관이다.
· 비견이 편관을 만날 때는 편관이다.
· 비견이 식신을 만날 때는 식신이다.
· 비견이 상관을 만날 때는 상관이다.

② 겁재(劫財)

· 겁재가 비견을 만날 때는 겁재이다.
· 겁재가 겁재를 만날 때는 비견이 된다.
· 겁재가 인수를 만날 때는 편인이 된다.

·겁재가 편인을 만날 때는 인수가 된다.
·겁재가 정인을 만날 때는 편재가 된다.
·겁재가 편재를 만날 때는 정재가 된다.
·겁재가 정관을 만날 때는 편관이 된다.
·겁재가 편관을 만날 때는 정관이 된다.
·겁재가 식신을 만날 때는 상관이 된다.
·겁재가 상관을 만날 때는 식신이 된다.

③ **식신**(食神)

·식신이 비견을 만날 때는 편인이 되고
·식신이 겁재는 만날 때는 인수가 되고
·식신이 인수는 만날 때는 정관이 되고
·식신이 편인을 만날 때는 편관이 되고
·식신이 정재를 만날 때는 상관이 되고
·식신이 편재를 만날 때는 식신이 되고
·식신이 정관을 만날 때는 정재가 되고
·식신이 편관을 만날 때는 편재가 되고
·식신이 식신을 만날 때는 비견이 되고
·식신이 상관을 만날 때는 겁재가 된다.

④ **상관(傷官)**

·상관이 비견을 만날 때는 인수가 되고
·상관이 겁재를 만날 때는 편인이 되고
·상관이 인수를 만날 때는 편관이 되고
·상관이 편인을 만날 때는 정관이 되고
·상관이 정재를 만날 때는 식신이 되고
·상관이 편재를 만날 때는 상관이 되고
·상관이 정관을 만날 때는 편재가 되고
·상관이 편관을 만날 때는 정재가 되고
·상관이 식신을 만날 때는 겁재가 되고
·상관이 상관을 만날 때는 비견이 된다.

⑤ **정재(正財)**

·정재가 비견을 만날 때는 정관이 되고
·정재가 겁재를 만날 때는 편관이 되고
·정재가 인수를 만날 때는 편재가 되고
·정재가 편인을 만날 때는 정재가 되고
·정재가 정재를 만날 때는 비견이 되고
·정재가 편재를 만날 때는 겁재가 되고
·정재가 정관을 만날 때는 식신이 되고

·정재가 편관을 만날 때는 상관이 되고
·정재가 식신을 만날 때는 인수가 되고
·정재가 상관을 만날 때는 편인이 된다.

⑥ 편재(偏財)

·편재가 비견을 만날 때는 편관이 되고
·편재가 겁재를 만날 때는 정관이 되고
·편재가 인수를 만날 때는 정재가 되고
·편재가 편인을 만날 때는 편재가 되고
·편재가 정재를 만날 때는 겁재가 되고
·편재가 편재를 만날 때는 비견이 되고
·편재가 정관을 만날 때는 상관이 되고
·편재가 편관을 만날 때는 식신이 되고
·편재가 식신을 만날 때는 편인이 되고
·편재가 상관을 만날 때는 인수가 된다.

⑦ 편인(偏印)

·편인이 비견을 만나면 식신이 되고
·편인이 겁재를 만나면 상관이 되고
·편인이 인수를 만나면 겁재가 되고

·편인이 편인을 만나면 비견이 되고
·편인이 정재를 만나면 정관이 되고
·편인이 편재를 만나면 편관이 되고
·편인이 정관을 만나면 인수가 되고
·편인이 편관을 만나면 편인이 되고
·편인이 식신을 만나면 편재가 되고
·편인이 상관을 만나면 정재가 된다.

⑧ 인수(印綬)

·인수가 비견을 만날 때는 상관이 된다.
·인수가 겁재를 만날 때는 식신이 된다.
·인수가 인수를 만날 때는 비견이 된다.
·인수가 편인을 만날 때는 겁재가 된다.
·인수가 정재를 만날 때는 편관이 된다.
·인수가 편재을 만날 때는 정관이 된다.
·인수가 정관을 만날 때는 편인이 된다.
·인수가 편관을 만날 때는 인수가 된다.
·인수가 식신을 만날 때는 정재가 된다.
·인수가 상관을 만날 때는 편재가 된다.

⑨ 편관(偏官)

· 편관이 비견을 만날 때는 편재가 되고
· 편관이 겁재를 만날 때는 정재가 되고
· 편관이 인수를 만날 때는 상관이 되고
· 편관이 편인을 만날 때는 식신이 되고
· 편관이 정재를 만날 때는 인수가 되고
· 편관이 편재를 만날 때는 편인이 되고
· 편관이 정관을 만날 때는 겁재가 되고
· 편관이 편관을 만날 때는 비견이 되고
· 편관이 식신을 만날 때는 편관이 되고
· 편관이 상관을 만날 때는 정관이 된다.

⑩ 정관(正官)

· 정관이 비견을 만날 때는 정재가 되고
· 정관이 겁재를 만날 때는 편재가 되고
· 정관이 인수를 만날 때는 식신이 되고
· 정관이 편인을 만날 때는 상관이 되고
· 정관이 정재를 만날 때는 편인이 되고
· 정관이 편재를 만날 때는 인수가 되고
· 정관이 정관을 만날 때는 비견이 되고

·정관이 편관을 만날 때는 겁재가 되고
·정관이 식신을 만날 때는 정관이 되고
·정관이 상관을 만날 때는 편관이 된다.

 이상과 같이 육신은 어떤 통변의 육신을 만날 때, 기화작용에 의해 다른 육신으로 변한다. 설명하자면 처음의 육신은 일의 원인이요, 만나는 육신은 변천하는 과정이며, 후의 육신은 일의 결과인 것이다.

부 록

별자리로 보는 여성의 운

양자리(3월 21일 ~ 4월 20일)

① 건강운

 정신력이 있고, 강인한 체력을 지녔으나 뇌의 발전과 위장의 건강이 서로 언밸런스를 이뤄 발병하게 된다. 그러나 자기 스스로 극복하고 치료해 내는 능력을 가지고 있기 때문에 걱정할 일은 못된다.
 뇌대장소의 전형적인 체질이기 때문에 뇌일혈이나 뇌출혈에 조심해야 한다. 과로하거나, 과음했을 때 주의를 요한다. 음식 중에서 커피를 조심하고 철야를 하면서 유희를 즐기는 일은 삼가해야 한다. 특히 성교를 강렬하게 할 때는 복상사의 위험이 있다.
 신체의 일부에 커다란 흉터가 생길 소지가 있다. 이것은 교통사고나, 우발적인 사고로 인해서 발생하는 것이니 주의를 요한다. 조심해야 할 나이는 16세, 25세, 28세, 34pt, 49세, 58세, 67세이다.

② 결혼운

 개척 정신과 투지가 살아가는 토대가 되어 있는 양자리의 사람이다. 사랑의 시작도 무슨 일을 하다가 '이 남자에겐 못 당하겠어. 하지만 뒤쫓아 가서 앞질러 보아야지'라고 생각하며 분발했을 때일 경우가 많을 것이다. 그리고 다음 순간에는 외모 따위는 개의치 않고 그의 꽁무니만 쫓아다니게 된다. 간단하게 말하면 믿음직스러운 남자가 바로 좋은 남자이며 첫눈에 반한 남자이다.

더욱이 남자의 말이나 행동을 매우 쉽게 믿어 버리는 착한 마음씨가 곁들여져 있으며 이런 점이 일생의 남성운을 좌우하는 열쇠가 될 것이다. 앞으로 달려나가기 전에 충고해 둔다. 감정의 기복이 심해 성질이 급한 편인 당신의 성격을 느긋하게 감싸줄 온화하고 차분한 남자야말로 당신에게 귀중한 존재일 것이다.

또한 같은 목적과 가치관을 가지고 서로 불꽃을 튀기면서 정진해 나갈 수 있는 상대가 귀중할지도 모른다.

다만 이 경우라도 당신의 강한 척하는 태도와 리드하고 싶어하는 성격을 잘 이해하고, 싱글벙글하면서 보고 있으면서도 사실은 단단히 고삐를 잡고 있는 포용력 있는 사람이 상대가 되어야 한다. 그런데 당신은 리드하기 쉬운 남자에게 빠지기 쉽다. 이런 남자는 어딘지 모르게 포주형이다. 그런 점이 어느덧 남성운의 비색함과 결부되는 수가 있다.

귀여움 받는 여자가 되어 응석을 부릴 수가 있으면 남성운도 매우 넓게 열릴 것이다.

③ 재물운

 쉬지 않고 활동하면서 정열을 쏟아내는 데서 행운이 솟아오른다. 광범위하지 않고, 눈 앞에서 이루어지는 단조로운 사업이 행운을 가져온다. 세밀함이 요구되는 장사를 하는 기술이나 투기성은 전혀 없다. 남에게 자기의 정을 베풀고 도와주는 일은 많은데, 머리를 숙이고 상관을 섬기는 일에는 서투르기 때문에 사교성에는 문제가 있다.
 행운이 있는 나이는 27세, 36세, 45세, 60세이고 조심해야 할 나이는 26세, 35세, 37세, 43세, 47세, 62세이다.
 계속적인 행운을 잡으려면 스스로 노력을 해야 하고 저돌적으로 앞을 향하여 돌진해야 한다. 행운은 항상 움직이는 데서 찾아오기 때문이다.
 행운의 숫자는 9이며, 행운의 날짜는 9일, 18일, 27일이며, 화요일에 행운이 찾아온다.
 국화꽃이 행운을 약속하고, 수국은 불행을 의미한다. 진홍색, 보라색은 행운이며, 검정색은 성격을 격앙시켜 불행을 가져온다.
 다이아몬드는 행운을 가져오고 에메랄드는 불행을 가져온다.

④ 주택운

　모든 문화 시설을 충분히 이용할 수 있고 계절 감각도 만끽할 수 있는 도시와 교외의 중간 쯤에, 남의 설계가 아닌 자기의 설계로 지은 웅장한 집이 좋다. 넓은 대지에 깨끗하고 웅장하게 지어진 편리한 저택으로, 가능한 한 자연석 따위의 묵직한 건축재가 많이 사용되어야 한다.
　행운의 빛깔인 진홍이나 노랑·보랏빛 등을 넉넉히 삽입한 실내 장식도 화려함보다는 우아함을 살려서 만들어야 한다. 남의 눈에 유별나게 띄는 곳이라든지 저택가의 첫 번째라든지 그 위치가 특별해 돋보이기만 해도 마음이 편하다. 낮은 지역보다는 높은 지대로 다른 집 위에 있어야 하고 동향이나 북향이라면 좋다. 마음에 안 들면 집을 팔아 버리고 새 집을 장만해야 하는 적극적인 성미이므로 충분한 만족을 얻을 수 있다고 느껴지는 집을 장만해야 행운이 있다.
　때문에 똑같은 집이 여러 채 늘어선 아파트 단지 같은 데 끼어 있는 집은 불행해진다. 창너머로 옆집이 들여다보이는 집, 혹은 어쩔 수 없이 이웃집 사람들과 인사를 나누어야 하는 그런 집도 맞지 않는다. 한국식 서부 스타일의 집도 좋다. 아파트일 경우 3층 이하는 안 되고, 집 안에서 벽난로의 장작불을 쬐며 조용히 쉴 수 있는 환상적인 분위기가 있어야 한다.

황소자리(4월 21일 ~ 5월 21일)

① 건강운

모든 힘이 코와 목구멍에 집중되어 있으니 인후 계통의 질병을 조심해야 한다. 특히 췌장과 신장의 병을 예방해야 한다. 신체의 주요 기관이며 내장의 중추 기능을 하는 췌장과 신장의 언밸런스는 건강에 치명타를 줄 수도 있다.

유년기와 청년기에는 편도선염과 인후염을 조심하고 췌장염에 신경을 써야 한다. 중년기에 들어서면서 내장의 약화로 당뇨병이 발생하기 쉬우니 정기적인 진단을 받는 것이 좋다.

건강에 주의해야 할 나이는 7세, 10세, 13세, 22세, 43세, 46세, 49세, 55세이다.

② 결혼운

황소자리의 여성은 "인생은 안정이다"라고 명쾌하게 선언한다. 때문에 장래의 배우자를 고르는 눈도 냉정하고 신중하다. 차분하게 시간을 들여서 경제력, 박력, 성실성 세 가지 점에서 트집잡을 데가 없는 남성을 제대로 고른다.

한 번 남자를 선택한 뒤에는 헌신적으로 온갖 정성을 다하고, 남자의 체면도 착실하게 세워 주어 그에게 더욱더 의욕을 북돋워 주는 양처형이다.

이런 타입이므로 남성운은 좋은 편이다. 사랑에 대한 생각과 남성에 대한 대처 방법의 진지함 때문에, 부지중에 운이 트이고 있다고 말하는 쪽이 정확할 것이다. 선택 단계에서 너무나 신중한 나머지 돌다리를 두드리고도 건너지 못하고 헛되게 세월만 보내는 수도 있다. 이런 경우에는 남성운이 나쁘다기보다 인연이 없다고 말하는 것이 옳을 것이다.

그렇게 될 염려 중의 하나는 자기의 매력을 어필하는 것이 서툴기 때문이라고 할까? 마음의 낌새를 잘 알아차리지 못한다는 것이다. 극단적인 말을 한다면, 처음의 데이트 때 상대방에게 "재산이 얼마나 됩니까?" 따위의 질문을 하고 마는 것이다. 지금까지 그런 일은 없었는지. 연인의 사이가 되고 난 후부터는 당신의 필사적인 헌신이 그 사람에게 무거운 짐이 되는 일도 있을 것이니 그것도 불안하다. 그가 그것에 응할 수 있을 만큼 아직 성장하지 못했거나, 그대로 놔 두었으면 커졌을지도 모르는 그를 도리어 망쳐 버리는 일도 없다고 하지 못할 것이다. 연인에게 지나친 경제적인 기대를 하지 말고 성실성을 보다 중요시해 나간다면 남성운도 급상승할 것이다.

③ 재물운

 독불장군이 되어서 움직이면 아무것도 이루어지지 않는다. 조화와 균형 그리고 협동과 연결이 잘 이루어지지는 데서 행운이 찾아온다. 먼저 때를 빼고 광(光)을 내어 사교계에 진입하여 상류층과 친교가 이루어져야 무엇인가 이루어진다.
 이성과 합작 투자해서 사업을 하면 행운이 찾아온다.
 운세가 좋은 나이는 27세, 33세, 42세, 51세, 60세이며, 운세가 나쁜 나이는 19세, 34세, 47세, 52세이다.
 행운의 숫자는 6이다. 매월 6일, 15일, 24일에 행운이 찾아오며 금요일에 일이 성취된다.
 장미꽃과 제비꽃이 행운의 꽃이며, 수국은 불행을 가져온다.
 청색이 행운이며, 진홍색은 불행이다.
 사파이어가 좋으며, 청색의 오팔은 최고의 행운을 약속하며 루비는 불행을 가져온다.

④ 주택운

 아름다움과 조용함이 완벽하게 갖추어진 평화로운 분위기로서 집 전체가 조화를 이룬 아담한 집이어야 한다. 기초가 튼튼하여 안정되고 견고한 지붕이 올려지고 마당은 황갈색으로 묵직한 느낌을 주며 그 주위에 정원을 꾸미기에 알맞다면 매우 좋다. 하지만 그런 조건이 못되면 호화스러울지라도 곧 혼란을 일으키게 된다.

행운의 색깔인 푸른색을 충분히 써서 실내를 꾸미고, 설비에 구리나 놋쇠 등을 써서 나무의 무늬를 살리며 욕실 바닥에도 예쁜 타일을 까는 것이 좋다. 대도시의 교외 지역으로 지방의 중심 도시가 적격이다. 번화가를 기피할 필요는 없다.

다만 약간의 거리를 두면 좋다. 높거나 낮은 곳보다는 평지가 안정감을 주고 동북동이나 북북서쪽을 향한 집이 좋다. 조용하면서도 호화스러운 치장을 잊어서는 안 된다.

때문에 대도시의 중심부나 초라한 벽촌에 있는 집은 맞지 않다. 깨끗하게 꾸밀 수 없는 집은 미의 창조 작업에 위배되므로 곧 마음이 혼란을 일으키고 만다. 또 방에서 정원이 보이지 않으면 정신착란을 일으킬 만큼 불안해진다. 그렇다고 해서 새로울 필요는 없고 살면서 즐거운 일이 생기는 게 더 중요하다. 비록 작을지라도 한적하기만 해서도 안 된다. 꾸밈이 있는 창조적 미가 필수적으로 필요하다.

쌍둥이 자리(5월 22일 ~ 6월 21일)

① 건강운

 알레르기성 체질이어서 분비 기능이 원활하지 못해 치질이나 만성 변비로 고통을 받는다. 항상 마음을 편하게 만드는 노력이 필요하다. 뇌신경이 발달되어 있고 말초신경이 뛰어나 정신불안이 일어나기 쉽고 정신분열 증세까지 생기게 될 가능성이 있다. 또한 불면증과 히스테리에 시달리게 될 가능성도 있다. 긴장하게 되는 일은 하지 않는 것이 좋고 결벽성에 걸리지 않는 것이 중요하다. 결벽성에 걸리면 하루에 손을 열 번이나 씻어도 불안해한다.
 건강에 주의해야 할 나이는 15세, 18세, 21세, 24세, 27세, 51세, 54세, 57세, 61세이다.

② 결혼운

 사랑을 하면서 심각해지는 것을 매우 곤란한 일이다. 사랑하기 때문에 상대방의 독점욕의 굴레에 매여 꼼짝달싹 못하게 된다는 것은 더욱 곤란한 노릇이다. 그럴 바엔 다시 새

연인을 찾아야겠다고 생각하게 될 것이다. 한 남성에게는 그 남성의 매력이, 다른 남성에게는 그 나름의 매력이 있다. 상대가 결정되면 그를 매력있는 사람으로 생각하며 사랑하게 된다. 그러나 바로 이러한 것들이 남성운을 좋지 않게 만드는 요인이 아닐까? 잘못하여 도가 지나치면 플레이 걸이라는 이름이 붙여질지도 모른다. 그러나 쌍둥이자리의 여자는 본질적으로 남성운이 강하다. 좋아진 남성이 매력을 발산하고 있는 동안에 그것을 흡수하여 자기 인생의 거름으로 만들어 나가고 있고, 타고난 사교적 성격과 빠른 머리로 하여, 항상 많은 남성들에게 매력을 발휘하니 말이다. 남성운이 나쁘다고 말하는 주위의 눈에 농락당하지 않는 강한 면도 가지고 있다. 그렇게는 말하지만, 상대방을 너무 자주 바꾸다 보면, 헤어지는 일에 에너지의 태반을 빼앗겨서, 당신이 가지고 있는 본래의 매력이 흐려질지도 모른다. 또한 강해 보이면서도 매우 섬세한 면이 있으니까. 상대방 여하에 따라서는 아주 자신이 없는 여성이 되어 버리기도 할 것이다. 적어도 일에 열중하여 활기에 넘쳐 있을 때 "나와 일 중에서 어느 쪽이 중요한가" 예를 들어 머리 카락을 잘랐을 때 "뭐야, 그 남자같은 꼴은." 하는 따위로 조심성 없게 말하는 무신경한 남성을 파트너로 선택하지 않는 것이 매우 중요한 일이다. 그리고 섹스에 별로 집착하지 않는 당신이기에, 한 번 잠자리를 같이 했다고 해서 남편처럼 처신하려고 드는 남성은 최

악이라는 말을 곁들여 준다.

③ 재물운

 하늘에서 내려보내 준 일꾼이다. 무엇이든지 의도하고 시작해서 이루어지지 않는 일이 없다. 얼굴을 가리지 않고 만나서 대화하고 부딪치면 성사가 된다. 그러는 중에 행운은 저절로 굴러 들어온다.
 사람과 사람 사이에서 이루어지는 일은 무엇이든 도전해야 한다. 윗사람에게 찾아가 인사만 드려도 일이 성사된다. 도박성이 강한 일에 투자를 해도 성공한다.
 흥행에 성공하는 나이는 32세, 41세, 50세, 59세이고, 주의를 해야 할 나이는 24세, 27세, 36세, 45세, 60세이다.
 행운의 숫자는 5, 매월 5일, 14일, 23일, 31일이고, 수요일이 성사가 되는 날이다.
 화려한 들장미가 행운을 가져오고, 제비꽃은 불행은 의미한다.
 녹색 계통의 색깔이 행운이며 검정색은 불행을 가져온다.
 에메랄드는 행운, 터키석은 불행을 가져온다.
 하늘이 내려준 일꾼은 항상 여유있는 자세로 오래 인내하면서 기다리는 가운데 행운의 문이 열린다는 것을 기억하라.

④ 주택운

첫째 교통이 편리해야 한다. 네온사인과 빌딩 등에 둘러싸인 호화스러운 아파트의 1·2층이나, 탁 트인 현관이 큰 길과 맞닿아 있어 답답하지 않고 거실 중심으로 가꾸어져 천장이 높고 창문의 위치를 바꿀 수 있도록 설계되어 있는 주택이 좋다.

실내 장식은 행운의 빛깔인 청색·황색·녹색 등으로 꾸며져 있는 것이 이상적이다. 번화한 거리에 연접해 있는 위치로 북북동이나 서북서를 향해 위치하면 좋다. 설령 산일지라도 언덕 등 높은 곳이나 아주 평지인 곳도 좋지 않다. 집이나 다른 것으로 둘러싸인 경사지나 오목한 곳이 적합하다.

언제든지 이동할 수 있도록 항상 여유가 주어져 있어야 하며 살고 있는 집이 마음에 들지 않으면 즉시 이사할 수 있도록 대비하고 있는 게 좋다.

때문에 빈민가에 성냥갑처럼 즐비하게 늘어서 있는 집들 중에 끼어 있다든지 네모진 주택가나 칸막이가 좁아서 장식을 바꿀 수 없는 집 등은 모두 불행을 초래하고 답답하여 곧 싫증을 내게 된다.

변화는 단순환 욕구가 아니라 본능적인 추구이므로 언제든지 변화를 줄 수 있도록 대비하고 살거나 처음부터 그런 요소를 구비하고 있는 집이 적합하다.

게자리(6월 22일 ~ 7월 23일)

① 건강운

 왕성한 식욕으로 인해 비대한 체격을 갖게 된다. 영양이 남아돌고 항상 과잉 섭취를 하게 되므로 이 같은 식욕을 처리하는 소화기와 간장은 막중한 부담을 갖게 된다.
 음식 과잉 섭취로 인해 위염이나 위장 장애나 발생하며 간장도 역시 적신호를 타나낸다. 간경변 증세도 있으니 주의를 요한다.
 비대한 체질에서 나타나는 갖가지 질환에 항상 대비하는 것이 좋다.
 건강에 주의해야 할 나이는 30세, 34세, 45세, 54세, 60세 이다.

② 결혼운

 사랑은 반드시 결혼으로 골인해야 하는 것이다. 결혼을 전제로 하여 낭비가 없는 사랑을 하고, 그의 신변을 열심히 보살피면서, 그에게 전면적으로 매달리고 싶다고 생각하는 것은 본심일 것이다. 결혼하는 것도 친구들보다 한 걸음 빠른 사람이 많다.

여자의 경우 가정적이다. 그 사람에 대한 생각이 너무 깊고, 지나치게 큰 기대 때문에 자칫하면 남자의 운을 나쁘게 바꿔 버리는 경향이 있다.

연인끼리이든 부부 사이이든 그는 고분고분하게 성실히 정성을 다하는 당신에게 감격하여 매우 순조롭게 사라이 진행되어 간다.

그런데 그 사랑이 결코 무심하다고만은 할 수 없고 "이렇게 해 주세요" 하는 식으로 보상을 단단히 요구하고 있으므로 당신은 대단히 피곤해진다. 더구나 남달리 감정이 상하기 쉬운 당신이다. 그가 단지 입에서 나오는대로 "형편 없는 여자군." 하는 따위의 말을 했다고 해서, 전적으로 자신을 형편없는 여자라고 자포자기할 수도 있다. 자기 자신을 원망하는 것이다.

그는 슬그머니 떠나버리려고 한다. 그러면 사랑은 영원하다고까지 믿고 싶은 당신이기에 앞뒤를 못가리고 불끈했다고 하면 씻을 수 없는 불신감에 사로잡힐 것이다. 경우에 따라서는 경계심만 가지고 있는 여성이 되어 버릴지도 모른다. 남성운을 상승시켜 가기 위해서도 애써서 넓은 마음을 가져야 한다. 그가 얼마만큼 해 줄 것인가가 아니라, 자기가 얼마 만큼 사랑할 수 있는가라고 생각하는 것이다. 그렇게 하면 사랑을 즐기는 여유도 갖게 될 것이다. 그러므로 남을 먼저 사랑하고 자기를 닦아 나가야 한다.

③ 재물운

 혼자서 시작하는 일은 결코 행운이 따르지 않고, 여러 명이 어울려 하는 일이어야만 행운이 다가온다. 처음에는 조그맣고 허약해 보이지만 자꾸만 커져서 대성한다.
 행운의 나이는 29세, 35세, 38세, 47세, 56세이며, 불행의 그늘이 드리우는 나이는 24세, 33세, 42세, 51세이다.
 항상 마음을 넓게 가지고 행운을 기다려야 한다. 한 번에 많이 벌어서 축재하려는 생각을 가지면 커다란 화를 자초할 것이다.
 행운의 숫자는 2이며, 2일 11일, 20일, 29일이 매사가 뚫리고 일이 풀리는 날이며, 월요일이 행운을 가져다 주는 요일이다.
 백합꽃, 달맞이꽃이 행운을 가져다 주며, 라일락은 불행을 자초하는 꽃이다.
 보라색이 행운, 녹색은 불행을 가져오는 색깔이다.
 에메랄드가 행운을 약속하고 루비는 격에 어울리지 않아 불행을 가져온다.

④ 주택운

　보호와 방위를 완벽하게 하여 외부의 모든 침해로부터 가정의 행복을 지키기 위해 튼튼하게 담장을 두르듯 완벽하게 조화를 이룬 성곽같은 집이어야 한다. 그러면서도 가까운 곳에서 물이 흐르거나 멀리 물이 보이면 더욱 좋겠다.
　식료품이나 그릇 등을 대량으로 저장하고 요리, 식사할 수 있는 지하실, 부엌, 식당이 있어야 하고, 가족들이 마음껏 뛰놀 수 있는 넓고 안전한 마당이 있으면 더욱 좋다.
　차가운 바람이나 추위를 이길 수만 있다면 바다나 호수 등 물 근처에 자리잡아도 길하다. 번화가를 피하지는 않는다. 오히려 번화가의 입구 쪽도 좋지만 다만 안정성이 있어야 한다. 가옥 정면이 북쪽이거나 서쪽을 향하면 더 바랄 것이 없다.
　때문에 물의 흐름과 관련이 없어 바람이 심한 지방도시의 집이나, 담이 없는 집으로서 어른 위주로 만들어져 어린이들이 자유로이 놀 수 있는 공간이 없거나 부엌보다 현관이 잘 꾸며져서 겉치레만으로 부유케 보이려는 집 등은 좋지 않다.
　아파트 같은 곳도 마땅치 않다. 반드시 맘에 들도록 개조하거나 적당한 집을 찾아 나서야 한다.

사자자리(7월 24일 ~ 8월 23일)

① 건강운

인간의 신체에서 중추 기능을 하는 것은 심장, 간장, 위장이다. 이 중에서 심장이 강력해 활력이 있고 탄력이 넘친다. 그러나 강한 심장에 눌려 혈관이 약하다.

다혈질의 성질을 억누르며 순환기의 비상을 가라앉혀야 한다. 고혈압의 위험이 항상 있기 때문이다. 다음으로 협심증에 조심해야 한다. 담담한 마음가짐으로 혈기를 낮춰야 건강한 몸이 된다.

심장에 비해 취약한 혈관으로 인해 동맥경화가 발생하기 쉽다. 그러므로, 술, 담배와 같은 기호품을 절제하는 것이 필요하다.

건강에 적신호가 오는 나이는 38세, 40세, 47세, 50세, 53세이다.

② 결혼운

화려하고 극적인 사랑을 할 사람이다. 연인은 부유하고 믿음직스러워서, 호화로운 데이트 타임을 연출해 주어 주위 사람들이 탄식할 만큼, 좋은 한 쌍이 되고 싶다는 소망을 가지고 있을 것이다.

그런데 현실적으로 그런 슈퍼 스타는 쉽게 만날 수 없는 법이다. 이러한 남성운이 상대방을 어렵게 만들고 있다. 원래 당신은 남자 못지않게 씩씩하고 도량이 넓으며 자신만만하다. 일을 해도 억척같이 해치우고 남자까지도 리드해 나가므로, 그 이상의 행동을 하는 남자를 바라고 있지만 좀처럼 나타나지 않는다. 남자와 여자에게 있어 이런 차이가 사랑의 방해가 되는 일이 많을 것이다.

쓰디쓴 경험도 한두 번으로 끝나니, 결코 나쁘다고 단정할 수 없는 운명이다. 그 증거로는 '이런 남자인가' 하고 의문을 갖는 남자와 사귀고 있어도, 자기 자신을 같은 수준으로 떨쳐 버리는 일이 없다. 타고난 진취성으로 인해 '나는 나'라고 생각하는 자부심 때문에 오히려 더 좋은 사람으로 발전하고 있으니까 말이다.

이러한 당신이 이상적인 커플상을 발견한다면 당신이 앞으로 나오고 그는 당신의 뒤를 따르며 재능을 발휘하는 보좌관이 되어야 꽃이 핀다. 그러므로 체면 따위는 생각하지 말고 똑똑하고 능력 있는 사람과 커플이 되는 것이 좋다.

③ 재물운

 많은 사람으로부터 흠모와 선호를 받는 태양의 자손이기 때문에 군중 앞으로 나아가 강단에 서서 연설하기를 좋아한다. 마이크가 있으면 더욱 신바람이 난다.
 동창회, 반상회, 계모임, 다과회, 리셉션 연회장에 자주 얼굴을 내밀어야 행운이 찾아온다.
 새로운 사업에 도전하여 정복하고 싶은 불같은 욕망을 결코 억제하지 말라.
 그늘에 숨어서 지하경제를 운영하는 일은 당신에게 파멸을 가져올 것이다. 국가가 원하고, 인류가 원하는 정정당당한 일에 몰두해야 행운이 미소지을 것이다.
 행운을 만나는 나이는 28세, 34세, 37세, 46세, 55세, 64세이고, 불운한 나이는 29세, 32세, 38세, 44세, 50세이다. 행운의 숫자는 1이다. 매월 1일, 10일, 18일이 행운의 날이며, 일요일이 성취가 되는 요일이다.
 해바라기는 행운을 약속하는 꽃이며, 달맞이꽃은 불행을 초래하는 꽃이다. 태양을 향해서 피어오르는 태양의 성좌를 타고 이 세상에 나왔기 때문이다.
 오렌지색이 밝고 깨끗하여 행운을 약속하며, 은백색은 태양에 거부적인 반응을 나타내기 때문에 좋지 않다.
 루비가 행운을 가져온다.

④ 주택운

 햇빛이 밝게 드는 자리에 단번에 눈에 띄도록 호화스럽게 꾸며진 주위의 집보다 조금 높은 곳에 자리잡은 우아한 양옥이 적격이다. 자존과 번영의 힘이 집 자체에서도 넘쳐나야 하기 때문이다.
 큰길에서 상당히 떨어진 주택가의 뒤쪽에 장중한 무게를 지닌 구조로 된 집이어야 이상적이다. 눈을 끄는 색깔의 건축물로 장식되어 품위가 있어 보여야 한다.
 안 치장은 목재가 좋고 황금빛, 진홍색, 보랏빛 등 행운의 색깔을 충분히 활용하여 자잘하기 보다는 크고 웅장하고 호화스럽게 단장하는 것이 좋다. 번화가의 중간 쯤이나 평지가 안성맞춤이며 약간 높아도 괜찮다. 북북동이나 서남서를 향하면 이상적이다.
 그리고 의식과 전통에 얽매여 고풍을 유지해야 하는 집은 숨이 막힐 것 같다. 도로와 현관이 마주 보아서 문을 열면 집 안이 훤히 들여다보이면 신경이 날카로워지고 형식만 갖춘 양옥에는 분노를 느낄 만큼 지나치게 민감하다. 정원이 있더라도 작으면 있으나마나 하고 지붕이나 천장이 화려하더라도 설계에 의한 것이 아니라면 곤란하다.

처녀자리(8월 24일 ~ 9월 23일)

① 건강운

 본능적으로 건강에 민감하고 방위 능력이 있어 발병에 대한 예견력이 있다.
 의학적인 수술이나 치료보다 의약품의 복용을 과다하게 한다.
 신체의 부위 중에서 관절이 약해 다리의 힘이 부족하고 관절염에 무척 약한 체질이다. 장 기능이 약해 급성, 만성장염에 걸리기 쉽고 맹장염 수술을 빨리 하는 것이 좋다. 여성의 경우 나팔관에 종기같은 것이 생겨 석녀가 되기 쉽고, 남성의 경우 음낭염이나 방광염에 걸리기 쉽다. 건강에 주의할 시기는 24세, 27세, 54세이다.

② 결혼운

 연인이 될 사람에게 바라는 것이 많이 있는 사람이다. 그것도 이상이 너무 높으므로 보통 일이 아니다. 먼저 완전한 것을 바란다. 돈도 있고, 잘생기고, 일도 잘 하고, 엘리트여야 하고, 포용력도 있고, 지성적이며, 생활 방식도 건전해야 한다는 등등 바라는 것이 너무 많다.

모든 것이 하나같이 자기의 뜻대로 되어질 것이라고 확신하기 때문에 스스로 사랑의 문을 「좁은 문」으로 만들고 있다.

사랑이 싹트기도 어려운데, 어쩌다가 주변의 환경에 밀려 싹이 텄다고 해도 자기의 이상과 견주게 되어 상대에게 있어서 까다로운 상대가 되고 만다. 그리고 결벽성이 있어 난잡하고 섹시한 사랑은 쉽게 할 수 없는 경우가 많아 많은 사람과 교제하지 못하고 스스로 고독해지는 경우가 많다. 그래서 대기만성형이 되기 쉽다. 늘그막해서 이성을 알게 되고 결혼 준비를 하는 편이 좋을 것이다. 완전한 사랑, 완전한 교제가 좋고 결혼운도 트인다. 이러한 쪽이 오히려 후회도 없고 좋다.

③ 재물운

쌍둥이자리의 내용과 동일함.

④ 주택운

새로운 것만을 찾으며 취미가 고상하므로 그런 분위기가 감도는 집이어야 한다. 청결과 우아한 취미를 살린 도시의 문명과 시골의 평화로움을 동시에 구비할 수 있는 도시 속의 별장같은 분위기가 있는 집이 좋다. 때로는 고독과 고요를 맛볼 수도 있도록 도심지에서 벗어난 듯한 집, 그림같은 돌담에 둘러싸여 뒷마당에는 잔디가 깔리고 현관에서는 도로가 마주 보이는 집이 이상적이다.

 방 안은 고풍을 살려서 프라이버시를 만끽할 수 있도록 독립성을 띄어야 하며 될 수 있으면 창문이 작아야 아늑함을 느낀다. 그러면서도 용도가 다양하고 적합한 능률 본위로 청결하게 꾸밀 수 있는 부엌이 있으면 좋다. 높은 곳보다는 낮은 쪽이 좋고 서북서나 남남서 쪽을 향한 집이 이상적이며 문명의 혜택을 받으면서도 외딴 감을 느낄 수 있어 좋다.

 집이 도시의 복판에 있어 앞뒤가 막히고 공간이 좁은 집은 머리가 아프고, 벽촌에 있는 너무 한적한 집은 고독하다. 창문이 커서 빛이 많이 새어드는 집은 허전함이 느껴지고, 집안에서 옆집 사람들과 대화를 나눌 수 있을 만큼 밀착된 집은 짜증이 난다. 큰크리트 바닥인 사무실 냄새가 나는 집은 불합격이다. 이런 곳에서는 늘 이사할 생각만 하게 되고 도시의 문명과 시골의 정적을 구비한 집을 동경하게 된다.

천칭자리(9월 24일 ~ 10월 23일)

① 건강운

체질이 강하지 못해 조금만 일을 해도 쉽게 피로를 느끼고, 감기몸살에 걸리기 쉽다. 신경통에도 자주 걸린다. 허리와 히프에 모든 정력이 집중되어 있어서 척추 디스크에 약하다. 좌골, 신장, 난소, 음낭의 각 기관은 튼튼하고 반대로 머리 부분의 기관이 빈약해서 편두통이 심하다.

영양을 과잉 섭취해서 비대해지면 당뇨병에 걸리기 쉽고 췌장이 약해져 췌장염에 걸린다.

건강의 적신호는 19세, 37세, 43세, 49세, 52세에 오기 쉽다.

② 결혼운

달콤하고 즐겁고 화려한 사랑의 진국만을 속 편하게 듬뿍 즐기고 싶은 천칭자리이다. 아무리 멋진 사랑이라도 감정을 노골적으로 드러내며 심각하게 강요해 오는 남자는 거절하는 게 좋다. 아무튼 스마트하지 않은 것은 싫은 것이다.

트집을 잡든, 무슨 일을 하든, 너무나 인기가 있어 곤란할 정도인 당신이다. 사랑하기 전에 사랑만 받고 있는 행운아이다. 한 마디로 말해서 남성운은 강한 편이다. 남성은 여성운이 강한 것이다. 타고난 센스의 뛰어남, 사람을 싫증나게 하지 않는 대화 능력이 당신을 더욱 돋보이게 하는 것이다. 그러나 여러 사람에게 주목받고 있는 사이에 본인도 우쭐해져서 그만, 좋은 기회를 놓치고 만다. 인기가 있어도 역시 인연이 닿지 않으면 짝이 되지 않는다. 그리고 사랑받는 일에 너무 익숙해져서 사랑하는 일을 잊어 버리거나, 사랑할 수 없게 되어 차가운 사람으로 인생이 지워져 버린다면 떠오르는 운세도 사라져 버린다. 냉혈동물이 되어 인간으로부터 소외되어 버린다면 그것은 비극이라고 해야 할 것이다.

이 사람 아니면 저 사람도 있겠지 하는 생각은 아예 금물이다. 이 세상에는 많은 사람이 있지만 나에게 필요한 사람은 항상 하나뿐이라는 생각을 굳게 가져야 한다. 사람이라고 해서 모두 나에세 필요한 사람이 아니다. 그래서 세상에는 인연이라는 것이 존재하는 것이다.

③ 재물운

황소자리의 내용과 동일함.

④ 주택운

고풍이 서린 고가나 최신식 문명 기구를 도입한 양옥이냐를 가리지 않는다. 중요한 것은 균형이 잡히고 조화가 이루어졌느냐이다. 도회지의 신축 건물들처럼 요란한 개성 따위는 생각하지 않아도 된다. 그저 평범하고 수수하게 설계되었더라도 창너머로 거리나 자연의 풍경이 내다보이고 자연의 미를 즐길 수 있는 집이라면 이상적이다. 창문이 커서 시야가 훤히 열리고 거실의 내부에 문화시설이 갖추어져 있고 욕실이 달린 방만 있다면 집이 작아도 별로 불편을 느끼지 않는다. 집이 좋고 나쁨은 항상 그 다음 문제이다.

번화한 거리에서 쑥 들어가 있어서 조용한 집이 좋고 언덕의 꼭대기보다는 조금 낮은 지대가 이상적이며 서쪽이나 남쪽을 향하면 좋다. 항상 조용하면서 앞이 툭 트인, 시야가 넓은 위치를 찾으면 된다.

때문에 도로에서 너무 많이 떨어진 신화 속의 궁궐같은 집은 별로 좋지 않고 위풍을 과시하려고 외부를 유난스럽게 꾸민 집을 보면 혐오감을 느낀다. 너무 넓은 마당이나 손을 볼 일이 많게 꾸며진, 구조가 복잡한 집을 보면 신경질적이 된다. 기둥이 많거나 꼬불꼬불한 골목이 많은 집도 좋지 않다. 복개천이나 철도에서 가까운 집, 오막살이 외딴집도 원하지 않는다.

전갈자리(10월 24일 ~ 11월 22일)

① 건강운

 외모만 보면 바람에 날릴 것 같지만 오장육부가 튼튼하고 강인한 체력을 가지고 있다. 신체의 모든 기(氣)가 비뇨기에 집중되어 있어 발군의 정력을 발휘한다. 플레이 기질이 있어 성력을 너무 발휘하므로 체질이 허약해질 가능성이 있다.
 전염병이나 질병에 강력한 방어력이 있고 체질이 강해서 잔병에 걸리지 않는다. 그러나 한 번 와병해서 병석에 자리를 하면 좀체로 회복이 되지 않아 장기 요양을 해야 한다.
 성교를 자주 하며 즐거움을 느끼다 보니 자궁병에 걸리기 쉽다. 난소, 자궁, 질부에 병이 온다. 남성의 경우 성병에 조심해야 한다.
 건강의 적신호는 19세, 28세, 47세, 48세, 52세에 오게 되니 각별히 조심해야 한다.

② 결혼운

 사랑을 하면 온종일 그 사람에 대한 것과 사랑에 대한 것만을 생각하고 있는 것이 전갈자리의 당신이다. 이만큼 연인에게 자기의 모든 것을 바칠 수 있는 사람도 들물다. 그러나 서로 상대방의 운세를 갉아먹는 경우도 있다. 왜냐 하면 연인이 결절되면 자기의 전부를 서슴없이 바치는 사람이기 때문에 그러한 자기에게 어떠한 배신이나 거짓말을 하는 사람은 용서할 수 없는 사람이다. 그래서 서로가 융통성을 잃고 서로의 운명을 어떠한 틀에 끼워 놓는다, 뜻하지 않은 때에 그리고 뜻하지 않은 장소에서 상대방의 운명을 하향세로 끌어내려 버리는 우를 범하기 쉽다. 게다가 불륜이나 삼각관계 따위의 일부러 고통받는 사랑으로 뛰어드는 경향이 있다. 질투의 격렬한 불꽃 속에 몸부림치면서, 질투를 느낄 수 없으면 사랑이 아닌 것처럼 슬픈 사랑의 형태를 취하기 일쑤이다.

 몇 번이고 상처를 입으면서, 끝내는 후회를 한다. 그러나 자기 자신을 발견하고 자기를 이해하는 기회가 된다면 결혼운세는 다시 솟아오른다. 한 번쯤 실수를 한 것에 대하여 너그럽게 생각하는 위치가 되면 돌아섰던 사람도 다시 웃으면서 찾아온다. 자기를 발견하고 자기의 장점을 살리는 사람이 되면 최선, 최우수 신부·신랑감이 되기 때문이다.

③ 재물운

 많은 성좌들 중에서 명왕성의 자리를 빌어 태어났기 때문에 항상 개척자가 아니라 개척자의 뒤를 따라 그의 그늘에서 성실과 정직 그리고 뛰어난 능력으로 인정을 받고 함께 성장하며 행운을 얻게 된다. 기업의 주주나 사장이 아니고 참모로서 일꾼이 되면 뛰어난 능력을 발휘하여 인정을 받고, 그러한 인간 관계에 의해서 성장하게 된다.

온유한 자세로 땅과 관계가 있는 사업을 착실히 경영하면 금전적인 행운을 만나게 된다.

행운을 만나는 나이는 28세, 30세, 40세, 46세, 55세이며, 불행한 나이는 41세, 49세, 52세로 젊어서는 착실한 일꾼이기 때문에 실패가 있을 수 없다.

행운의 숫자는 0이다. 행운의 날짜는 10일, 20일, 30일이며, 화요일에 모든 일이 성사되는 행운을 만난다. 완벽한 성품을 가지고 있기 때문에 완벽한 숫자에서 행복을 약속받는다.

난초가 행운을 가져다 주며, 제비꽃은 불행을 가져다 준다.
진홍색이 행운의 빛이며, 녹색은 불행을 가져다 줄 것이다.
보석으로서는 공작석이 행운을 가져오고, 에메랄드는 불행을 가져온다.

④ 주택운

호화롭고 웅장하기보다는 개성이 강하게 표출된 하나의 단

위로서 독립성이 있는 집이 좋다. 대로 변에서 떨어지고 상록수 등에 둘러싸여 남의 눈에 쉽게 띄지 않는 아늑하고 독보적인 집이다. 창문이 작고 직사광선을 받지 않는 한적한 집, 다소 불편하더라도 고풍이 서리고 호화로운 장식이나 실내 장치가 되어 있는 집. 불보다 물을 편리하게 이용할 수 있도록 욕실이 설계되어 있는 집이 이상적이다.

 번화가를 약간 비켜선 자리로 평지보다 약간 오목한 지대가 좋고 서남서나 남남동 쪽을 향한 집이라면 더 바랄 것이 없다. 위풍을 지닌, 성처럼 생긴 집이라고 할 수 있다. 세밀하게 짜여진 변화보다도 침착한 안정감이 필요하고 비나 얼음 등을 싫어하지 않으며 건조한 직사광선을 피해야 한다. 특히 호수나 시냇가 근처나 물과 가까운 장소에 있거나, 별다른 자극이 없이 조용하게 잠들고 아무런 잡념없이 일에 임할 수 있는 환경이라면 가장 좋다.

 때문에 복잡한 도심지의 아파트나 사람들이 무질서하게 왕래하는 번화가는 피해야 한다. 습기가 없는 건조한 집이나 도로 연변에 접하여 소음이 들리는 집이나 창너머로 이웃집에서 나는 소리가 들리고, 나무가 없는 황량한 집 등은 생병이 나기 쉽다.

사수자리(11월 23일 ~ 12월 22일)

① 건강운

호사다마격으로 균형있는 체질을 가졌음에도 활력이 넘치는 체력을 남용하여 허파를 남용 하는 일이 있기 쉽다. 신진대사가 왕성하여 왕성한 활동을 하며 기관지에 무리가 가고 기관지와 관련된 병이 있다. 기관지염, 폐렴, 폐결핵은 항상 조심할 질병이다.

피로가 쌓이면 늑막염이나 간염, 간경변증도 결코 소홀히 해서는 안 된다. 간장질환이 있게 되면 황달, 담석증도 생기는데 그것은 가볍게 넘길 병이 아니다.

건강의 적신호는 40세, 49세, 46세, 58세에 온다.

② 결혼운

무엇을 해도 집착하지 않고 체념이 빠른 것이 사수자리의 사람이다. 순간적으로 격렬한 불꽃을 튀기지만 식는 것도 빠르며 식어 버리면 두 손을 툭툭 털고 일어나기에 뒤끝이 깨끗하다.

제 3자의 입장에서 보면 플레이 기질이 있다고 오해도 하겠지만 언제나 신선하고 재미가 있는 사람이기 때문에 무미건조한 상대에게 집착하지 않는다. 따라서 나쁜 면과 결점이 크게 눈에 띄기 전에, 좋은 점만 흡수하여 자기의 자양분으로 할 수 있는 것도 필요하다.

새로운 사랑을 찾아내면, 그 사람을 뒤쫓아 앞지를 때까지 자기를 연마할 수 있는 운세이다. 지금까지의 당신이 그렇게 해 오지 않았다면 그것은 태만이고 아까운 일이다. 이렇게 하여 매력을 갖추어 나가면서, 사랑의 과정도 충분히 즐기면서 사람의 됨됨이도 알아차리는 것이 사수자리의 뛰어난 점이다. 그리고 항상 밝고 아름다운 표정을 잃지 않는 것이 멋 중의 멋이다.

질퍽질퍽한 결과를 본능적으로 피하는 경우도 있어, 사랑이 끝나 버린 뒤에도 친구 사이로 사귈 수 있는 것도 장점이 된다. 그래서 인간 관계가 원만하고 처세가 뛰어난 면이 특징이라면 특징이 된다.

사랑이란 계산이나 현명한 생각만으로 이루어지는 것이 아니다. 서로 부족한 점을 보완하고 뒷받침해서 살아가는 것이 인생이라는 것을 알아야 한다.

③ 재물운

천재적인 두뇌와 재주를 가지고 태어났기 때문에 재능이 일찍 발휘된다. 음악, 미술, 조각, 건축, 공예, 영화, 연극 등 예술 분야에 특출한 소질이 있어서 세계를 놀라게 한다.

 행운이 약속되는 나이는 30세, 36세, 39세, 48세, 57세이며 주의를 요하는 나이는 25세, 40세, 43세, 46세, 52세, 61세이다. 행운의 숫자는 3이며, 3일, 12일, 30일에 행운이 찾아오고 목요일에 모든 일이 성사된다.

 호랑가시나무가 행운을 약속하고, 장미꽃은 불행을 가져온다.

 보라색이 행운이며, 진황은을 불행을 가져온다.

 토파즈가 행운이며, 재스퍼는 불행을 가져온다.

④ 주택운

 자유롭게 변화를 줄 수 있는 개조된 집이 아니라 새로 설계된 집이어야 한다. 전망이 좋은 곳에 세워진 이층집이거나 집 주위를 산책할 수 있을 만큼 넓은 공간의 여유가 있으며 햇빛이 잘 들고 통풍이 좋아야 한다. 또한 개방적으로 설계된 집으로써 동물 가족, 식물 표본으로 장식을 하였거나 주단을 깔아 장식한 집이라면 더욱 이상적이다.

 번화한 쪽 안으로 들어가 있는 위치가 좋다. 산이건 언덕이건 주택가이건 간에 약간 낮은 지대가 적합하다. 남남서나 동남동 쪽을 향하면 길하다.

자유롭게 생활할 수 있도록 집은 처음부터 설계되어 있어야 하며 주어진 집을 취미에 맞도록 차분하게 고치기보다는 차라리 새로 지어버리는 성격이다.

 때문에 도시 주택가에 있는 밀집된 곳에서는 답답해서 못 산다. 아파트의 아래층처럼 복잡하면 신경이 예민해지고 강이나 바다에 가까워서 습도의 변화가 심한 집은 신경통이 생기기 쉽다. 창문이 작은 옛날식 집은 짜증스럽다. 이런 조건이라면 당장 개조하려고 할 것이 아니라 이사할 준비를 하거나, 고치느니 차라리 새로 짓는 편이 나을 것이다.

염소자리(12월 23일 ~ 1월 20일)

① 건강운

 학이 백 년을 살 수 있는 것은 위장에 흡입하는 먹이가 적기 때문이다. 적게 먹고 위를 항상 편하게 하는 것이 장수의 비결이라는 것이다. 염소자리 운명을 가지고 태어난 사람은 선천적으로 식욕이 왕성하지 않아 위장에 부담이 전혀 없다.
 쉽게 늙지 않고 질병에 강해 장수한다. 그러나 골절 부분이 약해 관절 부분에 병이 많아 류머티스엔 단골손님이다. 관절마다 체중을 견뎌내지 못하여 신경통이 있고 골절의 위험이 항상 따른다.
 항상 소량의 음식을 섭취하므로 위장 기능이 무력해져 급성, 만성 위장염을 앓기 쉽다.
 술을 즐기면 간염이나 간경화가 오기 쉽고 알콜중독이 되기 쉽다.
 건강에 적신호가 오는 나이는 39세, 45세, 57세이니 주의해야 한다.

② 결혼운

　어렸을 때부터 뛰어난 데가 있어서, 세상을 보는 눈이 현실적이고 사랑도 신중하게 하여 견실한 반려자를 선택하게 된다. 사랑 그 자체를 즐기거나, 항상 가슴 설레이는 류의 사랑에 빠지지 않고 장래의 생활 설계를 외곬으로 생각하고 싶은 것이 본심일 것이다. 상대방에 대해서도 진지할 것을 바란다. 그리고 야심이 있어서 일에 열심이기를 바라는 타입이다.

　때문에 사랑에 빠지고 적극적이 되기까지는 시간이 걸리고, 돌다리도 두드리고 건너간다. 그러나 사랑의 운세는 강한 편이어서 좋은 상대방을 만나게 된다.

　결혼의 실패가 적은 것이 바로 그러한 점을 웅변한다. 꿈에 들뜨지 않고 환상에 빠지지 않으므로 현실을 항상 직시한다. 장래를 설계하는 일도 현재에 뿌리를 두고 견실하게 판단한다. 자기가 판단한 것이 착오가 있더라도 일단 결심하면 스스로 개척해 나가면서 상대방의 결점을 과감하게 보완하므로 부부로서는 안정적이고 희생적인 아름다움을 한껏 발휘하게 된다.

　상대방을 출세시켜 목적을 달성하든가 자기가 대신해서 달성하든가, 어떤 방법이고간에 선택한다. 소녀같은 꿈과 낭만이 없어 사랑도 늦어질 것 같지만 결코 그렇지도 않는 것이

염소자리의 특징이다.

③ 재물운

 외곬으로 평생을 보내야 행운이 찾아온다. 평생 동안 한 우물을 파는 사람이어야 행운이 온다. 기관사로 40년 동안 근속하고 훈장을 받는 인생이 바로 염소자리 운명을 타고난 사람이다.
 행운을 만나는 나이는 35세, 44세, 50세, 53세, 72세이며, 불운한 나이는 21세, 24세, 30세, 39세이다.
 행운의 숫자는 8이며, 행운의 날짜는 8일, 17일, 26일이며, 토요일에 만사형통이 된다.
 양귀비꽃이 행운을 약속하고, 달맞이꽃은 불행을 약속한다.
 갈색이 행운을, 보라색을 불행은 가져온다. 행운의 보석은 사파이어이고 불행의 보석은 마노이다.

④ 주택운

 시내를 벗어난, 나무가 우거져서 전원생활을 즐길 수 있는 조용한 집, 겨울엔 춥지 않도록 벽도 두텁고 집도 굳건하며 시대적인 흔적들이 남아 추억을 담아주는 고풍도 살리면 더욱 좋다.

소음을 싫어하므로 방음에 신경을 써야 하니 지하실처럼 외부와 차단된 집이 제격이다. 그러나 계절의 변화를 한 눈으로 즐길 수 있도록 화단에 많은 꽃을 심어 가꾸면 더욱 좋다.

 시내의 중심지라도 막다른 골목쪽이나 안쪽으로 쑥 들어가 앉으면 편안함을 주며 높게 올라가서 다른 집들보다 약간 위가 좋으나 꼭대기는 좋지 않다. 남향이나 동향으로 앉아 앞이 뚫린 시야가 있어야 마음이 편하다. 묵묵한 상태로 항상 아름답게 가꾸어져 있는 자연미를 만끽해야 한다.

 때문에 밀집되어 사람들이 번잡하게 오가거나 동물들이 쏘다니고 자동차의 소음이나 기계의 소음이 있는 공장 등의 번화가에서 살면 생병이 나기 쉽다. 심지어는 장마철에 떨어지는 빗소리가 방 안까지에 들려와도 안 되고 바람 등으로 인해 문이 덜컹거려도 싫어한다. 마당이 없는 집, 아파트의 상층 등에 접해 살면 심장 장애를 일으키기 쉽다.

물병자리(1월 21일 ~ 2월 19일)

① 건강운

 한 가지 일에 몰두하여 긴 시간 동안 자리를 지키는 습성 때문에 가끔 몸의 균형을 잃는다. 혈액 순환 기능은 우수하지만 심장이 약해 저혈압이 발생할 가능성이 있다. 따라서 빈혈에 대비하고 조심해야 한다.
 섬세하고 예민한 위장이므로 신경성 위장병에 걸리기 쉽고 온유한 체질과 순환 기능이 유연하므로 몸이 비대하거나 체중이 많아 고심하지는 않을 것이다.
 미식가 체질이어서 건강에 좋고 맛있는 음식을 특별히 즐기는 편이며 주변 환경만 좋으면 장수할 수 있다. 건강에 특별히 주의를 기울이고 관심을 가져야할 나이는 5세, 41세, 47세, 50세, 59세이다.
 치명적이지는 않지만 호르몬의 영향으로 인해 혈관이 확장되어 온몸에 퍼렇게 혈관이 튀어 오르거나 외음부와 질벽이 부풀어 오르는 경우도 있다.

② 건강운

 사랑과 낭만이 있는 별이다. 개성이 강해 남자는 여자의 치마폭에 묻히고 여자는 남자의 손아귀에 잡히는 것을 원치 않는 개성파이다. 따라서 젊음과 정열 때문에 순간적으로 타올랐다가 잘못을 문득 깨달았을 때는, 이미 실수가 뒤따른다. 그러나 모든 일을 부정적으로만 볼 것은 아니다. 실패와 성공이 연속적으로 이루어지면서 자기의 운세를 다져가는 것이기 때문에 걱정할 일은 못된다. 무슨 일이 잘 되어 가다가도, 꽉 막히는 내리막 길을 경험하게 된다. 사랑이 끝났을 때 트러블이나 미련을 질질 끌고 가지 않기 때문에 사랑에 싫증을 느끼거나 마이너스 작용을 일으키는 일은 없을 것이다. 그리고 마지막에 가서는 포용력이 있고 서로 자극을 주어 협력하면서 성장하는 상대를 만나게 된다. 따라서 엉터리 응석을 부리는 상대나 독단적이고 독재적인 상대도 멀리 피해 갈 것이다. 그러니 독신으로 살아가거나 승려, 수녀, 독신주의자가 많이 생기는 것은 운명이라고 생각하며 체념하는 것이 옳을 것이다. 지성적이고 성실한 상대를 만나야만 서로가 귀한 사이인 배우자가 될 것이다.

③ 재물운

 조직과 구성이 행운의 문을 열어 준다. 행운의 숫자는 4이며 구성과 조직을 의미한다. 4라는 숫자는 깊은 사고력으로 모든 것을 세밀하게 구성하며 치밀하게 계획하고 조직하여 현실화시키는 것이니 행운의 열쇠이다.

 행운의 날짜는 매월 4일, 13일, 22일, 31일이다.

 생동감을 불러 일으키는 녹색이 행운의 색깔이고, 오렌지색은 불행을 초래한다. 옷의 색깔은 녹색 계통을 입으면 안정되고 행운을 가져온다.

 보석은 자수정과 사파이어가 행운을 약속하고 루비는 불행을 의미한다.

 꽃은 동백꽃이 행운을 의미하고, 태양을 향하는 해바라기는 불행을 초래한다.

 발명과 창안의 능력으로 신비경을 만드니 특허가 재운을 몰아 올 것이다. 뛰어난 작품이 또한 평생 먹을 재산을 가져올 것이다.

 돈을 쓰는 솜씨가 있어서 돈을 쓰는 대의명분만 있으면 천금이라도 아무런 꺼리낌없이 쓴다. 기분에 죽고 기분에 사는 기분파이다. 그래서 현금이나 통장을 가지고 다니면 돈이 바람에 날리듯 할 것이다. 따라서 부동산에 투자를 해 두거나 골동품, 서화류를 매입해 두는 것이 행운을 가져다 줄 것이다.

 행운이 깃드는 나이는 31세, 40세, 49세, 58세, 67세이며 주의해야 할 나이는 26세, 29세, 35세, 44세, 53세이다.

④ 주택운

　조그맣고 비좁더라도 쾌적하고 풍부한 자연의 빛을 받아들일 수만 있으면 무난하다. 교통이 편리한 교외에 자리를 잡고 유리 창문을 통해 시원하게 밖의 풍경을 볼 수 있어야 하며 옥외의 시야를 가리지 않는, 창문이 넓거나 많이 달린 집이 이상적이다. 빛이 충분히 들어와야 한다.
　번화가에서 한 걸음 들어선 위치로 언덕의 밑이어야 하고 산이라면 아늑하게 둘러싸이고 앞이 트인 낮은 곳을 좋아한다. 남남동이나 동북동 쪽을 향해도 좋다.
　이를테면 복잡한 곳과는 격리되어 있어야 하고 설령 자가용 승용차를 사용할지라도 약간 걷는 거리가 있어야 하며 취미를 살리고 연구를 할 수 있는 서재와 별실을 동시에 만들어서 방 안팎이 없을 만큼 큰 창문을 내어 밝은 빛과 함께 살아야 한다. 모든 소음으로부터 떨어져 있길 좋아한다.
　때문에 창문이 없어 어두컴컴한 집에 가면 앉기도 전에 벽을 뚫어야만 직성이 풀린다. 광선이 차단된 집은 좋지 않으며 소음이 나고 곤충 따위가 우글거리는 음침한 곳은 질색이고 동물들의 축사가 가까이 있거나 드나들 수 있다면 신경이 날카로워진다. 도심지를 떠난 교외의 아담한 별장 기분이 나는 집이면 좋다.

물고기자리(2월 20일 ~ 3월 20일)

① 건강운

정신 노동이 과중하기 때문에 정신 질병이 생길 수 있다. 두뇌의 직관력이 뛰어나 뇌를 혹사하므로 스트레스나 히스테리가 있고 노이로제 증상이 발생하기 쉽다.

이러한 질병은 심장에 무리를 주어 심장 장애를 일으키기 쉽고 악성 심장병도 생길 수 있다. 따라서 번민, 고민, 갈등 같은 정신적인 고통에서 벗어나야 할 것이다.

자기의 병에 대해 자기가 진단을 내리는 능력이 있어 발병하기 전에 스스로 대처하는 경우가 있다. 그러나 신진대사 기능이 미약하여 발병이 있는 경우가 있다.

건강에 주의를 해야 할 나이는 26세, 40세, 44세, 53세, 62세이다.

② 결혼운

좋아지게 되면 확 타올라서 정신을 차리지 못한다. 머리 꼭대기에서 발 끝까지 핥듯이 사랑하고 싶고, 자기도 또한 하나에서 열까지 모소리 상대가 좋아하는 색깔에 물들고 싶어 하는 것이 물고기자리이다. 사랑을 위해 목숨을 바치는 사람이라고 말할 수 있겠지만, 머리털 하나에서 생명까지 당신의 것이라고 말해 주어도 어리둥절해하는 상대가 있을 것이다.

 어디까지나 상대의 입장에서 자기를 관찰하는 것이 중요하다. 남자는 감정이 풍부하고, 여자는 연정이 강하다. 쉽게 사랑에 빠져서 죽을 지경이지만, 또 쉽게 떨어져 이별하기도 쉽다. 그러므로 열애와 사랑의 경력이 화려할 수 있다.

 그러나 결혼 운세가 미약한 편은 아니다.

 자기가 모든 것을 바쳤으니 상대방도 모든 것을 바쳐 달라고 부탁하는 것은 잘못이다.

③ 재물운

 상상력이 풍부하고 남의 말에 쉽게 이끌리고 귀가 엷기 때문에 손해를 많이 본다. 그러나 깊은 체험과 끊임없는 자기 노력을 계속하므로 행운의 문을 활짝 열어 놓는다.

 사람을 사귀는 데 있어서 각별한 주의를 해야 한다. 어떤 일을 추진하는 데 있어서 일체의 비용을 모두 부담한다고 하면서 사기꾼에게 속아 넘어가는 경우가 많다. 자기 자신만을 신뢰하고 일을 하다가 사기꾼의 밥이 되는 경우가 많다. 그러므로 스스로 투자를 하여 기업을 경영하려고 할 때는 상상력과 현실을 연결시키는 능력을 배양해야 하고 감수성을 제거해야 한다.

운세가 좋은 나이는 25세, 34세, 40세, 43세, 52세이며, 운세가 나쁜 나이는 20세, 26세, 32세, 47세이다.

행운의 숫자는 7이며, 행운의 일자는 7일, 16일, 25일이고 행운의 요일은 목요일이다.

행운의 색은 보라색, 은회색이며, 베이지색은 불행은 가져온다. 행운의 꽃은 산모란, 제비꽃이며 은방울꽃은 불행을 가져온다. 모든 색깔이 요란스럽게 뛰어난 것은 좋지 않다.

보석으로는 월광석이나 에메랄드가 좋으며 분홍색의 보석은 불행을 부른다.

④ 주택운

정원의 꽃이나 나무보다는 석양의 노을이나 그 그림자의 조화를 감상하는 취향의 성격이므로 해변이나 호반 위에 예술적 감각을 살려 지어진 집이 좋다. 강이나 계곡 가까이에 호텔 로비처럼 넓은 거실이 있는 집이나 가구 등의 장식이 잘 되어 있고 정원이 있어 산새가 날아와 줄 만큼 웅장한 것을 좋아한다. 서재나 별실만 있으면 오래 된 집이라도 괜찮다. 예술가적인 지유만 만끽할 수 있다면 그것으로도 충분하다.

번화가에서 쑥 들어간 끝쪽의 위치가 아니면 짜증이 난다. 주위가 차단되어 있거나 자연의 조화를 동시에 느낄 수 있으면 더욱 좋다. 동남동이나 북북동을 향해 앉으면 무리가 없고 무리한 설계나 특별한 디자인이 아니라도 좋다. 다만 충분한 여유를 둔다는 게 중요하다. 향수를 느끼게 할 수 있으면 흡족하다.

 산꼭대기나 언덕 위에 위치해서 바람을 잘 맞거나 빛이나 열의 반사가 심한 툭 터진 곳은 좋지 않다. 이런 곳은 두뇌를 위축시키며 쉽게 늙는다. 창고나 광·벽장 등 저장 시설의 불충분으로 수리나 잡일이 많아 신경 쓰이는 집은 안 된다.